까칠한 말 따뜻한 사랑

정두모 지음

해피&북스

첫 페이지를 읽은 그대에게 드리는 글

세상에 태어나 꿈을 꾸지 않는 사람이 있을까? 그 꿈이 꿈으로 사라지는 이들이 있고 꿈이 현실이 되는 이들이 있다.

꿈을 꾸는 사람은 꿈에서 깨어나야 한다. 꿈을 가슴에 담고 하루하루 걸어야 한다. 한 걸음 한 걸음 걸을 때 마다 겸허히 머리를 숙이면 땅은 세밀하게 보인다. 그리고 어느 날 가슴의 꿈이 현실이 되어 웃게 되는 날, 아득히 걸어온 먼 길을 돌아본다.

한번 꿈꾸고 그 꿈을 향하여 일생을 전진하는 사람은 큰 성공을 한다. 두 번 꿈을 꾸고 그 꿈을 이룬 사람은 후회가 없다. 세 번 꿈을 꾸고 세 번 방향을 전환한 사람은 피곤한 인생을 살게 된다. 수많은 꿈을 꾸는 사람은 항상 꿈속에 꿈을 이루어 가다 죽는다. 그는 인생에 실패자다.

천문학자는 하늘의 천체를 연구한다. 그의 연구 분야는 하늘에 빛나는 별들이다. 하지만 그의 발은 땅위에 서 있고 땅에서 나는 식물을 먹고 땅으로 돌아간다.

인생 성공에 대한 꿈을 가졌다면 조금만 더 머리를 숙이고 한 걸음 한 걸음 걸어간다면 가끔 휘청거릴 수는 있을지라도 천길 절벽으로 떨어지는 일은 없을 것이다.

꿈을 꿈으로 두면 인생에 실패한다. 꿈을 현실에 이루기를 원한다면 겸허히 조금만 더 머리를 숙이고 꿈을 향하여 전진해야 한다. 머리를 숙이면 숙일수록 땅은 아름답고 세밀하게 다가온다.

신학자라 해서 신의 경지에 올라간 사람이 아니다. 목사라 해서 믿음의 완성 자가 아니다. 그리스도인이라 해서 그리스도가 된 것이 아니다. 모두 신의 성품에 참여 하려는 자로 노력하는 자일 뿐이다.

돌아보면 조금만 머리를 숙일 줄 알았다면 좀 더 나은 인생을 살지 않았을까? 좀 더 머리를 숙일 줄 알았다면 좀 더 좋은 목사가 되지 않았을까? 그때는 몰랐다. 이제 지난날의 허물들이 조금 보인다. 그래서 나이를 먹으면 어깨가 조금 위축되고 허리가 굽어지는 것일까?

인생도 목회도 이미 반환점을 돌아선지 오래다. 지난날보다 좀 더 머리를 숙이며 좀 더 세밀하게 땅을 보려 한다.

인생에 가장 중요한 것은 가장 탁월한 것이 아니었다. 가장 평범하고 기초적인 것이 핵심이었다.

이제는 머리로 인생을 깨닫기를 원치 않는다. 가슴으로 느끼는 진한 감동과 파장을 느끼며 살아야겠다.

평소 글쓰기를 좋아 했다. 성진교회 담임목사로 부임한 첫 주일부터 지금까지 14년 동안 가슴으로 느낀 것을 매주 한편의 이야기로 나누었다.
지금도 글을 쓰는 것은 큰 즐거움이며 안식이다. 저녁 늦은 시간까지 백향서원에 나를 감금하였다. 돌아보면 글을 쓴다는 것은 전투였다. 남은 날들도 글을 쓰는 치열한 전투에 바치려 한다.

한편의 글을 쓰기 위해서 수많은 자료를 수집하고 가슴으로 녹였다. 깃털 같이 스쳐 가는 생각과 사물에 고리를 메고 고적한 시간을 보내었다. 부끄러운 속살을 드러내듯 독자들에게 올린다.

전체 5부로 나누어 1부에 12편의 글을 묶어 총 60편의 글을 수록했다.
글의 특징은 역사적 인물과 사실을 신앙적 측면에서 새로운 각도로 조명했다. 목회 현장에서 느낀 삶의 경험들을 풍자하고 각색하여 하나의 느낌으로 남겼다.

　나의 느낌이 그대의 느낌이 되어 삶에 지혜를 주기를 원한다.
　돌아보면 이 세상의 모든 지혜와 원리를 다 알 필요는 없었다. 당면한 문제를 푸는 데는 하나의 열쇠만 필요했다.

　그대가 이 책에서 몇 가지의 지혜를 발견하고 진한 감동으로 환하게 한번 웃어주면 글쓴이로 족하겠다.
　그대의 마음에 남겨진 여운으로 그대가 더욱 행복해지기를 바란다.

2007년 12월
백향서원에서 정두모 목사

목차

머리를 숙일수록 땅은 세밀하게 보인다

1. 빈센트 반 고흐의 눈물

목사의 아들로 성직자의 꿈을 꾸다

고흐 [Gogh, Vincent van, 1853.3.30~1890.7.29]는 네덜란드 프로트 준데르트에서 목사의 6남매 중 장남으로 출생했다. 어린 시절을 행복하게 보낸 그는 시골 들판을 정처없이 돌아다니기를 좋아했다.

16살에 헤이그에 있는 구필 상회에 취직을 했다. 그 곳에서 당대의 유명한 화가들과 그림을 접하게 되었다. 1873년부터 1875년까지는 영국 런던에서 근무하면서 영국태생 처녀와 열애를 하다 1874년 21살에 실연 당했다.

고흐는 목사인 아버지의 영향을 받아서 25세(1878년)에 성직자가 되기로 결심하였다. 그러나 신학교에 진학하지 않고 전도자 연수원에 들어가서 3개월의 연수 과정을 마치고 벨기에 남서부의 탄광 지역인 보리나주의 가난한 주민들을 위해 전도 사역을 하러 떠났다.

교권의 칼날에 무너진 탄광촌의 초라한 성자

보리나주 탄광은 비참했다. 불경기로 임금은 체불되고 가난한 광부들에게 티푸스가 발병하였다. 열악한 탄광 시설은 대형 폭발 사고와 매몰 사고들이 연일 계속되었다. 광부들은 가난과 질병과 싸우며 광산 사고로 인하여 불구가 되고 사망하였다.

고흐는 절망적인 광산촌에서 열정을 다하여 예수 그리스도의 사랑을 실천했다. 가난한 자들과 함께하며 광부들의 부당한 처우에 대하여 항의 하였다. 고흐는 가난한 사람들과 똑같이 생활하면서 자신의 전 재산을 팔아 가난한 사람들에게 나누어 주었다.

이러한 고흐의 헌신적인 전도 활동에 대하여 교단 전도위원회는 본래의 전도 영역을 벗어나는 행동으로 단정하였다. 고흐가 전 재산을 가난한자들에게 나누어 주는 것은 예수 그리스도의 가르침을 문자적으로 해석하는 급진적인 사람으로 낙인을 찍었다. 그리하여 교단의 전도위원회는 고흐의 선교활동을 6개월로 제한하고 선교사역 연장을 허락하지 않았다.

고흐는 빈털터리가 되었다. 그리고 깊은 좌절감을 느꼈다. 순수한 그리스도의 사랑으로 열정을 다하여 선교를 하였지만 당시의 교회는 고흐를 거부하였다.

은둔과 칩거에서 발견한 하나님이 주신 은사

고흐는 사람들과의 일체의 접촉을 단절하고 칩거를 시작하였다. 직장 생활을 하면서 접촉한 당대의 유명한 화가들과 작품들을 바라 본 안목과 고독함을 그림 그리기로 달래면서 시간을 보냈다.

그 후 고흐는 하나님께서 자신에게 주신 은사가 예술을 통하여 사람들에게 위안을 주는 것이 자신의 사명임을 깨닫고 27세(1880년)에 화가가 되기로 결심했다.

고흐는 10년 동안 그림을 그렸다. 그러나 4년간은 데생과 수채화에 전념하면서 기초 기법을 익히는데 시간을 보내었다. 그리고 6년 동안 그림을 그렸지만 그는 정신적 육체적 건강이 좋지 못하였다. 고흐의 그림은 농촌을 풍경으로한 소재로 정물, 풍경, 인물의 3가지 주제로 그렸다. 그리하여 후대에 고흐를 농민화가라 했다. 고흐는 실연의 좌절과 성직자를 지망하였지만 교단의 거부로 인한 좌절을 작품 활동으

로 잊으려 했다. 작품 활동에 깊이 들어 갈수록 점점 마음은 심란하고
정신적 사회적인 깊은 고립감에 빠지게 되었다.

그림과 결혼을 하고 낳은 그림들

고흐는 35세에 신경과민으로 인한 발작증상이 일어났다. 그는 분노
로 스스로 왼쪽 귀 일부를 잘라내는 자해를 하였다. 다시 정신적으로
조금 회복되면 그림을 그리고 다시 정신병원에 입원하기를 반복했다.

고흐에게 그림은 인생전부였다. 동생 데오는 이미 결혼을 하여 자녀
가 있었지만 고흐는 결혼을 하지 않고 동생 데오를 의지하고 살았다.
그림을 그리지 못한다면 고흐의 인생은 무의미한 것이었다. 그러나 정
신적 육체적 몰락은 두려웠다. 그리하여 스스로 프로방스의 생레미에
있는 정신병원에 찾아가 그림 그리는 능력을 잃지 않도록 온전한 정신
상태로 치료받기를 자원했다.

고흐는 당시의 미술계에서도 인정받지 못하였다. 무명의 화가일 뿐
생계도 책임질 수 없는 가난한 생활을 하면서 심한 열등감과 우울증에
사로 잡혔다. 깊은 고독과 좌절에서 벗어나지 못한 고흐는 자신을 괴
롭히는 정신적인 질환에서 나을 수 없다는 깊은 절망감을 가졌다.
1890년 9월 27일 스스로 권총 자살을 시도하였다. 이틀 후인 1890년
7월 29일 37세의 무명 화가 고흐는 죽었다. 그 후 13년이 지난 1903년
에 고흐의 유작전이 열렸다. 그 때에야 사람들은 고흐가 천재적인 화
가였다는 것을 인정했다.

좋은 성직자가 될 수도 있었는데?

한 때 고흐는 영혼사랑에 대한 열정을 가졌다. 예수 그리스도의 복
음을 들고 예수님의 심정으로 탄광 노동자들과 애환을 함께 나누었다.
그 때 고흐에게 계속 전도사역을 할 수 있도록 지원해 주었다면 고흐
의 인생은 어떻게 되었을까? 고흐는 일생을 불타는 전도자로 살았을
것이다. 그리고 많은 영혼을 구원하는 성직자가 되었을 것이다.

예수님이 말씀하신 땅 끝까지 복음을 증거하려는 사명을 감당하는 온전한 주님의 제자가 되었을 것이다. 고흐가 전도자의 길을 가고 싶어 했지만 당시의 교회 지도자들은 고흐를 배척했다. 그 일은 정말 옳은 일이었을까? 하나님의 뜻이었을까? 아니면 교단지도자들의 영적 무지와 교권에 의한 결정이었을까? 하나님 나라에 가면 한 영혼을 실족시킨 행위에 대한 하나님의 준엄한 심판이 분명히 있을 것이다.

상처받은 사람을 책임질 사람은 없다

고흐가 농민화가로 불후의 명작을 남기고 미술사에 남길만한 족적을 주었지만 영적세계에서 볼 때 고흐의 미술사적 공적이란 아무런 의미가 없는 것이다. 고흐의 작품을 보고 구원받을 사람은 없기 때문이다.

고흐의 삶이 패쇄적이며 은둔적인 삶을 살도록 영향을 준 사람들은 당시의 교권주의자들다. 한 사람이 일생을 살아가면서 긍정적인 영향을 받기도 하고 부정적인 영향을 받기도 한다. 그러나 한 번의 만남과 한 번의 격려가 한 사람의 일생에 분수령이 된다. 일상적인 삶에 지극히 사소한 만남과 결정이라 할지라도 한 사람의 운명을 좌우하는 중대한 사안임을 생각한다면 신중해질 수 밖에 없다.

나에게는 사소한 것이지만 상대방에게는 절대적 일 수 있다

한국의 슈바이처로 불린 성산 장기려 박사는 모든 사람들이 존경하는 의사였다. 그는 일생을 가난하고 소외당하며 병들어 고통당하는 이웃으로 살았다. 그리하여 사람들은 살아있는 작은 '예수'라고 했다.

어느 날 한 학생이 질문을 했다.

"혹시 지금까지 살아오시면서 후회스러운 일은 없었습니까?"

"있습니다. 인턴시절에 회진을 하고 돌아서는데 한 환자가 근심스러운 얼굴로 질문을 했습니다. '선생님 저의 병세는 어떻습니까?'

그 때 장기려 박사는 환자의 차트를 살펴보고는 무심중에 한 마디를 했다.

"당신은 죽어도 벌써 죽었을 텐데 아직도 살아있으니 기적입니다."
"……"
그 다음 날 그 환자는 숨을 거두었다.

내가 살린 사람과 내가 죽인 사람들

살아보려는 환자의 몸부림치는 질문에 무심결에 던진 그 말한 마디가 얼마나 충격이 되고 고통이 되었을까? 마음 편안하게 해주지는 못하고 오히려 고통을 주었으니 그 환자의 마지막 희망을 끊어버린 그 말 한마디가 일생을 두고 가장 후회스럽다고 말했다.

고흐. 그는 왜 전도자의 꿈을 접고 그림을 그리다 권총자살을 했는가?

헌신적인 전도의 열정을 꺾었던 교단 전도위원회가 계속 전도의 기회를 주었다면 고흐는 전혀 다른 삶을 살았을 것인데? 말 한 마디가 한 사람을 죽이지는 못하지만 죽음에 이르도록 할 수는 있다. 말 한마디가 한 사람을 성공시킬 수는 없지만 성공에 이르게 하는 초석이 될 수 있다.

누구든지 나를 믿는 이 소자 중 하나를 실족케 하면
차라리 연자맷돌을 그 목에 달리우고 깊은 바다에 빠뜨리우는 것이 나으니라
실족케 하는 일들이 있음을 인하여 세상에 화가 있도다
실족케 하는 일이 없을 수는 없으나
실족케 하는 그 사람에게는 화가 있도다.
(마태복음 18 : 6-7)

2. 베르사이유 궁전의 비밀

칸트철학보다 앞선 소똥철학

학교 문앞에도 가보지 못한 무식한 농부에게도 철학이 있다. 평생 농사를 지으면서 자연에서 배운 것이다. 소똥도 층계가 있으며, 찬물도 온도가 있다 했다. 즉, 더러운 소똥에도 선 후가 있으며 찬물이라 해서 다 같은 것이 아니라는 지극히 평범한 말에서 칸트가 말한 심오한 철학보다 삶에 뼈저린 감동을 주는 순박한 철학이다.

사람들은 만나면 먼저 나이를 물어 보거나 관상 인상을 통하여 짐작하고 선후배 관계를 정립한다. 후배는 섬기는 자가 되고 선배는 베풀고 관용을 가지게 된다. 이것이 지금까지 우리들의 삶의 방식이었다.

선배나 후배가 조금 부족해도 그것을 흉으로 생각지 않고 부족한 부분을 채워 주며 협력하며 살아왔다. 이러한 삶이 인간의 미덕으로 쌓이면 끈끈한 인정이 된다.

오늘 사회는 어른이나 선배라 해서 무조건 존경받거나 후배라 하여 무시당하지 않는다. 누구든지 능력이 있으면 존경을 받고 능력이 없으면 연륜과 나이도 무시당하는 시대다. 그리하여 전통적인 섬김과 사랑

을 찾아보기 어려운 실정이다. 오직 무슨 특출한 능력을 가지고 있느냐
에 관심을 가진다.

그러하다 보니 전통적 자연적 질서가 무너지고 치열한 숨막히는 경
쟁 서열만 남았다. 선후배가 없어지고 승자와 패자만 남겨지는 현실이
다. 요즘 사회구조는 잘난 사람 뛰는 사람만 살아 남는다.

니콜라스 푸케의 실수

루이 14세가 통치할 때 재무대신 니콜라스 푸케는 화려한 파티와 여
자와 시와 연극을 좋아했다. 그는 영리했으며 루이14세에게는 없어서
는 안 될 인물이었다.

1661년 쥘 자매랑 재상이 죽었다. 모든 사람들은 니콜라스 푸케가
재상이 될 것이라 예상했으나 루이14세는 재상의 직위를 없애 버렸다.
실망한 니콜라스 푸케는 루이 14세의 환심을 사기 위하여 자신이 사
는 보르비콩트 성을 완성하고 왕을 위하여 화려하고 성대한 파티를 준
비했다. 당대의 최고의 시나리오 작가의 극본으로 연극을 하고, 최고
의 음악가로 특별히 작곡하여 왕을 위하여 연주했다.

파티는 일곱 코스를 돌아가면서 산해진미를 준비하고 당대의 최고의
지성인과 정치인들 예술가들을 초청하였다.
"지금까지 이렇게 화려하고 완벽한 파티는 없었다."
"오늘 파티는 가장 화려하고 완벽하며 환상적이다."
참석한 모든 사람들은 니콜라스 푸케를 칭찬을 했다. 루이 14세도 극
찬을 하고 돌아갔다.

다음 날 아침, 루이 14세는 니콜라스 푸케를 국고 횡령죄로 체포했
다. 그리고 피레네 산맥의 감옥에 감금하여 20년 동안 죄수로 살다 죽
게 했다.
니콜라스 푸케는 신하의 위치를 망각했다. 황제보다 더욱 화려한 파

티로 모든 사람들의 칭찬과 이목을 집중시킴으로 황제의 자존심과 권위를 무시했다.

루이14세의 자존심을 세운 베르사이유 궁전

그 후 루이 14세는 장 밥티스트 콜베르를 재무대신으로 세웠다. 그는 가장 멋없고 보잘 것 없는 파티를 열었다. 인색하기로 소문난 사람이며 정말 재미없는 사람이었다.

루이14세는 니콜라스 푸케의 보르비콩드 성을 설계한 설계사와 건축가 정원사를 불러서 세계에서 가장 화려한 궁전을 건축하게 했다. 그것이 베르사유 궁전이다.

루이 14세는 황제로서 대접을 받기를 원했다. 그러나 니콜라스 푸케는 황제의 권세를 누리려 했다. 니콜라스 푸케는 소똥에 층계가 있다는 것을 몰랐다. 하물며 궁중에서의 법도와 군신의 규율이 얼마나 엄격한가를 망각했다. 그러나 장 밥티스트 콜베는 소똥에도 층계가 있다는 철학을 알았다. 그는 절제할줄 알았으며 넘어서는 안될 선을 잘 알고있었다.

존재로서의 가치냐? 기능으로서의 가치냐?

일상 생활에서 권위를 인정하고 섬길 자를 섬기고 사랑할 자를 사랑하는 것은 매우 평범하면서도 실천하기 힘겨운 일이다. 대부분의 사람들은 자신의 존재를 은밀히 드러내고 뜻을 주장한다. 그래서 지금 겸손한 사람도 끝까지 겸손하기 힘들고, 끝까지 잘 섬기는 사람도 찾아보기 어렵다.

요즘은 개성시대라 하지만 개성이 강할 수록 친구가 없으며 이웃이 없고 주변 사람들로부터 외면당한다.

오늘 사회는 연공 서열 파괴가 사회 전반에 뿌리를 내리고 있다. 선후배 관계는 무의미하다. 오직 능력만 중시하면서 능력이 있다면 중용되고 인정을 받는다. 그러나 새로운 능력을 가진 자가 나타나면 하루 아침에 직위와 권한을 내어 주고 외롭게 떠나야 한다. 지금은 존재적인 의미보다 기능적인 의미를 중요시하는 세상이다.

기름 부은자를 대적하지 않는 다윗의 철학

다윗은 한 번도 사울 왕을 앞서지 않고 무시하지도 않았다. 하나님은 사울을 버리고 다윗을 차기 왕으로 선택하였으나 다윗은 하나님이 인도하실 때까지 기다렸다. 그러나 압살롬과 아도니아는 권력에 목적을 두고 아버지 다윗을 대적하다 결국은 비참한 죽음을 당하였다.

니콜라스 푸케는 루이14세에게 자신의 위상과 권세를 무언으로 과시했다. 자존심을 상하게 하며 황제가 받아야 할 칭찬과 존경을 가로챈 것이다.

오늘도 많은 사람들은 자신의 특징과 능력과 외모를 자랑한다. 그러나 상대적으로 많은 사람들이 열등의식을 가지며 소외감을 느낀다.

존경하는 사람이 있어야 존경받는다

사람 사는 것은 다 같은 것일까? 시대를 초월하여 풍습과 문화는 달라도 느낌은 동일한 것이 아닐까? 자신의 신분과 위치를 알고 섬김과 사랑을 베푸는 사람들은 버림받은 적이 없다. 그들에게는 좋은 이웃이 있고 친구들이 있었으며 오래도록 좋은 사람으로 기억하였다.

자만심과 이기심으로 똘똘 뭉쳐진 사람들은 한 순간의 목적은 달성할 수 있으나 결국 모든 것을 상실하게 된다. 친구도 이웃도 없이 기억하기조차 싫은 사람이 된다.

마땅히 섬길 자를 섬길 줄 알고 사랑할 줄 알고 베풀 줄 아는 사람은 때가 되면 존귀한 자로 인정받고 사랑을 받는다.

존경할 자가 없다면 존경받지 못하며 사랑할 사람이 없다면 사랑받지 못하고. 베풀자가 없다면 도움을 받을 곳이 없다.

허황된 욕심과 야망에 빠져 종횡무진 하는 것은 참된 능력이 아니다. 그것은 죽음의 발작이다. 최후에는 비참한 주검만 기다릴 뿐이다.

　진정한 성공과 축복은 하나님이 세우신 질서를 지켜가는 것이며 자연의 질서를 존중하는 것이다.
　자신의 위치를 발견하고 무엇을 해야 할 것인가를 깨닫는 사람은 행복한 사람이다.
　칸트의 탁상 철학이론 보다는 농부의 생활철학이 더욱 지혜롭다.

　모든 것을 적당하게 하고 질서대로 하라
　(고린도전서 14 : 40)

3. 괴로움을 뚫고 기쁨을 발견한 사람

고뇌의 터전을 지나는 눈물들

음악의 거장 베토벤은 불후의 명작을 남겼다. 베토벤의 음악의 특징은 도입부분이 슬프고 애절한 느낌을 준다. 그러나 마지막 부분에는 천상의 환희와 기쁨을 준다. 그것은 베토벤이 당한 시련과 고통의 산물이었다.

베토벤의 할아버지 루트비히는 본의 궁정 악장이었으며 아버지 요한은 궁정 가수였다. 아버지 요한은 베토벤을 위하여 네 살 때부터 음악공부를 시키고 일곱 살에는 피아노 독주회를 열었다.

1787년 7월 17일 베토벤의 나이 열일곱 살에 폐결핵으로 어머니 마리아가 소천했다. 그로 인하여 아버지 요한은 실의에 빠져 술을 즐기면서 알코올 중독자가 되었다. 결국 1792년 12월 18일 요한도 세상을 떠났다. 그러나 베토벤은 좋은 스승들의 가르침을 받았다. 그 중에 열 살 때 만난 크리스천 고트로프 에페로의 가르침이 신앙적 정서적으로 깊은 영향을 주었다. 베토벤의 천재적인 재능을 일찍 발견하고 앞으로 제2의 모차르트가 될 것을 확신하였다.

베토벤은 음악가로 성장하여 가는 스물일곱 살에 청력에 이상이 왔다. 또한 귀족의 딸 줄리에타 귀차르디와 사랑에 빠져〈월광〉을 작곡하여 바쳤으나 실연당한 후에 두 동생에게〈하일리켄슈타트의 유서〉를 보내고 자살을 기도하였다. 절망적인 환경 앞에 베토벤의 음악적 생명은 종결되는 듯했지만 그 때부터 불후의 명곡들이 작곡되었다.

수첩에 숨겨진 슬픈 고백

음악가의 생명인 청력을 상실하여 가고 실연의 고뇌하는 내면적 괴로운 심정을 수첩에 다음과 같이 기록했었다.

"나는 귀머거리라네. 내가 하는 일이 만약 어느 다른 종류의 것이었다면 또 그런대로 어떻게 되었을지 모르지만, 내가 하는 일로서는 이 사실은 무서운 상태일 수 밖에 없네. 내 적들이 이 사실을 안다면 대체 무어라고 할는지. 더욱이 그 수효는 적지 않네. 극장에서는 배우의 대사를 알아듣기 위해서 오케스트라 바로 옆자리에 앉지 않으면 안 되네. 좀 떨어져 있으면 악기나 음성의 높은 소리가 들리지 않는단 말이야. 사람이 조용한 목소리로 말하면 겨우 그런대로 알아듣지만 큰 목소리로 말을 하면 도저히 견딜 수가 없다고! 때때로 나는 내 존재를 저주했네. 플루타크는 나를 체념으로 이끌어 주었지. 만일 가능한 일이라면 나는 이 숙명에 도전하고 싶네. 그러나 때때로 나는 신이 만드신 물건 중에서 가장 비참한 것이라고 생각되는 때가 있네."

그래서 행복했다

베토벤은 간경병증으로 황달 증세와 복수가 차올라서 4회의 수술을 하였으나 절망적이었다. 그는 죽기 삼일 전에 친구들에게 "친구들아 갈채를 보내어다오 희극은 끝났다"라고 말한 후 1827년 3월 26일 오십칠세의 일기로 생애를 마쳤다.

인간을 행복하게 하는 것은 무엇일까? 많은 사람들은 소유함으로 만족할 것이라 생각한다. 그리하여 끝없는 욕심에 사로잡혀 스스로 노예와 같은 인생을 산다.

베토벤은 '나는 귀머거리다' 라고 말했다. 하나님이 창조한 피조물 중에서 가장 불행한 것이 바로 자신일 것이라고 고백했지만 그는 하나님을 원망하지 않았다.

베토벤이 남긴 말 중에 하나는 "나는 괴로움을 뚫고 항상 기쁨을 발견했다. 그래서 행복했다." "어릴 때부터 남을 위하여 일한다는 것은 나의 최대의 행복이었고, 즐거움이었다."라고 고백했다.

행복한 사람과 불행한 사람은 무엇이 다른가?

행복한 사람과 불행한 사람들은 다섯 가지 차이점이 있다.

첫째, 행복한 사람은 자신이 완벽하지 않다는 것을 인정한다.

내가 하는 일에 실수도 있으며 잘못되어 나쁜 결과를 가져 올수도 있음을 인정하는 것이다. 그래서 충고와 권면을 받아들이고 자신을 돌아본다. 그러나 불행한 사람은 늘 자신이 완전하다고 생각한다. 완벽함을 주장하는 사람은 늘 피곤하다.

둘째, 행복한 사람은 현실을 있는 그대로 인정한다.

자신만이 가진 아름다움도 괴로움도 사랑 할 수 있다. 그러므로 그는 감사를 알게 되고 도움을 받을 때에 은혜로 기억한다. 그러나 불행한 사람은 현실과 조건을 세밀하게 비교한다. 비교할 때 불평과 우월의식에 교만해지거나 심한 열등의식에 사로 잡혀 낙심한다. 그리고 모든 것을 경쟁관계로 생각함으로 마음에 평안이 없다.

셋째, 행복한 사람은 내가 하는 일들이 틀릴 수 있음을 인정한다. 자신의 실수와 무지를 인정 할 때에 그는 행복하다. 그리고 다시 기회를 얻을 수 있다. 그러나 불행한 사람은 늘 자신이 옳다고 주장한다. 자신이 옳다하는 사람은 늘 스승의 자리에 있다. 지적하고 명령하고 감독한다.

넷째, 행복한 사람은 모든 사람을 믿고 신뢰한다.

내가 믿고 신뢰 할 때에 이웃들도 나를 믿고 신뢰한다. 그 속에 믿음이 자란다. 그러나 불행한 사람은 매사에 의심한다. 의심은 점점 자라

불신의 깊은 수렁으로 빠져 들어간다.

다섯째, 행복한 사람은 섬김과 나눔의 생활을 한다.

자신의 소중함도 나누고 자신의 부족함도 약점도 함께 나눈다. 조건 없는 섬김과 나눔은 서로 위로를 얻고 좋은 이웃이 된다. 그러나 불행한 사람은 이웃을 위하여 절대로 사랑과 물질을 베풀지 않는다. 한 번 거머쥐면 죽을 때까지 놓지 않는다.

내 연약함을 인정 할 때

인간은 행복해지기 위하여 무엇인가를 소유해야 한다고 생각한다. 그러나 소유함으로 행복해 질 수 없다. 행복은 삶에 아름다운 생각이다.

베토벤은 세기적인 음악가로 스스로 생각하기 보다는 "나는 귀머거리라네"라며 자신의 연약함을 있는 그대로 인정했다. 연약한 자신을 사랑함으로 그는 행복했다.

행복한 사람은 자신의 부족함과 연약함을 숨기지 않는다. 그대로 인정하고 즐거움도 고통도 함께 공유한다.

내가 가진 연약함이 나를 행복하게 할 수 있다. 내 연약함을 사랑하고 함께 나눔으로 나의 존재는 더욱 고귀해 지는 것이다. 행복은 소유가 아닌 생각에 있다. 아름답고 긍정적인 생각이 행복이요 능력이다.

예수께서 그를 보시고 사랑하사 가라사대
네게 오히려 한 가지 부족한 것이 있으니
가서 네 있는 것을 다 팔아 가난한 자들을 주라
그리하면 하늘에서 보화가 네게 있으리라
그리고 와서 나를 좇으라 하시니
(마가복음 10 : 21)

4. 백리 길에 절반은 어디인가

황제를 깨우친 진언 시

전국(戰國) 시대 말기, 진(秦)나라의 국력이 전성기에 있었던 무렵 진나라의 왕은 무왕(武王)이었다. 무왕은 진나라의 국력의 우위에 안심하고 거만하게 행동하였다. 그 때 무명의 한 신하가 진언 하는 시(詩) 한 절을 올렸다.

"행백리자반구십 (行百里者半九十)"

즉, '백리 길을 갈 때는 90리가 절반' 이라는 것이다. 100리 길에서 마지막 10리 길이 지나온 90리 길과 동등하다는 것이다. 이는 마지막의 중요성에 대하여 말한다. 시작이 반이라는 말과 얼마나 대조적인가? 시작은 좋았는데 마무리가 잘못되어 낭패를 당하는 경우가 얼마나 많은가 생각해야 한다.

오늘 많은 사람들은 시작이 절반이라는 착각에 빠지기도 하고 형통하게 진행되면 성공한 것으로 생각한다. 그러나 마지막 순간에 방심하다 어이없이 실패를 경험하는 경우가 얼마나 많은가? 그러므로 마지막이 될수록 신중하고 정확하고 아름답게 마쳐야 한다.

배신자는 마지막에 나온다

예수님은 12명의 제자를 선택하였다. 그들은 예수님이 십자가를 질 때까지 훈련과 연단을 받고 사도가 되어 예수님의 증인이 되기 위하여 부름 받았다. 3년 6개월의 훈련을 잘 받았지만 마지막 한 주간을 남겨 두고 가룻 유다는 예수님을 은돈 30에 팔고 스스로 목매어 죽었다.

유다는 12제자의 반열에서 마지막에 배신자가 되었으며 자살을 했다. 예수님의 제자에서 인류 역사상 가장 저주스러운 배반자가 되었다. 그러나 베드로와 다른 제자들은 모두 사도가 되어 각자가 예수 그리스도의 증인으로 살다가 마지막에 거룩한 순교자가 되었다.

끝이 좋아야 충신이 된다

다윗이 이스라엘 최고의 왕이 될 수 있었던 것은 다윗의 믿음과 하나님의 은혜이다. 그리고 군대 장관 요압이 없었다면 다윗은 없다고 말할 정도로 충성된 신하였다. 그러나 다윗은 왕권을 솔로몬에게 이양하면서 군대 장관 요압을 반드시 죽이라 유언 했다.

다윗의 노년에 일어난 왕자의 난 때 요압은 다윗을 버렸다. 첫번째는 다윗은 압살롬을 죽이지 말라고 했지만 죽였다.

두번째는 아도니아가 왕이 되려 할 때에 요압이 최대의 정치적 군사적 지지자가 되었다. 요압은 다윗의 충성된 신하였지만 마지막에 배신했다. 그리하여 다윗은 요압을 반드시 죽이라고 했다.

아름다운 마지막을 위하여 일생을 바쳐라

사도 바울은 출발은 잘못되었지만 마지막은 가장 아름답게 막을 내렸다. 처음에는 그리스도인들을 핍박하는 자였지만 노년에는 그리스도의 복음을 증거하다 핍박받고 고난 중에 순교자가 되었다. 하나님이 주신 이방인의 사도로 모든 사명을 다 마쳤다. 마지막이 가까울수록 더욱 진실하게 천국을 사모했다.

시작은 시작일 뿐이요 과정은 과정일 뿐이요 마지막은 중요하게 구분되어야 한다. 시작이 잘되었으며 과정도 좋았으니 결과도 좋을 것이라는 생각은 잘못이다. 시작과 진행 과정에서 실패는 다시 기회를 가질 수 있지만 마지막 실패는 영원히 기회가 없다. 그러므로 마지막이 될수록 진지하고 신중해야 한다.

어쩌면 세상에는 영원이라는 것이 존재하지 않는다. 영원한 1등도 없으며 영원한 꼴찌도 없다. 영원한 승리자도 없다.

역사적으로 수많은 제국이 세워지고 멸망하였다. 정상을 향하여 수많은 사람들이 길을 걸었지만 정상에 도달한 사람은 그리 많지 않았다. 그러나 정상에서 성공의 축배를 들었지만 영원히 그 자리를 지킨 사람은 한 사람도 없었다.

마지막 황제들의 눈물은 무엇을 말하는가?

2000년간 계속된 전제정치(專制政治)로 청나라의 황제 부의는 즉위 3년, 1911년 신해혁명(辛亥年)으로 마지막 황제가 되었다. 부의는 감옥생활을 하다 후에 북경 식물원의 정원사로 생활하다 죽었다.

BC 6세기부터 시작된 러시아는 1917년 2월 혁명과 10월의 볼셰비키 혁명 사유가 되는 마지막 황제 니콜라스 2세가 3월 15일 퇴위를 선언하고 유폐, 감금되었다. 10월 혁명 뒤 시베리아로 이송되는 도중, 우랄 지방 예카테린부르크(스베르들로프스크)에서 지방 소비에트 당국에 의해 1918년 7월 16일 가족들과 함께 살해당했다.

황제가 울면 나라가 망한다

조선 왕조는 1394년 10월 한양천도(漢陽遷都)로 시작되었다. 1910년 8월 29일 한일 합병조약이 공포되고 총리대신 이완용이 통감 테라우치 마사타케와 한국 통치권을 일본 왕에게 양도하는 문서에 서명함으로 고종은 마지막 황제가 되었다. 이후에는 이태왕(李太王)으로 불리다가 1919년 1월 21일 죽었다.

제국은 하루 아침에 세워진 것이 아니었다. 그리고 하루 아침에 망한 제국도 없었다. 모든 마지막 황제는 비참했다. 전성기에 나태와 방심과 자만에 빠지면 순식간에 천길 나락으로 떨어진다.

시작이 절반의 성공일 수도 있다. 그러나 마지막 10%가 절반이라는 인식을 가져야 전성기가 지속될 수 있으며 완전한 성공을 할 수 있다.

나뭇잎 하나에 일생을 걸 때가 있다

1905년 발표된 오 헨리의 대표작 마지막 잎새는 그리니치 빌리지의 아파트에 사는 무명의 여류화가 존시가 심한 폐렴에 걸려서 사경을 헤맨다. 그녀는 삶에 대한 희망을 잃고 친구의 격려도 아랑곳없이 창문 너머로 보이는 담쟁이 덩굴 잎이 다 떨어질 때 자기의 생명도 끝난다고 생각했다.

같은 집에 사는 친절한 노 화가(老畵家)가 나뭇잎 하나를 벽에 그려 심한 비바람에도 견디어 낸 진짜 나뭇잎처럼 보이게 하여 존시에게 삶에 대한 희망을 주었다.

존시에게 마지막 잎새는 생의 전부였다. 마지막이란 절망을 뜻하지 않는다. 아직도 희망이 남았다는 것이다. 마지막 잎새에 절반의 희망을 걸고 있다면 아직도 절반의 기회가 남은 것이다. 시작은 시작일 뿐이다. 마지막 순간을 더욱 진지하고 신중하게 살아간다면 아름다운 삶의 종지부를 찍을 것이다.

관제와 같이 벌써 내가 부음이 되고 나의 떠날 기약이 가까웠도다.
내가 선한 싸움을 싸우고 나의 달려갈 길을 마치고 믿음을 지켰으니
이제 후로는 나를 위하여 의의 면류관이 예비되었으므로
주 곧 의로우신 재판장이 그 날에 내게 주실 것이니
내게만 아니라 주의 나타나심을 사모하는 모든 자에게니라
(디모데후서 4 : 6-8)

5. 프랭클린의 성공비결

갈등은 성공의 문이다

프랭클린 [Franklin, Benjamin, 1706.1.17~1790.4.17]은 미국 보스턴 출생으로 필명 Richard Saunders로 활동한 정치가며 과학자요 저술가였다.

어린 시절에는 아버지가 경영하는 양초와 비누 제조업을 돕다가 형이 경영하는 인쇄소에서 《뉴잉글랜드 커런트 New England Courant》지(紙)의 발행을 도왔다. 그 후 형과 의견이 맞지 않아 1723년 보스턴을 떠나 필라델피아로 가게 되었다.

보스턴을 떠날 때 프랭클린은 17세였다. 자신이 출석하던 교회 담임 목사를 찾아가서 객지생활에서 어떻게 살아야 하는지 물어 보았다.

"목사님 앞으로 제가 성공하려면 어떻게 처신해야 합니까?"

"꼭 마음에 새기며 살아야 할 좌우명 한 말씀을 해주시면 감사하겠습니다."

조금만 머리를 숙이고 항상 웃으라

담임 목사님은 프랭클린의 갑작 스러운 방문과 질문을 받고는 침묵

할 뿐이었다. 프랭클린은 좀 어색한 분위기에 목사님께 작별 인사를 하고 문밖으로 나오다 문설주에 이마를 들이받고는 넘어졌다. 얼굴을 찡그리고 고통스러워하는 프랭클린을 보고 목사님이 말했다.

"프랭클린, 자네가 성공하려면 어디를 가든지 누구를 만나든지 항상 머리를 조금 숙이게, 그리고 항상 밝은 표정을 잃지 않기를 바라네. 그러면 틀림없이 성공할 것이네."

그 후 프랭클린은 누구를 만나든지 머리를 숙이고 겸손하게 행동했으며 어떠한 고통스러운 상황이 와도 늘 웃음을 잃지 않았다.

머리를 숙일 수록 땅은 세밀하게 보인다

프랭클린은 1729년 《펜실베이니아 가제트 Pennsylvania Gazette》지의 경영자가 되었고, 펜실베이니아 대학교의 전신이었던 필라델피아 아카데미를 창설하였다. 저서 중에서도 상식철학과 뛰어난 기지와 경구가 넘치는 《가난한 리처드의 달력 Poor Richard's Almanac》은 많은 사람들에게 애독되었다.

1776년 독립선언 기초위원에 임명되었다. 그는 평생을 통하여 자유를 사랑하고 과학을 존중하였으며 공리주의(功利主義)에 투철한 전형적인 미국인으로 일컬어진다.

프랭클린의 성공 비결은 17세 때 고향을 떠날 때 목사님이 말씀한대로 항상 머리를 숙이고 어떠한 경우라도 미소를 짓는 것이다. 그 두가지를 평생 실천했다. 17세에 고향을 떠나면서 성공을 꿈 꾸었는데 그 꿈을 이루었다.

오늘날에도 성공하기 위해서는 겸손과 미소는 필수적이다.

과거의 기업은 공급보다 수요가 많았기에 권위적인 자세에서 경영활동을 하였다. 현대는 공급이 많아지면서 고객의 마음을 사로잡는 겸손과 미소가 없다면 살아남을 수 없다. 겸손과 밝은 미소의 이미지가 없는 기업과 개인은 성공 할 수 없다. 좋은 감정과 이미지를 지속적으로 창조해 나갈 때 사랑받고 존재하게 된다.

끝까지 웃으라

사도 바울은 빌립보 감옥에 감금되었다. 심한 매를 맞고 온몸이 피투성이로 멍든 상태였다. 이러한 감옥은 최악의 조건을 가진 장소였다. 그러나 그 곳에서 바울과 실라는 찬송하며 기도하며 기쁨이 충만했다. 그 결과 빌립보 간수가 예수님을 영접하게 되었다.

스데반 집사는 돌에 맞아 죽으면서 그 얼굴이 천사와 같이 밝고 평온한 모습으로 순교했다. 그것은 예수님의 사랑에서 나오는 천국의 미소가 있었다. 그 현장에서 사울은 스데반이 죽으면서 보여준 알 수 없는 평안한 미소와 겸손함을 보았다. 그리고 다메섹에서 빛으로 나타나신 예수님을 만난 후 그는 스데반과 같이 순교자가 되었다.

겸손과 기쁨은 그리스도를 만났을 때에 성령께서 주신다.

무엇인가 소유함으로 주어진 기쁨은 일시적이다.

주님이 주시는 기쁨은 영원하다.

머리를 숙이고 웃어보자.

함께 웃을 것이다.

주 안에서 항상 기뻐하라 내가 다시 말하노니 기뻐하라

너희 관용을 모든 사람에게 알게 하라 주께서 가까우시니라.

아무것도 염려하지 말고 오직 모든 일에

기도와 간구로 너희 구할 것을 감사함으로 하나님께 아뢰라

그리하면 모든 지각에 뛰어난 하나님의 평강이

그리스도 예수 안에서 너희 마음과 생각을 지키시리라

(빌립보서 4:4~7)

6. 프로가 변칙에 능숙한 이유

신뢰란 위험한 모험이다

지난 날 암울한 군사정권 시기에 어느 대통령이 국민들에게 한 말중에 "나 000 믿어 주세요"라고 말하였지만 사람들은 믿을 수 없었다. '믿어주세요' 라는 말 자체가 강한 불신을 당하고 있음을 반증하는 것이다. 신뢰감은 관계 형성에서 많은 시간을 두고 형성된다. 그러나 한 순간에 신뢰가 무너지는 경우를 본다. 믿었는데 그렇게 할 수 있느냐며 허탈함과 배신감을 느끼는 경우가 많다. 그러므로 신뢰란 모험이라고 말 할 수 있다.

배신의 경험이 배신을 한다

로마의 제5대 황제 네로(Nero, 재위 54~68)의 본명은 루시우스 도미티우스 아헤노바르부스(Lucius Domitius Ahenobarbus)이다. 황제 클라우디우스 1세의 둘째 아내인 소(小) 아그리피나 비(妃)의 전 남편(가이우스 도미티우스 아헤노바르부스)과의 사이에서 태어난 아들로 클라우디우스의 양자가 되었다.

네로가 16세 때에 어머니 아그리피나는 남편 클라우디우스를 독살하고 근위병의 추대를 받아 아들 네로를 제위에 올렸다. 네로는 즉위 5년 후부터 점차 잔인·포악한 성격을 나타내기 시작하여 의붓동생 브리타니쿠스를 독살하고, 자신의 어머니 아그리피나, 아내 옥타비아를 차례로 살해하였다. 또 원로원 의원 피소 일파의 음모가 발각되었을 때는 스승 세네카·루카누스를 포함한 고위 측근을 처형하였다.

배신자는 희생양을 찾는다

64년 7월 로마 대 경기장 일대의 대 화제는 시내 대부분을 소실하게 하였다. 로마의 민심은 네로가 방화한 것으로 생각했다. 그 때 네로의 간신 티게리니우스가 그리스도인들에게 방화 책임을 전가하도록 진언했다.

네로는 그리스도인들을 화형과 가혹한 십자가형을 하고 맹견에게 물려 죽도록 하였다. 네로의 기독교 박해는 〈타키투스의 연대기〉에 그 참혹상이 기록되어있다. 이때 예수님의 제자 베드로, 전도자 바울도 순교하였다.

네로는 68년 갈리아에서 반란이 일어나 이것이 각지로 퍼지자, 히스파니아(에스파냐)의 총독 갈바가 로마시로 진군하였을 때 그를 미워한 원로원, 일반 민중뿐만 아니라 그의 근위군까지 이들에게 합세함으로써 네로는 로마시를 탈출, 자살하였다.

충신은 심복이 될 수 없다

네로는 16세에 황제가 되어 30세에 자살하였다. 짧은 14년 동안 역사상 가장 잔인하고 포악한 황제였다. 역사는 최고 권력에 접근하면 할수록 철저한 신뢰 관계를 요구하면서 심복을 심어두지만 그 심복을 철저하게 경계와 의심을 하였다. 역사적으로 최고의 처세술은 궁중 생활에서 나왔다. 누구도 신뢰하지 않고 오직 살아남기 위하여 잔인한 정글의 법칙에 의하여 배신과 아부와 음모는 끊임없이 진행되었다.

네로 황제가 폭군이 되어 잔인한 행동을 한 이유는 그 역시 어머니가 아버지를 죽이고 자신을 왕으로 세우는 일련의 배신과 독살과 음모의 틈바구니에서 성장하면서 어떠한 사람도 신뢰할 수 없었다. 모든 사람들을 서로 믿고 신뢰하기를 원한다. 그러나 눈군가를 믿고 신뢰하였으나 그 사람으로부터 배신을 당하고 이용당했다는 느낌이 들 때는 허망하기 짝이 없다. 일생을 살아가면서 한 두번은 허망하고 어처구니 없는 배신을 당하기도 한다. 그 결과 사람들은 순수성을 상실하고 점점 자기 이익과 자기 방어적 행동을 하게 된다.

한번 무너진 신뢰는 회복되지 않는다

아프리카의 민담에 이러한 이야기가 있다.

사냥꾼에게 쫓기던 뱀이 농부에게 살려달라고 했다. 농부는 쭈그리고 앉아서 자기 배속에 들어가 숨어있으라고 했다. 위기를 넘기자 농부가 뱀에게 밖으로 나오라고 했다. 뱀은 따뜻하니 나가지 않겠다고 했다. 농부는 낙심하고 집으로 가다가 왜가리를 만나 자신의 사정을 이야기 했다. 왜가리는 농부에게 뱀이 나가도록 쭈그리고 앉아서 몸을 꼿꼿이 펴고 입을 벌리라고 했다. 그 때 뱀이 궁금하여 목구멍 밖으로 머리를 내밀자 왜가리는 얼른 뱀을 물어, 밖으로 끌어내어서 죽여 버렸다. 농부는 왜가리에게 자신의 몸 안에 뱀독이 남아서 죽을 것을 걱정하며 낙담했다. 그 때 왜가리는 햐얀새 여섯 마리를 삶아 먹으면 해독이 된다고 가르쳐 주었다. 그러자 농부는 네가 흰 새이니 너부터 먹어야 하겠다고 하면서 왜가리를 잡아 자루에 넣어 집으로 왔다.

농부의 이야기를 들은 아내는 어떻게 은혜를 원수로 값을 수 있느냐고 하면서 즉시 왜가리를 놓아 주었다. 왜가리는 자루에서 나오자마자 그 아내의 두 눈을 파먹고 날아갔다.

프로는 변칙에 능숙하다

우리들의 속어에 '세상에 믿을 놈 한 놈도 없다' 는 말이 있다. 진실로 믿을 사람이 없을까? 각박한 세상에서 내가 믿고 신뢰 할 수 있는 이웃은 얼마나 될까? "나 믿어 주세요" 하는 사람들이 많다. 그러나 "믿어도 되나요?" 하며 의심한다. 그리고 언제까지 믿을 수 있을까 의심한다.

스포츠에서 아마추어와 프로의 차이점이 많지만 그중에 하나는 아마추어는 원칙에 강하고 프로들은 변칙에 강하다. 모든 사람들이 처음에는 원칙을 주장하고 법을 따르지만 시간이 지나면서 원칙과 법을 초월하여 변칙과 편법에 능숙하게 되면 능력 있는 사람이라 인정한다. 적당한 변칙과 편법이 능력으로 인정받는 현실에서 법과 규칙을 존중한다는 것은 어쩌면 어리석은 행동으로 보일 수 있다. 그러나 시간이 가면서 원칙과 규칙을 따른 자에게는 신뢰와 믿음이 쌓이게 된다. 편법과 반칙을 능숙하게 넘나드는 사람들을 보고 능력 있는 사람이라 칭찬하면서 내심은 언젠가는 배신할 사람이요 그 변칙과 불법의 올가미가 나를 옥죄어 올 것이라 의심하게 된다.

신뢰란 느낌이 아닌 경험이다

목회 생활에서 변칙과 편법에 능한 사람들은 일시적으로는 인정을 받을 지라도 시간이 가면서 하나님은 허물과 가면을 벗겨 진실과 거짓을 드러나게 하심을 보았다.

음식은 먹어봐야 맛을 알고, 물건은 사용해보아야 알고 사람은 겪어보아야 알고 믿음은 열매로 알 수 있다. 결국 신뢰란 아름답고 좋은 경험이 축적되어 이루어지는 것이다. 믿어주세요 해서 믿지 않는다. 사람들은 경험을 통하여 신뢰감을 쌓아간다.

예수 그리스도께서 말씀하신 하나님을 사랑하고 이웃을 사랑하라는 말씀에서 그 사랑은 곧 희생이면서도 신뢰 관계이다. 하나님과 나와의 관계에서는 바른 신뢰 관계를 형성하고 사람과 관계에서는 진실한 신뢰 관계를 형성하는 것이 참된 믿음의 생활이다.

이에 백성들이 일찌기 일어나서 드고아 들로 나가니라
나갈 때에 여호사밧이 서서 가로되
유다와 예루살렘 거민들아 내 말을 들을지어다
너희는 너희 하나님 여호와를 신뢰하라 그리하면 견고히 서리라
그 선지자를 신뢰하라 그리하면 형통하리라 하고
(역대하 20 : 20)

7. 세계 최고의 불임클리닉 원장

칠거지악과 삼불거

유교적 관념에서 남편이 아내를 버릴 수 있는 경우 일곱 가지를 칠거지악(七去之惡)]이라 한다. 그 조건은 첫째, 시부모에게 불순한 경우, 둘째, 자식을 낳지 못하는 경우, 셋째, 음탕한 경우, 넷, 질투하는 경우, 다섯째, 나쁜 병이 있는 경우, 여섯째, 말이 많은 경우, 일곱째, 도둑질 한 경우이다.

남자가 마음만 먹으면 아내를 얼마든지 버릴 수있는 칠거지악에 해당한다 할지라도 아내를 버릴 수 없는 삼불거(三不去)가 또 있었다.

삼불거란 첫 번째 부모의 삼년상을 같이 치른 경우, 두 번째 장가들 때 가난하다가 뒤에 부유해진 경우, 세 번째 돌아가 의지할 곳이 없는 경우이다.

옛부터 결혼을 하여 자녀를 낳아 가문의 혈통을 보전하는 것은 매우 중요한 일이다.

그러므로 유교적인 전통은 남존여비(男尊女卑)사상으로 남아선호(男兒船號) 관점에서 첨단의 의료 장비로 출산을 의도적으로 조절한다.

불임의 원인이 누구인가 씨받이로 결정하자

아브라함은 결혼을 하였으나 오래도록 자녀가 없었다. 하나님은 아브라함에게 그의 아내 사라를 통하여 약속의 자녀를 주신다 약속하였으나 십년이 지나도 응답이 없었다. 불임 부부인 아브라함의 심정은 아들 딸 가릴 것이 없고 그냥 아무것이나 주셔도 감사하고 감격할 뿐이지만 백방으로 노력하여도 효험이 없다.

조급해진 사라는 아브라함에게 한 가지 제의를 했다. 자신의 몸종 하갈과 동침하여 아들을 낳으라는 것이다. 이는 몸종이 아기를 낳으면 곧 여주인의 아기가 되는 관습에 기인한 것이다. 그러나 사라의 또 다른 생각이 내면에 있었다. 아브라함과 사라의 사이에서 누가 자녀를 낳지 못하는지 그 책임소재가 불 분명했기 때문이다.

만약에 아브라함이 하갈을 통하여 아기를 낳는다면 불임의 책임은 사라 자신에게 있지만 하갈이 임신을 하지 못한다면 불임의 책임은 아브라함에게 있다는 말이다.

우울증 걸린 사라

아브라함과 하갈이 동침하자 즉시 잉태하였다. 사라는 불임의 책임이 자신에게 있음을 깨닫고 심각한 상실감과 우울증에 빠지게 되었다. 이러한 여 주인 사라의 심정을 알 길이 없는 하갈은 도도하게 행동하며 사라를 멸시하였다. 이에 사라는 극심한 배신감과 질투로 인하여 부부 싸움을 하게 되었다.

아브라함이 사라에게 말하기를 당신이 원해서 하갈과 동침하게 되었으니 자신은 책임이 없다는 것이다. 그리고 기고만장한 하갈의 행동은 자신이 책임질 수 없으며. 하갈은 사라의 몸종이니 죽이고 살리는 권한은 당신에게 있으니 뜻 대로하라며 발 뺌을 했다.

사라가 하갈에게 느끼는 극심한 배신감과 분노는 참기 힘들었다. 그리하여 몸종 하갈을 학대하자 하갈이 견디다 못하여 광야로 도망을 치게 되었다.

씨받이가 낳은 자식은 씨받이의 자식이다

그 후 아브라함은 하갈이 아들을 출산하자 그 이름을 '여호와께서 내 고통을 들으셨다' 는 뜻으로 〈이스마엘〉이라 했다. 이스마엘이라는 이름을 통하여 아기를 낳을 수 있었는데 그동안 낳지 못한 고통을 하나님이 들으셨음을 고백했다.

이스마엘은 태중에서부터 심각한 내적 상처를 받았다. 또한 성장하면서도 많은 상처를 받게 되었다. 결국 이스마엘은 장성하여 들 나귀같이 오늘 날 중동의 아랍 민족의 조상이 되었다. 주변 모든 민족들을 공격하고 전 세계가 아랍을 공격하고 있다.

이스마엘은 태중에서부터 축복받지 못하고 배척받고 미움을 받으면서 출생하여 성장하였다. 그 후손 중에서 마호멧이 이슬람교를 창시하였다. 사라의 불임도박은 실패작으로 끝나고 자손 대대로 고통과 괴로움을 받게 되었다.

초음파에 절망하는 태아들

현대판 사라의 불임 도박이 있다. 임신 중인 태아를 첨단의 의료장비로 성별을 구분한다. 태아가 여자라는 것에 부모들이 실망을 하고 심각하게 낙태를 고민한다. 임신한 것을 반겨주지 않을 때에 태중에 아기는 이미 자신이 거부당하고 있음을 인지하고 불안과 두려움을 느끼며, 출생 후에 그 나쁜 감정이 일생에 영향을 주게 된다.

어떠한 부모는 딸을 출산한 후에 매우 슬퍼하며 우울해 한다. 이러한 행동들은 신생아라 할지라도 거부당하는 감정을 그대로 인지하여 심각한 내적 상처를 받는다.

내적 상처는 출생 전 어머니의 태중에 있을 때에 이미 40%의 상처를 받는다. 출생하여 6세까지 30%의 내적 상처를 받는다. 그러므로 임신 중에 부부 싸움을 한다거나 원치 않은 임신을 했다며 극심한 스트레스를 받을 때에 태아는 극심한 두려움과 공포와 슬픔을 경험하게 된다. 출생 후 유치원을 가기 전까지 받은 상처는 일생동안 기억되어 나쁜 영향을 준다. 모든 사람들의 내적 상처는 태아에서 6세전에 이미 70%의 상처를 받는다.

사라, 최고의 불임 클리닉 원장을 만나다

아브라함의 아내 사라는 위험한 불임 도박 후에 더욱 절망했다. 그리고 생리도 끊어지고 여성의 생식 기능도 멈춘지 오래였다. 나이 구십세가 되어 절망 가운데 있을 때에 하나님께서 일년 후에 자녀를 주겠다고 약속하여 잉태하게 되었다.

아브라함과 사라는 출산의 희망이 없는 상황에서 약속한 언약의 자손을 주심으로 잉태하면서부터 하나님께 진심으로 감사하고 늘 찬양하며 축복 가운데서 아기를 출산했다.

아브라함은 아들의 이름을 〈이삭〉이라 했다. 그 이름의 뜻이 '웃음'이라는 뜻이다. 즉, 아기를 잉태한 것도 웃음이요 출산한 것도 성장하는 그 모든 것도 웃음, 즉 기쁨이라는 것이다. 이삭은 사랑받는 자로 출생하며 성장했다. 이삭이라는 이름대로 하나님의 축복과 은혜로 형통한 자가 되었다. 이삭의 후손이 오늘날 유대인들이 되었다.

품 안에 품어 있을 때 내 자식으로 만들어라

유대인들은 임신하면 하나님이 주심을 진심으로 감사한다. 그리고 출생한 자녀가 젖을 뗄 때까지 수유 기간은 철저하게 여호와 하나님의 말씀을 가르치며 긍정적인 하나님의 사람으로 양육한다. 즉, 어머니의 품안에 있는 기간에 완전한 하나님의 긍정적인 사람으로 성장시킨다. 그 결과 내적 상처를 크게 받지 않고 사랑으로 출생하고 믿음으로 성장하게 된다.

유대인은 인류 역사상 소수민족이지만 하나님의 사랑과 복을 가장 많이 받은 우수한 민족이다.

현대 사회에 만연한 출산 기피와 남아선호 사상은 분명히 죄악이다. 의학의 발전으로 자신이 원하는 맞춤식 출산을 하고 인위적 출산을 조절하는 것은 하나님의 뜻이 아니다.

현대판 사라의 불임 도박으로 태중에 있는 아기들이 무참하게 낙태되며 불안한 가운데 출생한다. 오늘 날 사회가 혼란하고 살인과 자살과 극심한 죄악들이 만연한 이면에는 부모들이 자녀들에게 준 내적 상처가 치유되지 않음으로 일어난 것이다.

그리스도인들은 생명을 존귀하게 여겨야 한다. 생명을 잉태하면 진심으로 감사하고 사랑으로 양육하면 하나님이 그 자녀를 아름답고 귀중하게 사용할 것이다.

자식은 여호와의 주신 기업이요 태의 열매는 그의 상급이로다
젊은 자의 자식은 장사의 수중의 화살 같으니
이것이 그 전통에 가득한 자는 복되도다
저희가 성문에서 그 원수와 말할 때에 수치를 당치 아니하리로다
(시편 127 : 3-5)

8. 백정이 올린 상소

한양에 고운 담장이 있는 곳에 사는 코쟁이

사무엘 포먼 무어(Samuel Forman Moore) 목사는 1860년 9월 미국 북부 일리노이 주에서 출생하였다. 1892년 10월 19일 화요일 한국에 입국한 17번째 선교사로 서울에 도착했다.

무어 목사는 한국어를 배우기 위하여 선교사들이 모여 있는 주택에서 떨어져서 별도의 방을 하나 빌려 한국인들과 더불어 살면서 한국어를 배웠다.

1893년 지금의 서울시 중구 소공동 롯데호텔과 미 문화원 부근은 이름 있는 양반들이 살고 있는 곳으로 주택의 담장은 곱고 아름다웠다. 사람들은 고운 담장이 있는 곳이라 하여 '곤담골' 이라고 하였는데 그 후 '곤당골' 이라고 부르게 되었다. 무어 목사는 그곳에서 거리 전도를 하다가 곤당골 교회를 개척했다.

백정이 예수를 믿어도 되나요

곤당골에는 남산에서 흘러내리는 작은 실개천이 하나 있었는데 그 주변에 몇 명의 백정들이 모여 살았다. 백정들의 삶이란 상놈들 중에서 최 하류 인생을 살았으므로 배우지 못하고 억압받으며 서러움 속에 살았다.

　박성춘(朴成春)이라는 백정이 전도를 받게 되었는데 예수를 믿으면 복을 받고 부자가 되고 양반과 똑같이 천당에 간다는 말을 듣고 아들 박봉출을 무어 목사가 운영하는 곤당골 소학교에 보내게 되었다. 당시 곤당골 소학교는 학생수가 6명 정도에 불과한 서당과 같은 수준이지만 한글과 산수와 주기도문과 성경 구절을 암송하는 교육을 했다.

　박봉출은 소학교를 다니면서 학교에서 책들을 구하여 아버지 박성춘에게 가져다 주었고 박성춘은 아들이 가져다 준 책을 열심히 읽으면서 기독교 신앙에 대하여 더욱 관심을 가지게 되었지만 교회는 출석하지 않았다. 그런데 박성춘이 몸져눕게 되었다. 온 몸에 발진이 생기며 고열로 인하여 사경을 헤매게 되었다.

　무어 목사는 당시에 고종황제의 시의(侍醫) 에비슨(O.R.Avison)박사를 불러 박성춘의 집으로 왕진을 가게 되었다. 에비슨 박사의 지극한 치료로 발진티푸스에서 치료를 받았다. 박성춘은 고종 황제의 몸을 돌보는 의사가 미천한 백정인 자신에게 와서 치료하여 준 것에 큰 충격을 받았다. 인간 취급을 받지 못하는 서러운 백정에게 꿈에도 생각지 못한 은혜를 입음으로 감격하게 되었다.

　무어 목사의 끈질긴 전도로 박성춘은 1894년 봄에 곤당골 교회로 출석하게 되었고 1895년 4월 20일 예수 그리스도 이름으로 세례를 받게 되었다.

칠대 천민들의 소원

　당시의 전국에 백정은 약 3만 명이 있었지만 칠대 천민 중에 백정들만 갓과 망건을 쓰지 못하고 도포를 입지 못했다. 그리고 호적에 올릴 수도 없이 500년 동안 서럽게 생활했다.

　조정에서 큰 제사를 올릴 때마다 백정들은 불려가서 무보수로 제물을 잡는 일을 해야만 했다. 백정은 어떠한 사람을 만나든지 반드시 존

칭어를 사용해야 했으며 관아들로부터 약탈당하고 구타를 당하나 하소연 할 수 없었다.

박성춘은 예수님을 믿은 후에 예수님은 가난한 자 불쌍한 자를 찾아가 병을 고쳐주고 사랑한 것을 보고 예수님의 인간평등 주의에 깊이 감동했다. 특히 자신이 발진티푸스로 죽어갈 때에 예수님을 믿는 무어 목사와 에비슨 의사의 돌봄을 생각하면서 자신과 같이 불쌍하게 살아가는 3만 명의 백정들을 위하여 세례받기 1주일 전 고종 32년 1895년 4월 12일에 내무아문(內務衙門: 내무부)의 대신(大臣)에게 소지(訴志)를 올렸다.

소지의 내용은 당시에 일곱 천민이라는 포졸, 광대, 백정, 고리장, 무당, 기생, 갖바치 중에서 모두 갓과 망건 도포를 입는데 유독 백정만은 갓과 망건을 쓰지 못하였으므로 백정도 갓과 망건을 쓰고 도포를 입게 하여 인간답게 살 수 있도록 특별법을 제정하여 줄 것을 요청하였다.

황제의 포고문

백정이 황제에게 소지를 올린다는 것은 상상도 할 수 없는 일이지만 박성춘이 올린 소지에 대한 회신이 한 달 후 1895년 5월 13일에 전국에 포고문으로 내려왔다.

서울에는 백정에 대한 포고문이 6월 6일 게시되었는데 그 내용은 백정들도 양반과 같이 갓과 망건을 쓰고 도포를 입을 것이나 외모만 갖추려 하지 말고 내적인 행복을 추구하도록 힘쓰라 했다. 어떠한 백정은 너무 좋아서 하루 종일 갓을 쓰고는 춤을 추며 벗지 않았다.

백정들의 전도자

1895년 10월 13일 박성춘은 자신과 같은 처지에 있는 수원에 있는 백정들을 찾았다. 50명의 백정들에게 간증을 하고 무어 목사는 설교를 했다. 박성춘은 1896년 3월에 다시 소지를 올렸는데 백정들이 무적자(無籍者)로 있음으로 호적에 올려 줄 것을 요청하여 허락 받게 되었다.

박성춘이 2차에 걸쳐 소지를 올려 백정들에게 완전한 자유인으로 생활하게 한 것은 바로의 손아귀에서 출애굽한 이스라엘 백성과 같으며 링컨의 노예 해방과 동일한 사건이다.

무어 목사와 박성춘은 백정들을 전도하여 1898년 서울 경기지방에 132명의 백정들이 예수님을 믿게 되었다.

1901년 2월 경상북도 예천군에서는 관예강요(官隸强要)를 거부한다 하여 300명의 백정을 수개월간 투옥하고 돈을 빼앗은 사건이 발생했다. 이때도 박성춘은 내무부에 상소하여 투옥된 백정을 석방하고 빼앗긴 돈을 다시 돌려주었다.

백정과 함께 예배 드릴 수 있나

1895년 4월 20일 박성춘이 무어 목사에게 세례를 받을 때에 곤당골 교회는 세례교인 20명으로 부흥하였다. 그런데 문제가 생겼다. 박성춘이 세례를 받은 후 몇 주일이 지나자 교회 안에서 백정과 함께 동등하게 하나님을 믿을 수 없다며 양반출신 신자들이 흥분하여 지금의 종로구 관철동과 중구 삼각동 사이 광교 근처에 홍문셋골교회를 독자적으로 설립하게 되었다.

박성춘은 동료 백정 4명을 교회로 인도하고 매일 자신의 집에 모여 성경공부를 했다. 그들은 곧 세례를 받고 그들도 열심히 전도를 하여 백정들이 술 먹고 노름하던 일을 청산하고 성경 읽고 예배드리고 기도하는 열성적인 신자로 변화되었다. 그리하여 1895년 곤당골 교회는 설립 2년 만에 57명으로 부흥하였다.

무어 목사의 상여를 맨 백정들의 눈물

열정적으로 선교를 하던 무어 목사는 부인 로즈(Rose Ely)의 폐결핵으로 1901년 12월에 미국으로 들어갔다가 1902년 9월 20일 다시 돌아왔다. 그리고 1906년 11월 신병으로 세브란스 병원에 5주 동안 입원하였다가 1906년 12월 22일 46세에 소천 하였다.

무어 목사가 소천하자 부인 로즈(Rose Ely)여사의 요청으로 20명의 백정과 경신학교 학생 20명이 세브란스 병원에서 무어 목사의 시신을 댁으로 옮겨 왔다.

정동교회에서 선교사들의 주관으로 영결예배를 드린 후 마포 절두산 옆에 있는 양화진 선교사 묘지까지 찬송을 부르며 운구하여 장례를 치렀다. 로즈 여사는 유복녀를 출산한 후 3남 1녀를 데리고 미국으로 귀국하여 1923년 5월 29일에 뉴욕 북부 폐결핵 요양소에서 하나님의 부름을 받았다.

백정이 이룬 믿음의 가문

박성춘은 교회 안에서도 여전히 백정 출신이라 하여 장로 피택이 되지 않아 영수로 있다 후일에 장로가 되었으며 하나님의 은혜로 놀라운 축복을 받았다.

박성춘의 아들 박봉춘은 서양 선교사들로부터 은혜를 받았다 하여 이름을 박서양으로 개명을 하였다. 그는 오늘날 세브란스의 전신인 중재원 의학교를 졸업하고 한국인으로 최초의 외과 의사가 되어 1914년 만주 연길에서 숭신학교를 세우고 구세병원을 개업하여 한국동포를 돌보며 독립 운동을 하였다.

박성춘의 딸 박양무는 정신여학교를 졸업하고 구한말 역사학자 신채호의 아우인 산부인과 의사 신필호 박사와 결혼하였다.

힌두교를 믿는 인도의 카스트 제도에 가장 낮은 수드라 계급이 있었으며, 청교도들이 세운 미국에 노예제도가 있음과 같이 이조 500년 동안 유교 문화에서 발생한 양반과 상놈의 신분적 배경은 깊은 골을 형성하였다. 그러나 칠대 천민 중에서 가장 비참한 백정들, 그리고 여성을 예수 그리스도의 복음이 해방시켜 준 것이다.

진리를 알지니 진리가 너희를 자유케 하리라
(요한복음 8 : 32)

9. 유언이 명언

세상에서 가장 궁금한 것

모든 사람들이 제일 알고 싶어 하는 것은 자신이 언제 죽을 것인가 하는 것이다. 그러나 사람들은 자신의 죽음에 대하여 무관심한 듯이 생활한다.

사람에게 있어 가장 강력한 욕망은 살아야 한다는 생(生)에 대한 욕망이요 또 하나는 죽어야 한다는 사(死)에 대한 욕망이다.

인간에게 죽음은 너무 버거운 일이기에 생각하며 살기에는 부담이 된다. 그러나 힘들고 어려우면 쉽사리 고백하기를 "죽고싶다. 죽어야 겠다" 한다.

그리하여 인간은 두 가지 본능 중에 하나를 선택하여 살게 된다. 어떻게 하든지 험악한 세상을 살아서 성공해 보아야겠다는 강한 집념을 선택하는 사람과 어떤 사람은 이 세상의 삶을 포기하고 자살을 선택한다. 그러므로 생존에 대한 본능과 죽음에 대한 본능이 동시에 인간에게는 존재한다.

내가 지금 살았기에 생(生)에 대한 본능은 확인 되었지만 혹시나 내가 언제 죽을 것인가에 대한 사(死)의 본능은 알지 못함으로 불현듯 생각나는 것이 나도 죽을 것이 아닌가하는 두려운 마음을 가진다.

미국 뉴올리언스 지역을 스쳐간 허리케인으로 수많은 인명피해가 났다. 파키스탄에서 지진이 일어나 삼만명 이상 사망했다.

2004년 12월 26일 오전 8시 인도네시아 앞 해저에서 일어난 지진으로 발생한 쓰나미로 사망 및 실종자가 228,948명이었다.

하루에 지구상에서 죽는 사람은 8만 6천명 정도다. 이는 1초당 1명이 죽는 것이다. 두발로 땅을 딛고 서 있는 모든 사람들은 언제가 죽게 된다. 나도 언젠가 죽을 것이다.

삼일만에 살아난 할머니

지금도 잊어지지 않는 한 사실이 있다.

어느 해 겨울 이웃집 할머니가 돌아가셔서 장례식을 치르게 되었다. 3일 장을 하게 되었는데 모든 가족이 다 모였지만 군대 간 손자 한 사람만 오지 않았다.

관보를 받고 손자가 장사 하루 전에야 울며 대문으로 들어섰다. 시신이 안치된 방으로 들어와 "할머니"하며 서럽게 울었다. 그러자 병풍 뒤편에서 "응 내 손자 양현이냐"하는 것이다. 순식간에 초상집은 귀신에 홀린 듯 공포에 사로 잡혔다. 다시 소리가 들리기를 "목마르니 물 좀 다오" 하였다. 그 할머니는 몇 년을 더 살다가 죽었다.

모든 사람은 언젠가 죽게 된다. 세상에서 가장 용감한 사람은 생명을 걸고 어떠한 일을 진행하는 사람이다. 생명을 걸고 전쟁을 치루는 사람은 영웅이 된다. 삶의 현장에서 자신의 일생을 걸만한 일에 전력하면 성공을 거두게 된다. 성공하는 사람도 실패하는 사람도 언젠가는 죽게 된다. 문제는 무엇을 위하여 일생을 바치는가이다.

바리에떼 극장의 금발 미녀

졸라(Emile Edouard Charles Antoine)는 1840년 프랑스 파리에서

출생했다. 8살에 아버지가 죽고 어려운 생활 중에 고등학교는 매우 뛰어난 성적으로 졸업했다. 17세부터 서점의 점원 생활을 하면서 1902년 죽을 때까지 많은 명작을 남겼다. 그중에 졸라가 40세에 나나(Nana)를 발표 했다.

나나의 아버지는 제르베즈라 목로주점을 운영하는 알코올 중독자이다. 나나는 아버지를 닮아서 알코올 중독의 유전과 그리 밝지 못한 목소리를 가지고 있었지만 그의 미모는 천하 일색이었다.

나나가 바리에떼 극장에 금발의 미녀로 등장하면서 대 성공을 거두었지만 그녀의 삶은 순탄치 않았다.

수많은 남자들이 나나와 육체적 관계를 가지면서 파탄하게 되었다. 사업가 스타이네르가 파산했다. 뮤파 백작은 나나와 육체적 사랑에 빠짐으로 가정 파탄이 난다. 청순한 소년 죠르주는 자살을 했다. 그러나 나나는 쉬지 않고 방탕한 창녀로 사치와 허영의 재물이 되어 살았다.

어느 날 나나는 종적을 감추었다. 그 후 다시는 살아 날 수 없는 죽을 병에 걸려 호텔의 어느 컴컴한 객실에서 지나간 날들의 돌아보며 외롭게 죽었다.

인간이 가장 정직해 지는 때는?

모든 사람들은 시간의 흐름 앞에서 무릎을 꿇게 된다. 아름다운 미모와 건강도 재물도 권세도 시간이 가면 쇠약해 진다.

나나가 죽을 때 남긴 유언은 무엇일까? 대부분 사람들은 임종 때 남긴 말에 귀를 기울인다.

허영과 방탕 속에 살아가던 사람도 임종을 맞이하면 자신의 짧은 인생을 돌아보며 후회하게 된다. 그리고 죽음의 순간만은 대부분의 사람들은 정직하게 된다. 그래서 모든 유언은 명언이 된다.

죽음 앞에서 무엇을 생각하는가

미국의 정신과 의사 퀴블로 로스는 〈인간과 죽음〉이라는 책에서 죽음을 앞둔 환자의 5단계의 심리에 대하여 말했다.

첫 단계는 진단이 잘못되었다는 것이다. 병원과 의사가 오진했다며 이 병원 저 병원을 다니며 이 약 저 약을 접하게 된다.

두 번째 단계는 왜 나에게 이러한 병이 들었느냐며 분노한다. 자신과 주변 사람들을 향하여 누구 때문에 자신이 병들었다며 원망을 한다.

세 번째 단계는 못 다한 일들을 생각하면서 언제까지만 살았으면 좋겠다며 홀로 생에 대한 타협을 한다.

네 번째 단계는 죽음을 앞두고 슬픔과 침묵 속에서 스스로 우울한 날들을 보내면서 단절하게 된다. 모든 사람은 죽음에 대하여 두려움을 느낀다. 결국 인생은 홀로라는 것을 인식한다.

다섯 번째 단계는 죽음을 현실로 받아들이며 준비한다. 죽음을 피할 수 없음을 느끼며 죽음의 본능 앞에 순순히 순종한다.

죽음을 앞둔 사람들의 두려움은 무엇일까?

죽음은 살아있는 사람이 아무도 가보지 못한 미지의 세계이다. 아무도 가보지 않은 세계이기 때문이다. 자신의 육신이 죽어 땅 속에 묻혀지거나 화장되어 한줌의 가루가 되는 영원한 이별을 두려워 한다.

모든 사람에게 죽음이란 그리 멀리 있는 것이 아니다. 죽음이란 남의 일이 아닌 나에게 가장 밀접하게 다가와 있다. 사람들은 천년을 살고 싶어 한다. 그러나 자신의 죽음을 생각하지 않는다. 지혜로운 사람은 자신 앞에 죽음이 기다리고 있음을 잊지 않는다.

타나토노트의 사후 탐사가 있다면

베르나르 베르베르의 소설 〈타나토노트〉는 우주를 탐사하듯이 죽음의 사후 영계 세계를 탐사한다. 그러나 베르나르 베르베르의 공상적 생각일 뿐이다. 사후의 세계를 인간이 탐사하여 천국과 지옥을 볼 수만 있다면 지옥으로 갈 사람은 없다. 그러나 인간은 죽음 이후의 세계를 탐사할 수 없다.

사람의 생명은 그 피에 있으며 호흡이 끊어지면 육신은 무너진다.

나무는 밑동이 잘려도 봄이 되면 새싹이 돋아나며, 그러나 사람은 한 번 죽으면 영원히 돌아오지 못하는 영계로 들어간다.

예수를 믿는 자는 천국으로 예수를 믿지 않는 자는 지옥으로 갈 뿐 연옥도 없으며 윤회도 없다. 가장 현명한 사람은 자신의 죽음을 준비한다. 그리고 사후에 천국에 갈 수 있는 예수 그리스도를 영접하여 하나님의 자녀가 된다.

죽음 앞에 인간은 진실해 지고 마지막 남긴 짧은 유언은 명언이 된다.

우리에게 우리 날 계수함을 가르치사 지혜의 마음을 얻게 하소서
(시편 90 : 12)

10. 참회록이 있는가

탕자에서 성자까지 14년

성 어거스틴 (St. Aurelius, 354-430)은 46세에 참회록을 저술하였다. 어거스틴은 어린 시절에 마니교에 심취하여 방탕한 생활을 하였다. 어머니 모니카는 아들이 방탕한 생활에서 그리스도의 품으로 돌아오기를 눈물로 기도하였으나 회개하는 모습을 보지 못하고 하늘 나라로 갔다.

386년 성 어거스틴이 32살 때 정원을 거닐고 있는데 하늘에서 "성경을 펴 보아라"는 한 음성을 듣게 되었다. 그는 즉시 성경을 펼쳐 들었는데 그의 눈은 로마서 13:11-14절 말씀에 사로잡혔다.

어거스틴은 심령에 찔림을 받아 그 말씀에 굴복하고 정욕적이며 방탕하고 어두운 생활을 청산하고 32세에 예수 그리스도의 품으로 돌아왔다.

1년 후 부활절 전에 당시의 성자 밀라노의 암부르시우스에게 세례를 받았다. 지난날의 죄악된 생활을 청산하고 오직 기도와 금식과 경건 생활에 전념하면서 388년 아프리카 고향으로 돌아와 수도 생활에 전념하였다.

391년 37세 때 힙포의 사제가 되어 수도원을 세우고 경건한 규칙으로 공동체 생활을 했다. 그리고 9년이 지난 후 어거스틴은 참회록을 저술하여 믿음의 아들 다리우스에게 보내었던 것이다. 방탕한 탕자에서 주님만 사랑하는 성자로 변화된 삶을 온 천하에 증명할 수 있는 참회록을 저술하기까지는 14년의 시간이 걸린 셈이다.

참회록은 어거스틴 자신의 처절한 삶과 영적 전쟁에서 겪은 죄와 의, 선과 악, 고난과 평안, 어둠의 세계와 성령의 세계에 대한 한 인간의 고뇌적 삶과 하나님이 주신 은총을 진솔하게 기록한 자전적 고백이다.

어거스틴은 참회록을 저술한 이 후 30년 동안 오직 주님과 동행하며 묵상과 기도생활과 저술 활동을 하다 76세에 하나님의 부르심을 받았다.

5년만에 쓴 톨스토이 참회록

톨스토이가 예수를 믿고 난 후 5년이 지나서 〈나의 회심〉이라는 글에서 자신의 변화에 대하여 고백하였다.

"5년 전 나는 정말 예수 그리스도를 나의 주님으로 받아들였다. 그러자 나의 전 생애가 변했다. 이전에 욕망 하던 것을 욕망하지 않게 되고 오히려 이전에 구하지 않던 것들을 갈구하게 되었다. 이전에 좋게 보이던 것이 좋지 않게 보이고 대수롭지 않게 보이던 것들이 이제는 중요한 것으로 보이게 되었다. 나는 소위 행운의 무지개를 찾아다니며 살았는데 그 허무함을 알게 되었다. 거짓으로 나를 꾸미는 것이나, 여인들과의 성 생활이나, 술 취해 기분 좋아하는 것이 더 이상 행복으로 간주할 수 없게 되었다."

톨스토이는 예수를 만난 후 인생에 새로운 목적을 갖게 되었고 그 목적에 맞는 새 인생을 출발하게 된 것이다.

진정한 회심은 삶에 변화가 오기 마련이다. 과거와 구별되고 단절되어 새롭게 예수 그리스도와 형성된 삶의 이야기들이 열매를 맺어간다. 그 열매의 즐거움에 푹 빠져 깊은 영성에 끝없는 갈증을 느낀다.

모든 사람은 변화될 수 있다

〈나도 오케이고 너도 오케이다〉의 저자인 정신의학자 톰 해리스

(Tom Harris) 박사는 사람은 그 천성이 변화를 싫어하지만 세 가지 경우에는 변 할 수 있다 했다.

첫째, 현실 상황이 너무 괴로울 때.

둘째, 소망이 안 보일 때.

셋째, '유레카 상황(Eureka Stage)' 즉, '깨달음', '새로운 것을 분명히 알았을 때' 사람은 변할 수 있다고 한다.

깨달음은 어디로 부터 오며 어떻게 깨달아 지는가?

각자의 삶에 깨달음은 천태만상으로 다가오지만 분명한 것은 예수 그리스도의 부르심과 성령님의 역사로 깨닫게 된다.

그들이 변화를 받은 때는 어떠한 일들이 있었는가?

성 프란시스(St. Francis, 1182-1226)는 마태복음 10:7-13절을 읽다가 변화된 후 맨발의 성자로 절대 청빈의 생활을 가르쳤다.

마틴 루터(Martin Luther, 1483-1546)는 로마서 1:17절을 주석하던 중 변화된 후 종교개혁자가 되었다.

요한 칼빈(John Calvin,1509-1564)은 1533년 24세 때에 회개를 통한 하나님과 만남을 체험했다. 그리고 26세 때에 〈기독교강요〉를 저술 출판한 후 제네바에서 화렐을 만남으로 개혁의 전투자가 되었다.

요한 웨슬레(John Wesley,1703-1791)는 1738년 5월 35세 때 올더스케이트가의 조그마한 모임에서 마틴 루터의 로마서 주석 서론이 낭독될 때 변화된 후 감리교를 설립하였다.

존 번연(John Bunyan,1628-1688)은 땜장이 아들로 태어나서 결혼할 때에 아내가 가져온 성경과 조지 폭스의〈순교자의 책〉을 읽으면서 성령의 세계로 몰입하게 되었다. 1635년 25세 때에 깊은 신앙을 체험하고 12년 동안 옥중 생활에서 〈천로역정〉을 저술했다.

바울은 다메섹에서 빛으로 나타나신 예수 그리스도를 만나고 음성을 듣고 변화 되어 이방인의 사도가 되었다.

갈릴리 어부 베드로는 부활하신 예수님께서 갈릴리로 찾아오시어 시몬의 아들아 네가 나를 사랑하느냐는 말씀으로 변화되어 사도의 수

장이 되었다.

참 회개가 있었느냐?

하나님 앞에 온전히 쓰임을 받은 모든 사람들은 예수 그리스도와 분명한 만남이 있었으며 참 회개가 있었다. 그로 인하여 삶에 획기적인 전환점을 가졌었다. 그리고 각자의 참회록을 가지고 있었다.

어거스틴은 탕자에서 회심한 후 14년 만에 자서전 참회록을 내었다. 오늘날 모든 그리스도인들도 자전적 참회록을 가지고 있어야 하며 변화된 삶을 다른 사람들에게 간증할 수 있어야 한다.

진정한 그리스도인이라면 회심과 변화에 대한 자전적인 간증이 없을 수 없다. 그러나 많은 그리스도인들이 변화되지 못한 모습으로 살아가는 것을 보면 진정한 회심이 없었든지 아니면 다시 죄악으로 회귀하였다 할 수 있다.

진정한 회심의 증거 중 하나는 변화된 삶이라 할 수 있다. 그 이유는 분명한 회심을 통한 영적인 깨달음은 인식으로만 끝나는 것이 아니다. 분명한 삶의 변화로 증명하기 때문이다.

참 그리스도인은 이웃들에게 공개 할 수 있는 자전적 참회록이 있다. 그러므로 나만의 진솔한 참회록을 기록하여 가면서 끝없이 성령 안에서 나를 발견하고 그리스도의 깊은 품속에 젖어들어 가야 한다.

또한 너희가 이 시기를 알거니와 자다가 깰 때가 벌써 되었으니
이는 이제 우리의 구원이 처음 믿을 때보다 가까왔음이니라
밤이 깊고 낮이 가까왔으니
그러므로 우리가 어두움의 일을 벗고 빛의 갑옷을 입자
낮에와 같이 단정히 행하고 방탕과 술 취하지 말며 음란과 호색하지 말며
쟁투와 시기하지 말고
오직 주 예수 그리스도로 옷 입고 정욕을 위하여
육신의 일을 도모하지 말라
(로마서 13 : 11-14)

11. 후회하지 않는 사람

주자십회

주자(朱子:주희朱熹)는 중국 송나라의 유학자로 (1130-1200) 주자
학을 집대성하여 중국 사상계에서 가장 큰 영향을 주었다. 주자의 가
르침 중에 주자십회(朱子十悔)는 인간이 후회하지 않으려면 열가지를
온전히 실행하라고 한다.

첫째는 부모에게 효도하지 않으면, 돌아가신 후에 후회하게 되고,
둘째는 가족에게 친절히 하지 않으면, 멀어진 뒤에 후회하게 되고,
셋째는 젊을 때 부지런히 배우지 않으면, 늙어서 후회하게 되고,
넷째는 편안할 때 어려움을 생각하지 않으면, 실패한 뒤에 후회하고,
다섯째는 부유할 때 아껴 쓰지 않으면, 가난하게 된 후 후회하고,
여섯째는 봄에 밭 갈고 씨 뿌리지 않으면, 가을이 된 후에 후회하고,
일곱째는 담장을 미리 고치지 않으면, 도둑맞은 후에 후회하고,
여덟째는 이성을 삼가지 않으면, 병든 후에 후회하고,
아홉째는 술 취해서 망언한 것은, 술 깨고 난 후에 후회하고,
열째는 손님을 잘 대접하지 않으면, 손님이 떠난 후에 후회한다고

했다.

주자십회는 주자의 삶에서 나온 교훈이다. 그렇다면 주자도 많은 후회를 하였다. 주자십회를 완전히 실행하면 인생에 후회할 일들이 없을까? 사람 앞에 후회할 일이 없다면 하나님 앞에서도 후회할 일이 없을까?

왜, 모든 인간은 출생할 때 우는가?

모든 사람이 출생할 때 세상에서 첫 번째 하는 말은 두려움과 고통 섞인 울음이다. 인생이란 그리 녹녹한 것이 아니다. 거칠고 가파른 세상이라 인식하기까지는 포근한 어머니의 품에서 자라게 된다.

세상에서 힘들고 어려울 때 가장 먼저 생각나는 분이 어머니다. 일흔을 넘긴 할머니도 깜짝 놀랄 때 외치는 한 마디가 "엄마"한다. 그래서 어머니는 영원한 안식처며 영원한 고향이며 보호자다. 그러나 어머니는 영원히 나를 지켜 주지 않는다.

세상은 꽃피고 새가 노래하는 아름다움만 있는 것이 아니다. 상상을 초월하는 격랑의 세파에 허우적 거릴 때가 있다. 존재하기 위하여 수단과 방법을 가리지 않는 생존 본능이 이기적이며 죄악된 행동을 합리화 한다. 세월 속에 허물과 죄악은 덮어지고 기억 속에 잊혀져 간다. 그리고 지난 날들은 모두 아름답고 좋았다 한다. 그러나 때가 되면 자신의 존재를 발견하고 숨겨진 허물들이 곳곳에서 돋아난다.

후회하는 것도 축복이다

모든 사람이 공통적으로 하는 말은 "그렇게 했어야 하는데"한다. 바르게 살아도 아쉬움이 있는데 어지럽게 살아온 사람들에게 후회가 없겠는가?

이 세상에서 가장 불행한 사람은 후회하지 않는 사람이다. 자신을 돌아보지 못하면 후회할 것도 없다. 그러므로 후회한다는 것도 그다지 슬픈 것만은 아니다. 진솔한 사람이 되어가는 증거다. 후회는 실패한 사람만이 하는 것이 아니다. 성공한 사람일수록 많은 후회를 한다.

언제 후회를 하느냐가 중요하다

일찍 후회하는 사람은 다시 한 번 기회를 가질 수 있고 용서 받을 수 있다. 그러나 때 늦은 후회는 새로운 기회가 없고 용서 받을 길이 없다. 그래도 후회는 값진 것이다.

임종 직전에 모든 사람들은 일생을 돌아보고 후회한다. 자신의 잘못을 참회 하고 허물에 용서를 구한다. 살아오면서 중요하게 생각한 것들이나 가슴 아프게 생각한 일들을 죽음 앞에 내려놓고 무가치한 것이었다 한다. 천사 같이 깨끗하게 살았다 할지라도 마지막에는 후회한다.

욕심과 욕정에 이끌려 살아가는 사람들은 소유하고 지배하는 것이 축복이라 생각한다. 그러나 성공의 금자탑 그늘에 이웃의 눈물과 고통이 감추어져 있지만 그것을 인정하는 사람은 없다. 결국 죽음 앞에 서면 지난날의 영광과 성공은 한 조각 구름이었음을 느낀다.

영원한 제국이 없으며 영원한 지배자도 없으며 영원한 행복도 없다. 모두 절벽 같은 종말이 어느 순간 찾아온다. 그러므로 후회할 일이 없이 살아가는 완전한 인간은 없다.

후회 할 것이라면 일찍 후회하고 돌아서서 예수 그리스도의 품으로 돌아가는 것이 지혜로울 것이다. 후회는 하나님 앞에 온전히 설 수 있는 마지막 회개의 문이다.

후회는 빠를수록 좋다

이스라엘의 2대왕 솔로몬은 세상의 부귀 영화를 전무후무하게 누렸다. 그러나 잠언에서 그는 왜 "헛되고 헛되며 모든 것이 헛되다"고 했을까? 하나님 없는 인생의 희로애락은 다 헛되다는 것이다. 그래서 하나님 한 분만으로 만족하려 했다.

젊은 날은 자신의 장점만 바라보지만, 중년으로 넘어서면 자신의 부족함을 인식하고 지난날들을 후회한다. 그리하여 고독하게 무릎 꿇고 참회하는 시간을 가진다.

내 인생의 삶이 얼마 남았을까를 계수할 때 참회해도 늦은 것이 아니다. 다시 기회가 주어지지 않을지라도 후회할 수 있다면 그 것은 하나님이 주신 특별한 은혜다.

골고다 언덕에 예수님의 십자가 옆에 죽은 한편 강도는 인생의 마지막 순간 십자가에서 예수님께 참회했다. 예수님은 마지막 순간에 참회하는 강도를 구원했다. 그리고 함께 낙원으로 가셨다.

진솔한 후회의 눈물을 흘리는 자에게 행복이 있다. 참회의 눈물은 천상의 즐거움을 맛보게 된다. 이 땅에서 참회하는 자가 천국에 간다.

주자십훈을 온전히 실천해도 인간은 온전하지 못하고. 주님 말씀대로 온전히 살았다 할지라도 끝없는 참회를 할 수 밖에 없다.

인생은 후회하는 것이다. 후회하지 않은 사람이 없었다. 모두 후회하며 살아간다.

하나님의 뜻대로 하는 근심은
후회할 것이 없는 구원에 이르게 하는 회개를 이루는 것이요
세상 근심은 사망을 이루는 것이니라
(고린도후서 7 : 10)

12. 콜로세움에 흘린 순교자의 피

가장 완벽한 나라

역사적으로 로마 제국처럼 훌륭한 법과 질서를 체계적으로 수립한
국가는 존재하지 않았다. 어떠한 나라도 로마를 침략하지 못하였다.
그러나 로마는 아주 짧은 시간에 극심한 빈곤과 무정부 상태에 빠지고
외국의 침략으로 폐허가 되어 멸망했다.

영국의 역사학자 에드워드 기번[Edward Gibbon] (1737-1794)은
로마 제국 쇠망사 (The History of the Decline and Fall of the
Roman Empire)에서 멸망의 원인 다섯 가지를 지적했다.

첫 번째는 이혼의 증가와 가정의 파괴
두 번째는 과다한 세금 부담과 지나친 소비 풍조
세 번째는 쾌락에의 욕구 증가와 스포츠의 잔혹함
네 번째는 점증하는 적의 위협에 대처하기 위한 군비의 증강
다섯 번째는 종교가 다양하고 혼란한 형태들로 타락하였으며 그로
인하여 국민을 단일한 신앙으로 통일시킬 수 없게 됨을 말했다.

원형 경기장에 고인 순교자의 피

멸망한 로마 제국의 유적들 중 거대한 원형경기장은 오늘도 그 웅장함에 당시 제국의 국력과 그 시대 사람들이 추구 한 것이 무엇인가를 생각하게 한다.

대표적인 원형경기장이 콜로세움[Colosseum]이다. 플라비아누스 황제 때 세워진 것으로 원래는 플라비아누스 원형경기장이라고 불렸다.

콜로세움은 가로, 세로가 각각 190m, 155m에 이르며 5만 명의 관객을 수용할 수 있었다. 이러한 원형경기장은 로마제국 전 지역에 존재하였으며 지금까지 발굴된 유적이 75개 이상이 된다.

원형 경기장[圓形競技場, amphitheatre] 을 원형 투기장이라고 한다. 그곳은 사람들이 즐기는 특별한 종류의 오락, 즉 검투 경기와 동물과 동물, 혹은 동물과 사람과의 싸움을 관람하는 장소로 만들어졌다. 오직 피투성이가 된 승리자에게 열광하며 누가 더 잔인하고 살육적인가에 열광하였다.

로마 제국은 원형경기장에서 그리스도인들을 박해하며 잔혹하게 죽이는 일들을 수백 년 동안 진행하였다. 수많은 그리스도인들이 화형을 당하거나 맹수들의 먹이가 되었다. 기독교 초대교회사에서 원형 경기장은 헤아릴 수 없는 수많은 순교자의 피로 범벅이 되었다.

네로 황제는 로마 시내에 불을 질러 6일 동안 밤낮으로 불타게 했다. 잿더미가 된 로마 시민들이 분노하자 네로는 기독교인들의 행위라 했다. 그리하여 수많은 그리스도인들이 체포되고 십자가 형벌을 받고 원형 경기장에 사나운 짐승들을 풀어 놓아서 잔인하게 몸이 찢겨지도록 했다.

예수님의 제자 베드로는 십자가를 거꾸로 지고 순교했으며 바울은 로마 시민이지만 예수를 믿는다는 것 때문에 목베임을 당하였다.

순교자의 피에 질식한 로마

서마나의 감독 폴리갑(Polycarp)이 체포되어 원형 극장에 끌려갔다. 총독은 수많은 군중들 앞에서 폴리갑을 향하여 말했다.

"예수 그리스도를 저주하라 그러면 내가 너를 놓아 주겠다"

폴리갑이 말하기를 "나는 86년 동안 예수 그리스도를 섬겼고 그분은 나에게 나쁜 일을 한 일이 없는데 내 어찌 나를 구원하신 나의 왕 예수 그리스도를 모욕하랴, 나는 크리스찬이다"라고 했다.

성난 군중들은 미친 듯이 "그를 화형에 처하라 그를 화형에 처하라" 하며 소리쳤다.

원형경기장에 나무 기둥을 세우고 장작더미를 쌓고 그 위에 폴리갑을 세우고는 나무에 못 박아 화형에 처하려 했다. 그 때 폴리갑은 마지막으로 요청하기를 나를 나무에 못 박지 말고 그대로 화형에 처해 줄 것을 요구했다.

화형당하기 전에 폴리갑은 하나님께 기도하기를 "나를 화형에서 견딜 강한 힘을 주실 그 분이 못 박힘 없이 기둥에 견고히 서게 하시리라" 했다. 장작더미에 불이 붙어 올라오자 불속에서 폴리갑은 큰 소리로 기도했다.

"전능하신 주 하나님 우리 주 예수 그리스도 아버지시여, 나는 당신이 나를 이 시간과 이 날의 가치로써 판단할 것과, 당신의 증인들의 수에와, 당신 그리스도의 잔치에 참예하게 하리라는 것을 찬양합니다" 폴리갑은 156년 순교했다.

마르쿠스 아우렐리우스 황제 때는(160-180) 그리스도인들을 고소하는 자들에게 모든 재산을 가지도록 했다. 그리하여 이교도들은 기독교인들을 색출하여 내고 원형 경기장에서 처참하게 죽게하였다.그리고 재산을 차지했다. 그러나 박해를 당할수록 순교하는 그리스도인들은 기쁨으로 죽음을 맞이했다. 더욱 강하고 담대했다. 예수 그리스도를 영접하여 구원받는 사람들은 더욱 많았다.

제국은 영원하지 않다

영원한 제국이라 생각한 로마가 멸망한 것은 콘스탄티누스가 수도를 콘스탄티노플로 옮김으로 로마는 제국의 중심에서 벗어나고 쇠락하였다.

몽골계의 훈족들이 유럽을 침략하자 압박을 받은 고트족들은 로마 제국으로 피신하여 들어가고 이어 반달족 브르고트족. 알레마니아족. 프랑크족 등이 끊없이 로마를 침략했다.

410년 서고트족이 침입을 하자 로마인들은 제국의 국운이 쇠한 것이 기독교인들 때문이라고 했다. 로마인들이 과거에 믿은 신들이 분노하여 로마 제국이 멸망하게 된 것이라 주장했다. 허무맹랑한 주장으로 그리스도인들을 비방하자 어그스틴은 〈하나님의 도시〉를 집필했다. 로마는 육신의 나라와 잿더미가 될 수밖에 없지만 예수님이 세운 하나님의 나라는 영적인 도시라고 주장했다. 로마는 서코트 족이 멸망시킨 것이 아니다. 역사를 주관하시는 하나님께서 로마를 멸망시킨 것이다.

격투기로 다시 살아난 원형경기장

멸망한 로마 제국의 원형경기장은 오늘날 도시마다 경기장으로 세워져 있다. 그 곳에서 각종 스포츠를 즐기며 열광한다. 특히 요즘은 잔인하게 피를 흘리는 격투기가 인기를 끌고 있다. 그 잔혹함이란 야만적이며 사단적인 요소를 가지고 있다.

군중들은 피에 굶주린 흡혈귀같이 열광한다. 하나님 없는 현대인들의 잔인한 모습을 발견하게 된다. 마치 잊혀진 고대 로마의 원형경기장이 되살아난 듯하다. 로마제국은 멸망하였으나 로마의 타락하고 잔인한 문화는 오늘까지 전승되고 있다.

로마 원형경기장 모습을 한 대형 교회들이 그리스도의 이름으로 전 세계적으로 세워졌다. 예수 그리스도의 교회에서 열광적으로 주님을 찬양하고 하나님께 경배하는 거룩한 그리스도인들이 있다.

오직 예수 그리스도의 보혈을 의지하여 주님께 경배하며 영광을 드린다. 로마 원형경기장에서 순교의 피를 흘린 수많은 그리스도인들의 기도가 이루어졌다. 순교의 피는 결코 헛되지 않다.

순교자의 피가 말라버린 시대

오늘 날 지상의 교회들 중에서는 순교의 피를 흘리는 교회와 그리스도인들이 거의 없다. 로마는 멸망했을 지라도 사단은 주님 오시는 날까지 교회를 핍박하고 시험한다. 그러나 사단은 오늘날 많은 교회와 그리스도인들에게 순교의 피를 요구하지 않고 쾌락과 향락으로 안락사 시키고 있다.

피를 흘리며 싸운 형제들

많은 그리스도인들의 가정이 파괴되고 있다. 그리고 물질주의에 질식하여 가는 교회와 그리스도인들은 소비적이며 철저한 육신의 욕심을 위하여 살아가고 있다. 사랑을 말하지만 철저하게 쾌락적이며 향락적이며 사치와 방종을 위하여 모든 물질을 아낌없이 사용한다.

유사 종교에 몰입하여 하나님 없는 교회, 성령님이 없는 신앙 생활을 영위하면서 천국에 대한 소망이 없다.

많은 교회들이 분쟁과 싸움에 빠져 있다. 교회가 교회를 파괴하며 그리스도인이 그리스도인을 잔인하게 실족시키며 피를 흘리게 한다. 교회의 본질은 사라지고 제도화된 교회는 생기가 없이 화석화 되었다. 십자가와 성경책은 있으나 예수님이 없고 성령님의 역사가 사라진 교회는 로마 원형 경기장과 무엇이 다른가?

하나님을 이용하는 사람들

사단의 현대적 전략은 모든 교회와 신자들이 21세기의 십자군 전쟁에 몰두하게 한다. 하나님을 위하여라는 명목하에 나를 위하여 모든 것을 행한다. 그래서 교회는 죽어가고 신자는 변질되어 간다. 차라리 우리에게 순교자의 피를 요구한다면 교회가 살고 신자들은 강하고 순수한 믿음을 가질 것이다.

고난의 시대에 살았더라면 베드로와 바울과 같이 폴리갑과 같이 그리스도를 위하여 순교자들이 수없이 일어났을 것이다.

오늘날 교회를 향한 성령님의 탄식 소리를 듣지 못한다면 사단의 부르짖는 소리를 듣고 있는 것이다. 나는 어떠한 소리를 듣고 있는가?

내가 또 들으니 하늘에 큰 음성이 있어 가로되
이제 우리 하나님의 구원과 능력과 나라와
또 그의 그리스도의 권세가 이루었으니
우리 형제들을 참소하던 자
곧 우리 하나님 앞에서 밤낮 참소하던 자가 쫓겨났고
또 여러 형제가 어린 양의 피와 자기의 증거하는 말을 인하여 저를 이기었으니
그들은 죽기까지 자기 생명을 아끼지 아니하였도다
그러므로 하늘과 그 가운데 거하는 자들은 즐거워하라
그러나 땅과 바다는 화 있을진저
이는 마귀가 자기의 때가 얼마 못 된 줄을 알므로
크게 분 내어 너희에게 내려갔음이라 하더라
(요한계시록 12 : 10–12)

1. 생명을 구한 거미줄

원수를 이기는 방법

어느 교회 목사님이 설교를 하다가 성도들에게 질문을 했다.

"여러분 중에서 미운 사람 없으면 손들어보세요."

모든 성도들은 자신들이 미워하는 사람들이 있음을 생각하고 심령에 찔림을 받고 회개하였다. 그런데 할아버지 한 사람이 손을 번쩍 들어 올렸다.

목사님은 다시 질문을 했습니다.

"정말 세상에 미운 사람이 하나도 없습니까?"

할아버지는 환한 웃음으로 즐거운 듯이 말했다.

"아, 나에게도 미운 사람 엄청 많았습니다."

"그런데 오래 살다보니 그 놈들 다 죽었습니다."

돌팔매질 한번으로 인생이 바뀐 다윗

사울왕은 블레셋과의 전쟁에서 가드 사람 골리앗을 대항하지 못하였다. 그러나 뜻하지 않은 인물, 소년 다윗이 골리앗을 물리쳤다.

다윗은 이스라엘의 정규 군사도 아니며 예비군도 아니다. 그냥 전쟁터에 있는 형님들의 안부를 알아오라는 아버지의 심부름으로 전쟁터로 간 것이다. 다윗은 자신이 평소에 양을 치며 사자를 물리칠 때 사용한 물매로 골리앗을 죽이고 그의 칼을 뽑아 목을 베어 예루살렘으로 가져왔다.

영웅이 되면 왕의 적이 된다

전쟁에서 돌아올 때에 이스라엘 백성들은 다윗의 용맹에 "사울은 천천이요 다윗은 만만이라" 환호했다. 백성들이 다윗을 높이고 사랑하는 것에 사울왕은 자존심이 상했다.

사울은 다윗을 어떻게 죽일까를 생각했다. 사울은 전쟁터에서 골리앗을 물리치면 자신의 딸 메랍과 결혼 시키겠다고 약속하였다. 그러나 메랍은 므홀랏 사람 아드리엘의 아내가 되었다.

다윗은 사울 왕의 딸 미갈을 사랑했다. 사울은 다윗을 죽이기 위하여 블레셋 남자의 생식기 껍질 100을 가져오면 결혼을 시켜주겠다 했다. 그러자 다윗은 블레셋 남자 200명의 생식기를 가져왔다. 사울왕은 마지 못하여 미갈과 결혼을 시켰다.

사울 왕은 다윗을 죽이려 수차례 시도 했으나 실패하였다. 다윗은 살기위하여 도망을 쳤다. 다윗이 도망 가는 곳 마다 백성들은 은신처를 신고했다. 그 때마다 사울은 수천의 군사를 이끌고 다윗을 죽이려 찾아 왔다. 이러한 추격전이 13년 동안 계속 되었다.

거미줄에 걸린 생명

어느날 사울왕이 다윗을 죽이기 위하여 삼천명의 군사를 이끌고 십 황무지와 하온 황무지를 수색 하였으나 실패하고 환궁하는 중이었다.

다윗은 함께하는 육백명의 병사와 함께 엔게디 황무지 어느 동굴로 은신하였다.

사울이 용변을 보기 위하여 한 동굴로 들어갔다. 동굴 깊숙이 들어가다가 거미줄 앞에 발걸음을 멈추었다. 그 곳에서 용변을 보고 지친 몸을 잠시 쉬면서 낮잠을 자게 되었다.

그 동굴 거미줄 안쪽에는 다윗과 함께 한 육백명의 군사들이 숨을
죽이고 있었다. 사울 왕에게 발각 되면 모두 죽은 목숨이다. 동굴 밖에
사천명의 군사들에게 포위된 초조한 상황이었다.

하나님이 사랑하는 사람을 미워하면

하나님은 사울 왕이 그토록 미워하는 다윗을 사랑했을까? 다윗이
급하게 엔게디 동굴로 피신하자 하나님은 거미 한 마리를 보내어 열심
히 거미줄을 치게 했다. 얼마 후 사울 왕이 동굴안으로 들어와서 거미
줄 앞에 섰다. 가늘고 연약한 거미줄을 사이에 두고 사울과 다윗은 있
었다.

사울왕도 위대한 장군이었다. 동굴 깊은 곳에 거미줄 앞에 발걸음을
멈춘 것은 거미줄 너머 동굴안에는 사람의 출입이 없었다고 판단했기
때문이다.

다윗은 거미줄 앞에서 용변을 보고 깊은 잠에 빠진 사울을 죽일수
있는 기회가 왔다. 다윗은 잠자는 사울왕의 옷자락만 조금 베고는 사
울을 살려 주었다.

결국 미움과 증오를 불 태우던 사울은 블레셋과 전쟁 중에 길보아
전투에서 전사하였다. 그로 인하여 다윗은 이스라엘 왕이 되었다. 사
울의 미움과 증오는 결국 자신을 죽음에 이르게 하였다.

미움과 증오를 품으면 내가 죽는다

사람은 감정을 소유하였기에 일생동안 미운 사람 없이 살수는 없다.
천태만상의 세상살이, 별의 별 사람들과 함께 살아간다. 그중에 크고
깊은 상처를 입어 고통당하며 증오하기도 한다.

미운 감정을 어떻게 처리하느냐는 인생의 승패가 달린 문제다. 다윗
도 감정을 가진 인간인지라 13년 동안 사울에게 추격당하는 도망자 생
활을 하면서 사울을 미워하였다.

하지만 다윗은 미움을 사랑으로 증오를 용서로 절박한 위기를 넘기

면서 그 모든 상황을 하나님의 섭리적인 기회로 삼았다.

만약에 사울이 다윗을 사랑했다면 어떻게 되었을까? 사울과 다윗이 주변 적대 국가들을 정복하여 부강하고 견고한 이스라엘을 통치하였을 것이다. 사울왕은 길보아 전투에서 전사하지 않고 평안히 일생을 마치면서 성공적인 왕으로 평가되었을 것이다.

하나님이 사울 왕에게 다윗을 보낸 것은 서로 협력하기 원해서 였다. 그러나 사울은 다윗을 미워함으로 하나님의 온전한 계획을 이루지 못하였다.

만약에 내가 미워하고 증오하는 그 사람을 사랑하고 나의 친구가 되며 협력자가 되었다면 내 인생은 어떻게 변화 되었을까? 사울은 미움과 증오로 삼천명의 군사로 다윗을 죽이려 했으나 실패했다. 그러나 하나님은 거미 한 마리로 다윗을 보호하고 사울의 삼천의 군사를 물리쳤다.

설교중에 목사님의 질문에 "세상에 미운 사람 없습니다" 대답하셨던 할아버지가 웃은 웃음은 어떠한 웃음이었는지 모르겠다.

미움도 분노도 시간이 지나면 이해할 수 있고 웃을 수 있는 것이다. 사울도 죽었으며 다윗도 죽었다.

나도 죽을 것이며 내가 미워하는 그 사람도 죽을 것이다.

스쳐가는 시간 속에 나도 흘러가고 있다.

비판치 말라 그리하면 너희가 비판을 받지 않을 것이요
정죄하지 말라 그리하면 너희가 정죄를 받지 않을 것이요
용서하라 그리하면 너희가 용서를 받을 것이요
(누가복음 6 : 37)

2. 협력자를 경쟁자로 생각하면

다윗의 눈물

다윗은 사울왕이 죽었다는 전갈을 받고 통곡했다. 길고 긴 망명 생활을 하면서 사울을 죽일 수 있는 몇번의 기회가 왔다. 그 때마다 다윗은 사울을 하나님이 세운 왕으로 극진히 대우했다.

사울이 전쟁에 패배함으로 다윗은 이스라엘 왕이 되었다. 그러나 왕이 된 기쁨보다 사울과 요나단의 죽음을 슬퍼하며 애통했다.

사울은 변절된 지도자였으나 다윗은 사울의 충성된 신하였다.

목적없는 고난은 없다

사무엘로부터 다윗은 기름 부음받은지 오랜 시간이 지났다. 하나님은 사울을 버리고 다윗을 선택했다. 그러나 사울이 다윗을 대적함으로 다윗은 자신을 지지하는 사람들과 함께 망명하였다. 다윗은 살아남기 위하여 노력했고 전쟁에 능한 사람으로 성장했다. 하나님의 하시는 일을 어찌 우리가 다 알 수 있을까? 그러고 보면 사울은 다윗을 강하게 연단시킨 지도자였다.

이스라엘 역사에서 가장 유능한 왕은 다윗이었다. 그는 이스라엘의 영토를 완전히 회복했다. 그리고 영토 확장을 위하여 많은 전쟁을 치루면서 항상 승리했다. 하나님은 다윗을 유능한 정복자로 이스라엘의 영토를 확장하는 왕으로 세우기 위하여 사울을 통하여 시련을 겪게하셨다. 철이 철을 날카롭게 하듯이 다윗은 거칠고 험악한 광야에서 강하게 훈련되고 날카롭게 연단 되었다.

끝까지 하나님의 인도를 받으라

다윗은 아주 신중한 사람이었다. 하나님의 뜻을 항상 생각하는 사람이었다. 사울이 죽었다는 소식을 듣고 하나님 앞에 기도했다.

본국으로 귀국을 해도 되는지 먼저 하나님께 기도했다. 하나님은 다윗에게 올라가라고 응답했다.

다시 어느 곳으로 가야 하는가를 기도했다. 하나님은 헤브론으로 가라고 했다.(삼하 2:1-4) 다윗은 항상 하나님의 음성을 듣고 하나님의 뜻을 따라 순종하는 사람이었다. 그래서 실패가 없었다.

하나님을 존경하고 사랑한다는 사람들이 하나님을 무시하고 마음대로 생각하고 행동하는 경우가 많다. 사울은 항상 하나님을 무시하고 자기 마음대로 행동했다. 하나님보다 눈에 보이는 사람을 두려워하고 나라를 다스렸다.

왜, 사울은 하나님의 뜻을 깨닫지 못했을까?

사울은 자신의 왕권을 아들 요나단에게 물려주려고 다윗을 죽이려 했다. 그러나 하나님의 뜻은 이미 다윗을 기름 부어 왕으로 선택한 것이다. 사울왕은 하나님이 이미 결정하신 일을 자신의 왕권과 무력으로 하나님의 뜻을 변경시키려고 노력했다.

가끔 안되는 것을 알면서도 행동하고 기도하는 어리석음이 있다. 사람들에게는 칭찬과 인기를 얻을 수 있으나 하나님은 원칙과 뜻에 벗어나지 않는다.

다윗은 항상 하나님의 원칙에서 행동했다. 사울을 죽일 수 있는 몇 번의 기회가 있었다. 사울을 죽이면 망명 생활을 청산하고 왕이 될 수 있다. 그러나 조급하게 생각하지 않고 하나님의 뜻을 생각하면서 여유를 가졌다. 이러한 다윗의 모습이 어리석어 보일수도 있다.

사울이 다윗을 사랑했더라면

사울이 하나님 뜻에 순종하고 다윗을 후계자로 믿고 신임했다면 어떻게 되었을까? 인간적으로는 요나단이 왕이 되었으면 하지만 하나님이 다윗을 후계자로 세웠으니 순종하면서 다윗을 군대장관으로 신임하고 사랑했다면 얼마나 아름다운 관계가 되었을까? 그리고 사울과 다윗은 장인과 사위의 관계에서 얼마나 행복한 생활을 했을까?

사울은 미움이 항상 있었다. 그리고 자기 중심적인 생활을 함으로 하나님을 반역하고 사위를 적으로 생각했다.

다윗은 항상 사울을 사랑했고 하나님이 세운 사람으로 대했다. 사랑과 미움은 마음에서 출발하지만 결과는 참으로 큰 것이다.

사울은 미움을 가졌고 다윗은 사랑을 가졌다. 결국 사울은 패배하고 다윗은 승리자가 되었다.

사랑은 조급하지도 않고 과격하지도 않고 하나님의 인도를 따라 선한 열매를 맺는 것이다.

너희는 모든 악독과 노함과 분냄과 떠드는 것과
훼방하는 것을 모든 악의와 함께 버리고
서로 인자하게 하며 불쌍히 여기며
서로 용서하기를 하나님이 그리스도 안에서
너희를 용서하심과 같이 하라
(에베소서 4 : 31-32)

3. 은혜를 아는 야베스 사람

야베스 사람들의 눈물

사울의 최후는 비참하게 끝이 났다. 블레셋과의 전쟁에서 패전하여 그의 아들 요나단, 아비나답, 말기수아와 함께 전사했다.

그들의 시체는 블레셋 사람들에게 능욕을 당하고 벧산 성벽에 벗겨진 몸으로 박혀 조롱을 당하였다. 하나님이 세운 이스라엘의 제1대 왕의 말로가 너무나도 비참하다. 40년 동안 이스라엘을 통치하면서 하나님 앞에 불순종과 반역의 생활을 많이 했다. 그래서 하나님은 사울을 버린 것이다.

사울의 시체가 블레셋 벧산의 성벽에 걸려있다는 소문을 들은 이스라엘 백성들 중에 길르앗 야베스 사람들이 밤중에 블레셋으로 잠복하여 들어가 사울과 그의 세아들의 시체를 취하여 야베스로 돌아와서 그 뼈를 에베스 에셀나무 아래 장사를 했다.

그리고 길르앗 야베스 거민들은 7일 동안 금식을 하면서 사울 왕가의 몰락을 애통하며 금식을 했다. (사무엘상 31 : 1-13)

사울이 이스라엘의 처음 왕이 되었을 때다. 암몬 사람 나하스가 길르앗 야베스를 침략했다. 그 때 야베스 사람들은 목숨만 살려주면 암몬 사람 나하스의 종이 되겠다고 했다. 그러나 나하스는 말하기를 야베스 사람들이 오른쪽 눈을 모두 뽑아내어야 그 언약을 들어 줄 수 있다고 했다.

길르앗 야베스 사람들은 1주일의 여유를 달라고 했다. 이스라엘 민족들로부터 구원이 없으면 모든 사람들이 오른 쪽 눈을 뽑아내고 암몬 사람 나하스의 종이 되겠다고 했다.

길르앗 야베스 사람들의 소식을 접한 이스라엘 사람들은 통곡하며 울었다. 사울은 전국에 33만 명의 군사를 모집하여 암몬사람 나하스를 공격하여 길르앗 야베스 사람들을 구원했다.(사무엘상 11장)

사울 왕으로부터 은혜를 입은 길르앗 야베스 사람들은 40년 후에 사울왕과 그 아들이 벧산 성벽에 못박혀 있는 것을 볼 수가 없었다. 40년전에 사울을 통하여 입은 은혜를 져버리지 않고 이번에는 길르앗 야베스 사람들이 사울에게 은혜를 갚게 된 것이다.

은혜를 생각하는 이웃이 있는가?

은혜를 모르는 인간이라는 말이 있다. 인간이 은혜를 모른다면 인간이 아니라 짐승과 같다. 알고 보면 우리는 수많은 사람들로부터 은혜를 입고 지금까지 살아왔다. 그러나 은혜를 은혜로 갚지 않고 자기의 유익만을 위하여 살아가는 사람들이 많은 세상임이 분명하다.

충신이 두 군주를 섬기지 않는다는 것은 곧 신하의 절개요 군주에 대한 충성이며 은혜를 저버리지 않겠다는 고결한 선비정신이 아니겠는가?

자기중심적인 사람은 절대로 은혜를 모른다. 어렵고 힘들때 이웃들이 자신을 돕고 위로하는 것은 당연지사로 받아들인다. 은혜를 아는 사람들이 모인 곳에는 사랑과 평화가 있다. 그리고 인간의 훈훈한 인정이 흐른다. 하나님의 따뜻한 사랑이 느껴진다. 그래서 옛 현자들은 친구를 보면 그를 알 수 있다고 했다.

길르앗 야베스 사람들은 사울이 40년전에 그들에게 베풀어 준 은혜를 잊어버리지 않았다.

사울의 군장 아브넬은 군주 사울이 죽었으나 사체를 찾아오려고 하지 않았다. 사울의 아들 이스보셋을 왕으로 세우고는 수렴청정을 하려고 했다.

잊혀진 은혜를 생각하라

하나님의 은혜와 이웃의 은혜를 어느 정도 느끼며 기억하고 있는가 생각해야 한다. 내가 미워하고 싫어하는 그 사람도 나에게 은혜를 베풀고 사랑을 주지 않았던가. 그러나 내가 받은 그 많은 은혜와 사랑은 사라지고 미움과 섭섭한 것만 생각하며 살아간다.

길르앗 야베스 사람의 마음에 은혜를 베풀어 준 사울이 자리잡고 있었듯이 지금 우리 마음에 남겨진 은혜를 베푼 사람은 누구일까? 다시 한번 생각해보면 나에게 사랑과 은혜를 베풀어 준 고마운 분들이 많았다는 것을 알수있다.

은혜를 받은 사람들이 많이 생각 날수록 행복한 사람이다. 사랑에 빗진 자가 된 것은 행복한 것이다.

오래전에 은혜를 베풀어 주신 고마운 분들을 생각하며 근간에 소식을 전하며 아름다운 교제를 하는 즐거움이 많았으면 좋겠다.

또 마음을 다하고 지혜를 다하고 힘을 다하여 하나님을 사랑하는 것과
또 이웃을 제 몸과 같이 사랑하는 것이
전체로 드리는 모든 번제물과 기타 제물보다 나으니이다
(마가복음 12 : 33)

4. 제 2 인자의 욕심

사울의 군대장관 아브넬의 욕심

이스라엘 첫 번째 왕 사울은 이스라엘 12지파 중에서 가장 작은 베냐민 지파 출신이다. 사울 왕은 사촌 아브넬을 군대장관으로 세우고 40년 동안 권력을 함께 했다. 후 일 이스라엘의 제2대 왕이 되는 다윗과 사울의 군대 장관 아브넬과 첫 대면은 엘라 골짜기에서 블레셋과 장기적 대치 상태에 있을 때이다.

무명의 시골 목동 다윗이 아버지 이새의 심부름으로 전쟁터에 있는 형님들 면회를 와서 하나님을 모독하는 블레셋의 가장 큰 용사 골리앗을 죽임으로 전세는 반전되어 이스라엘이 대승하였다. 이스라엘 백성들은 철천지원수인 블레셋과의 전쟁에서 승리하고 돌아오는 군사를 향하여 "사울은 천천이요 다윗은 만만이라" 칭송하며 하나님께 영광을 드렸다.

사울왕은 심한 열등감을 가지게 되면서 목동 다윗을 왕권에 도전 할 수 있는 두려운 경쟁자로 생각했다. 그리하여 다윗을 죽일 수 있는 여러 가지 계략을 꾸미었으나 번번이 실패를 하였다. 그 후부터는 노골적으로 다윗을 죽이려하였고 아브넬이 군장으로 항상 앞장서 다윗을 추격하게 되었다. 아브넬 역시 다윗 같은 출중한 인물이 자신의 휘하에 있다면 언젠가는 자신의 군대 장관의 직위도 빼앗길 수 있다는 위기감을 가지게 된 것이다. 그러나 사울 왕이 길보아 전투에서 아들 요나단과 함께 전사하였다.

　이미 백성들은 다윗을 차기의 왕으로 인정하여 헤브론에서 다윗이 이스라엘을 통치하였다.
　그러나 아브넬은 사울의 넷째 아들 이스보셋을 왕으로 세웠다. 아브넬의 목적은 이스보셋을 실권이 없는 왕으로 세우고 자신이 사울의 권력을 계승하기 위한 것이었다. 아브넬의 권력 횡포는 결국 사울 왕의 첩 리스바를 통간하였다. 이는 고대 왕의 부인을 가진 자는 곧 왕권을 계승한다는 것 때문이다. 이러한 아브넬의 불의한 행동을 본 이스보셋이 아브넬을 책망하였다. 오히려 아브넬은 이스보셋을 위협하면서 지금 왕으로 앉아 있는 것이 누구의 덕분인데 은혜를 모른다며 큰 소리를 쳤다.

다윗과 아브넬의 밀약

　아브넬은 다윗과 정면 대결하면 승리하지 못할 것을 잘 알고 있었다. 그리하여 아브넬은 사울 왕가의 후손들과 베냐민 지파가 다윗에게 백기를 들고 투항하면서 다윗에게 군대 장관의 직위를 받아 내려는 생각을 하였다.
　아브넬의 이러한 제의를 받은 다윗은 한 가지 조건을 주었다. 다윗의 첫사랑이요 첫 번째 부인 사울 왕의 공주 미갈을 데리고 오라 했다.
　사울 왕은 미갈을 다윗에게 아내로 주었으나 다윗이 망명 생활을 할 때에 발디엘과 다시 결혼시켰다. 이미 남의 아내가 된 미갈을 다윗에게 데려오게 한 것은 사울 왕과의 연계성을 가짐으로 이스라엘 백성들의 지지를 얻는 것이 목적이었다.
　아브넬은 결혼하여 잘 살고 있는 미갈을 남편 발디엘에게 위협하여 빼앗아 다윗에게 넘겨주었다. 다윗과 아브넬이 만났을 때에 아브넬은 이스라엘 장로들에게 말하기를 다윗을 왕으로 삼아도 좋다는 허락을 하였다. 즉 아브넬이 다윗의 왕위를 인정함으로 다윗을 왕으로 세운자의 위치에 서게 된 것이다. 어쩌면 아브넬이 자신의 실권 아래 다윗을 허수아비 같은 왕으로 만들려 생각한 것이다.

다윗은 유다 헤브론에서 왕으로 칠년 동안 있었지만 실상은 정치적인 기반이 완전하지 못하였다. 베냐민 지파 사울 왕이 40년 동안 이스라엘을 통지하였으므로 사울 왕의 영향력을 무시할 수 없었다. 그러므로 다윗은 아브넬의 제의를 받아들일 수밖에 없었다. 또한 사울 왕가와 피를 흘리며 계속 전쟁을 하는 것은 소모적인 일이기 때문이었다.
문제는 다른 곳에서 발생하였다. 다윗 왕과 아브넬의 정치적인 협상에 대하여 다윗왕의 군장 요압이 신분에 대한 위기감을 느끼게 되었다.

다윗의 군대장관 요압의 욕심

요압은 오래 동안 다윗과 함께 고난을 당하면서 망명 생활을 하였다. 이제 다윗이 왕이 되어서 헤브론에서 안정된 생활을 하게 되었는데 사울왕의 군장 아브넬을 군대장관으로 세우면 요압은 하루 아침에 자신의 직위를 상실하게 될 형편이었다. 아브넬은 수만명의 군사를 지휘한 전투 경험이 있었지만 요압은 불과 삼천명 정도의 군사를 지휘 경험한 것 뿐이었다. 그러나 다윗 왕의 모든 권력과 힘은 곧 요압 장군에게서 나왔다. 다윗이 왕이지만 실제적인 권세는 요압이 가지고 있으므로 다윗 또한 왕이 된 후에 요압 장군의 그늘에서 벗어나고 싶은 마음을 가졌다.

요압은 다윗 왕을 만나 협상을 하고 즐거운 마음으로 돌아가는 아브넬을 만나서 인사를 하는 척하면서 아브넬을 죽였다

요압이 아브넬을 죽인 목적은 두 가지다.

첫 번째는 기브온 전쟁에서 요압 장군의 동생 아사헬을 죽인 것에
대한 복수였다.

두 번째는 다윗 왕이 아브넬을 군장으로 삼는 것을 사전에 방지하여
자신의 직위를 유지하는 것이었다.

넘어지면 밟고 지나간다

사울 왕의 아들 이스보셋은 아브넬이 죽었다는 소식을 듣고는 낙담
하였다. 자신을 지켜 보호하여 줄 사람이 없었다. 그야말로 허수아비
왕이었다. 아브넬의 죽음으로 인하여 사울의 후손들은 위기감을 느끼
게 되었고 베냐민 지파는 다윗의 보복을 두려워하게 되었다. 그 때 림
몬의 아들 레갑과 바아나나가 이스보셋 왕을 암살하고 머리를 베어서
밤 새워 아라바 길로 도망쳐서 헤브론에 있는 다윗에게 아침에 상전했
다.

레갑과 바아나는 아브넬이 죽었으므로 이제 이스보셋을 지켜줄 군
사적인 힘이 없으므로 다윗이 공격하면 베냐민 지파는 모두 죽을 수
있다는 위기감을 가지게 된 것이다.

자신들이 이스보셋을 죽여 다윗에게 가면 다윗이 많은 상급을 주며
요직을 보장해 줄 것으로 생각했다. 그러나 다윗은 레갑과 바아나를
처형했다. 이로 인하여 다윗은 백성들의 지지를 받는 왕이 되었다.

레갑과 바아나는 출세지향적인 사람이다. 자신에게 안정된 신분과
부귀가 보장된다면 지금 섬기고 있는 왕이라 할지라도 배신하는 사람
이다. 자신의 목적을 위한 과정에서 일어나는 불의한 것과 배신적인
행위는 양심의 가책을 느낄 필요가 없다. 자신의 목적을 위해서는 모
든 것을 이용 할 수 있다 생각 한 것이다.

오늘도 아브넬과 같이 불의한 목적을 지향 하면서 수단과 방법을 가
리지 않는 많은 사람들이 존재한다. 레갑과 바아나는 베냐민 지파의
안정과 자신의 출세를 위하여서는 소영웅심으로 악의적인 방법을 늘

합당하게 생각한다. 그러나 하나님은 "사람이 무엇으로 심든지 그대로 거두리라" 말씀했다. 결국 아브넬은 요압에 의하여 죽게 되고 레갑과 바아나도 죽었다. 죽인자는 죽음으로 끝난 것이다.

배신으로 얻은 것은 절대로 누릴 수 없다

눈앞에 이익과 영달을 위하여 살아가는 사람들은 때로는 출세를 하고 성공하는 사람으로 보일 수 있다. 그러나 배신하는 자는 반드시 실패한다.

배신이란 가장 두려우면서도 가장 비참 한 것이다. 배신당한 자의 괴로움은 이루 말할 수 없다. 그러나 배신하고 간 자의 마지막 또한 처참하게 된다. 불의와 배신으로 얻은 명예와 물질은 그리 멀지 않아 소멸된다.

불의한 방법으로 자신의 목적을 이루려는 사람만큼 어리석은 자는 없다.

다윗은 사울 왕을 죽일 수 있는 여러 번의 기회가 있었지만 모든 것을 하나님의 인도하심에 맡기는 생활을 했다.

다윗은 만사에 하나님의 섭리적인 뜻을 받들어 하나님의 인도를 받았다. 인본적인 방법과 수단을 사용하지 않았다. 모든 것을 하나님의 계획과 섭리 속에 자신의 모든 것을 의탁했다. 하나님은 그러한 다윗에게 은혜를 주시고 대적을 물리치고 함께하였다.

하나님은 섭리적인 믿음을 가진 사람은 세우시고 사용하신다. 출세와 성공이 나쁜 것은 아니다. 그러나 과정이 악하고 인간 중심적 일 때는 반드시 무너진다.

스스로 속이지 말라 하나님은 만홀히 여김을 받지 아니하시나니
사람이 무엇으로 심든지 그대로 거두리라
(갈라디아서 6 : 7)

5. 힘이 있을 때에도 약속은 지켜라

376년만에 깨어진 약속

사울은 민족주의자였다. 이스라엘 민족 가운데 사는 기브온 사람들을 모조리 잡아 죽이려 했다. 그리하여 많은 기브온 사람들이 사울이 왕으로 있을 때에 죽었다. 사울은 이스라엘과 유대를 위해서는 무엇이든지 행하는 사람이었다.

기브온 족속이 이스라엘 백성 가운데 살게된 것은 오래 전 이스라엘 백성들이 가나안 땅을 정복할 때이다. 하나님은 이스라엘 백성들에게 말하기를 가나안 땅에 들어가서 모든 족속을 물리치고 어떠한 족속도 살려두어서는 안된다고 했다. 그러나 기브온 족속은 지혜로운 사람이었다. 그들은 여호수아와 이스라엘 백성을 속이고 평화조약을 맺게 되었다. 그러나 3일 후에 기브온 거민들이 여호수아에게 한 말들이 거짓임이 드러났다.(여호수아 9 : 14-20)

이스라엘 백성들은 잘못된 약속이었으나 하나님 앞에 엄숙히 맹세한 것이기 때문에 기브온 거민을 죽이지 않고 보호 했다. 대신 기브온 거민들은 이스라엘 백성들의 종이 되어 섬기며 살았다.

기브온 족속의 눈물을 보신 하나님

다윗왕의 노년에 이스라엘에 3년동안 흉년이 들었다. 긴 흉년으로 인하여 국가가 어려운 처지에 놓이게 되었다. 다윗은 왕으로써 할 수 있는 것은 다 해 보았으나 흉년을 극복할 수 있는 방법이 없었다. 어느 날 다윗이 하나님 앞에 엎드렸다. 다윗의 간구를 들으신 하나님은 흉년의 원인이 사울 왕이 기브온 거민을 죽였기 때문이라고 말했다.

이는 이로, 눈은 눈으로 대항하는 이스라엘의 법칙을 따라서 기브온 사람들은 사울 왕의 손자 7명의 생명을 요구했다. 눈에는 눈으로 이에는 이로 대항하는 기브온 거민의 요구를 다윗은 허락했다. 하나님 앞에 맹세로 이루어진 언약을 어기고 기브온 거민을 죽인 사울 왕가의 죄는 단순하게 돈으로 해결될 문제가 아니었다.

리스바의 애절한 눈물

다윗은 고민에 빠졌다. 사울의 손자 7명의 생명을 요구하는 기브온 거민들의 요구를 들어주기로 했지만 사울의 손자들 중에 누구를 선택하느냐의 고민이었다. 일찍이 요나단과 다윗은 언약을 했다. 요나단이 다윗에게 자신의 후손들을 죽이지 않고 돌봐줄 것을 부탁했다. 그래서 다윗은 요나단의 아들 므비보셋을 아꼈다. 다윗은 사울의 첩 리스바의 두 아들 알모니 므비보셋을 내어 주었다. 그리고 사울의 딸 메랍의 아들 다섯을 내어주었다. 사울은 다윗이 골리앗을 물리친 후에 그의 딸 메랍과 결혼을 약속했다. 그러나 사울은 다윗과의 약속을 깨뜨리고 메랍을 아드리엘에게 아내로 주었다. 기브온 사람들은 사울의 손자 7명을 끌고 가서 목매어 죽였다. 그 후 흉년도 끝이 났다.

사울은 약속을 신실하게 지키는 사람이 아니었다. 기브온 거민을 죽인 것이나 다윗과의 언약도 수없이 어겼다. 약속을 지키지 않은 사울의 후손들이 비참하게 된 것이다. 두 아들의 죽음을 슬퍼하는 리스바는 아들의 시체를 지키면서 슬퍼했다. 남편 사울의 범죄로 말미암아 자신의 아들마저 죽게됨을 슬퍼한다는 것을 다윗이 들었다. 다윗은 길르앗 야베스로가서 사울과 요나단의 뼈를 가져오고 손자 일곱의 시체를 가져와서 사울의 아버지 기스의 묘에 장사를 지내주었다.

힘이 있을 때에도 약속은 지켜야 한다

하나님은 약속을 중요하게 생각한다. 하나님이 인간에게 하신 약속은 한 번도 어긴 적이 없다. 그러나 인간들은 하나님과의 약속을 얼마나 어기는지 모른다. 하나님은 약속을 지키는 사람을 좋아한다. 인간들과의 약속도 중요한데 하나님과의 약속이야 얼마나 중요하겠는가?

요즘 세상은 약속을 힘의 논리에서 본다. 힘없는 자는 철저히 약속을 지켜야 한다. 그러나 힘있는 자는 자신의 편리에 따라 약속을 파기하는 것이 능력이라 생각한다.

하나님은 약속은 반드시 지켜야 된다고 말한다. 약속을 지키지 않은 사람들은 신용이 없다. 그래서 사람들이 싫어한다. 약속을 지키려고 노력하는 사람을 신용 있는 사람이라고 부른다. 하나님께서도 말씀에 불순종하는 사람보다 순종하는 사람의 기도를 응답하고 사랑한다.

하나님은 우리에게 수많은 약속을 주셨다. 그 약속이 성경이다. 성경은 하나님의 말씀이면서도 그것은 하나님이 우리 인간에게 주신 약속이다. 그래서 성경을 읽고 듣고 배움으로 하나님의 약속을 발견하고 지켜 행함으로 하나님의 사랑과 축복을 받는 것이다. 약속이 많은 사람은 행복하다. 그리고 약속을 지켜 성취하는 사람은 복된 사람이다. 하나님과의 약속도 중요하고 형제와의 약속도 중요하다.

하나님은 인생이 아니시니 식언치 않으시고
인자가 아니시니 후회가 없으시도다
어찌 그 말씀하신 바를 행치 않으시며 하신 말씀을 실행치 않으시랴
(민수기 23 : 19)

6. 다윗 가문의 피가 된 우리아의 눈물

요나답의 계략을 받은 암논

다윗의 장남 암논은 이복누이 다말을 사랑했다. 암논의 위험한 사랑은 상사병이 되었다. 암논이 고민중에 있을 때 그의 친구이며 사촌 요나답이 간교한 계략을 가르쳐 주었다.

암논은 식음을 전폐했다. 다윗은 장남의 건강을 생각하여 침소를 방문하여 근심하며 위로했다. 그 때 암논이 다윗 왕에게 한 가지 요청을 했다. 누이 다말이 자신의 집에 와서 빵을 만들어 주어 그것을 먹으면 기운을 차려 병에서 완치 될 것같다고 했다. 다윗은 어려운 부탁이 아님으로 순수한 마음으로 다말을 암논의 집으로 보내었다.

다말은 오빠를 위하여 빵을 만들었다. 그 때 암논은 집안에 모든 종들을 집 밖으로 물러가게 했다. 집안에는 암논과 다말만 있게 되었다. 그 때 암논은 여동생 다말을 완력으로 강간을 했다. 그리고는 다말을 집밖으로 쫓아 내면서 창녀와 같이 미워했다.

황당한 일을 당한 다말은 대성 통곡을 하면서 집으로 돌아왔다. 다윗의 아들 압살롬이 자신의 형 암논이 동생 다말에게 행한 불의한 행동에 대하여 분노했지만 즉흥적인 감정으로 행동하지 않고 반드시 복수할 것을 다짐했다.

한편, 암논은 사촌 요나답이 가르쳐 준 대로 행동했다. 다말이 창녀와 같이 자신을 유혹했다며 소문을 내었다. 암논이 다말을 강간할 때는 집안에 사람들이 없었다. 다말로서는 강간을 당하고 억울한 누명까지 뒤집어 쓰게 되었다.

복수의 칼날을 뽑은 압살롬

그 후 2년이 지난 어느 날, 압살롬은 아버지 다윗에게 자신의 양털을 깎는 날이니까 함께 참석하여 즐거움을 나누자고 초청을 했다. 그리고 자신의 모든 형제들도 초청을 했다. 다윗은 국사에 빠쁜지라 참석하지 못했다. 다윗의 아들들은 압살롬의 잔치에 참석하여 즐거운 시간을 가졌다.

압살롬에게는 한 계획이 있었다. 사환들에게 은밀히 명령했다. 잔치가 즐거워지고 암논의 경계심이 풀어질 때 암논을 죽이도록 했다. 2년 전 암논이 다말에게 행한 악한 행동을 복수하기 위해서였다. 다윗의 장남 암논과 압살롬은 이복 형제다. 압살롬과 다말은 같은 어머니의 자식이었다.

다윗 왕은 대성통곡하며 울었다. 둘째 아들 압살롬이 모든 형제들을 다 죽였다는 급한 소식을 들었기 때문이다. 다윗은 지난날 유부녀 밧세바를 불의한 방법으로 아내로 맞아 들이고 밧세바의 남편 우리아 장군을 죽도록 음모를 꾸민 죄악이 다시 생각났다.

압살롬의 행동은 지난날 자신의 범죄에 대한 하나님의 심판으로 인식했다. 왕궁의 모든 신하들도 슬퍼하며 애통하며 옷을 찢으며 왕과 함께 슬퍼했다.

그 때 슬퍼하는 다윗을 위로한 한 사람이 있었다. 그는 요나답이었다. 요나답이 말하기를 압살롬이 모든 아들을 죽인 것이 아니라 암논한 사람만 죽였을 것이라고 했다. 2년 전에 암논이 다말에게 행한 일들에 대하여 압살롬이 복수한 것이라고 했다.

타락된 생각을 마음에 담으면

요나답 그는 누군가? 다윗의 형 시므아의 아들이다. 요나답은 다윗의 가족을 불행으로 몰아 넣은 계략가였다. 암논에게 다말을 강간 할 수 있는 방법을 가르쳐 주었다. 그 결과 암논은 다말을 강간하고 2년 후에 압살롬 복수의 칼에 살해 당했다. 요나답의 계략으로 다말은 오빠에게 강간을 당하고 일생동안 처량하게 지냈다. 요나답의 계략으로 결국 압살롬은 형을 죽인 살인자가 되었다. 다윗은 아들 암논을 잃었다. 딸 다말은 처량한 삶을 살게 되었고 압살롬은 살인자가 되어 도망을 쳤다.

요나답 한사람의 간교한 계략은 다윗의 가문과 형제를 불행하게 했다. 요다답은 압살롬이 양털깎는 날 형제를 초청하여 암논을 살해 할 계획을 이미 알고 있었지만 방조하였다. 그리고는 암논의 죽음을 슬퍼하는 다윗왕 옆에서 위로하고 있었다. 요나답은 간교하여 주변 사람들에게 불행과 고통을 주는 사람이었다.

성공하는 사람들에게는 좋은 친구들과 좋은 이웃들이 있다. 그러나 실패하는 사람들에게는 간교하고 나쁜 친구와 이웃이 있다. 생각이 간교하고 부정적인 사람과 함께하면 반드시 망한다. 내가 타락하고 부정적인 사람을 변화시킬 능력이 없다면 차라리 일정한 거리를 두는 것이 좋다.

지금 무슨 말을 듣고 있는가?

사람을 알려면 그 사람이 사용하는 언어를 분석해 보면 그 사람의 생각과 의도를 발견 할 수 있다. 대화 중에 비판적이고 비관적이며 누군가의 결점을 즐겨 말하는 사람들은 언어가 타락되었다. 즉 그 심령이 타락한 사람이다. 칭찬과 격려를 하지만 불손한 의도를 가지고 있는 자는 상황에 따라서 말이 달라진다. 불의한 것을 바라보고도 칭찬과 격려를 하는 사람이라면 함께할 수 없는 위험한 사람이다.

모든 사람은 인간 관계를 형성한다. 가까운 사람이라 해서 그들의 말을 맹신하거나 무조건 믿어 주는 것은 불행의 늪에 빠진다. 요나답과 같은 유형의 사람들은 상대방에게 신뢰를 얻기 까지는 충신같이 행동하지만 자신의 목적을 위해서는 상대방을 언제나 이용한다.

암논은 요나답의 부정한 지혜를 빌려 불의한 일을 행했다. 요나답은 암논을 통하여 자신이 목적한 바를 성취했다. 압살롬이 암논을 죽였을 때에 요나답은 다윗 곁에서 암살롬의 의도를 다윗에게 알려 주면서 슬퍼하는 왕을 위로 함으로 충성된 신하로 신뢰를 받게 되었다.

언어가 타락하고 부정적이며 비관적인 사람은 그 생각과 계획이 그의 말과 같다. 좋은 이웃은 바른 말을 한다. 그러나 나쁜 이웃은 간교한 언어를 사용한다.

우리 주변에는 요나답과 같은 사람들이 가끔 있다. 언제 어디를 가든지 요나답과 같은 간교함으로 가득찬 사람들이 있다. 삶의 지혜는 그러한 사람을 어떻게 분별하느냐이다. 모두 좋은 이웃이 되고 즐거움을 주는 사람이 되기를 바란다. 그렇지만 현실은 요나답과 같은 간교함을 가진 사람들이 있으므로 지혜롭게 분별하여야 한다.

내게 주신 은혜로 말미암아 너희 중 각 사람에게 말하노니
마땅히 생각할 그 이상의 생각을 품지 말고
오직 하나님께서 각 사람에게 나눠주신 믿음의 분량대로
지혜롭게 생각하라
(로마서 12 : 3)

7. 잇대의 위기선택

신앙을 위하여 조국을 버리고

골리앗은 블레셋 가드 사람이다. 가드에는 출중한 장군들이 많았으며 골리앗의 동생 라흐미도 매우 훌륭한 장군이었다.

다윗에게 블레셋의 가드 사람 잇대가 가족과 600명의 군사들과 함께 이스라엘로 망명을 했다. 잇대가 망명한 이유는 정확하지는 않지만 정치적인 문제이거나 신앙적인 문제 중에 하나일 것이다.

블레셋 사람들은 다곤 신을 믿는다. 다곤은 바알의 아버지 신으로 풍성한 곡식을 준다고 믿었다. 그런데 다곤 신상의 상체는 인간의 형상이고 하체는 고기의 형상이다. 그리하여 인어 공주와 같은 형상이다.

잇대는 다곤 신을 버리고 여호와 하나님을 철저히 믿는 사람이었다. 그리고 완전히 이스라엘 사람으로 귀화하였다.

다윗도 사울왕의 미움을 받아 블레셋으로 망명하여 더부살이를 한 경험이 있었다. 그리하여 다윗은 잇대의 심정을 잘 이해할 수 있었다.

가문에 불행의 씨앗을 심은 다윗

다윗이 바세바와 불륜으로 남편 우리야를 전쟁터에서 죽게한 후 나단 선지자로부터 책망을 받았다. 그 때 다윗은 진심으로 회개하였다. 그러나 하나님은 다윗의 악한 행위로 인하여 가문에는 칼이 영영히 떠나지 않을 것을 말씀했다. 그 말대로 맏아들 암논이 여동생 다말을 강간하는 일이 발생했다. 그 일로 인하여 셋째 아들 압살롬이 형 암논을 살해하였다.

압살롬이 형 암논을 죽이고 피신한 곳은 그술이다. 그술은 요단강 동편에 있는 작은 나라였다. 다윗은 그술왕 달매의 딸 마아가와 결혼하여 압살롬을 낳았다. 압살롬은 3년 동안 외할아버지 나라인 그술에 은신하여 있을 때에 요압장군의 도움으로 예루살렘으로 돌아왔다.

압살롬은 야망을 가진 자였다. 아버지 다윗이 나이가 많아짐으로 곧 다음의 왕위를 계승할 목적을 가지고 수년 동안 준비 작업을 하였다. 첫 번째는 백성들의 민심을 자기에게로 기울도록 했다. 그리고 직속 군사를 양성하고 군사를 움직일 수 있는 여러 가지 방법을 간구했다. 때가 되자 유력한 인사들을 헤브론으로 초청하여 스스로 왕이 됨을 선포하였다.

다윗의 통치 말기 현상은 백성들도 새로운 왕을 바라고 있었다. 압살롬은 미모가 출중하여 백성들에게 호감을 주는 왕자였다. 백성들 중에 압살롬을 지지하는 자들이 많고 상당히 많은 군사들도 압살롬을 새로운 왕으로 인정했다.

위기에 처한 다윗을 위하여

압살롬의 행위는 노년의 다윗왕에게는 심히 두려운 존재였다. 전쟁을 많이 경험한 다윗은 지체없이 예루살렘을 떠나서 에브라임으로 도망쳤다. 그것은 압살롬이 자신의 형 암논을 죽인 자로 목적을 위해서는 아버지도 능히 죽일 수 있는 잔인한 행동을 알기 때문이다.

다윗이 아무런 준비 없이 왕궁을 버리고 도망치는 위기 상황에서 가드 사람 잇대가 600명의 군사를 이끌고 다윗과 함께 동행 하겠다 제의했다.

그 때 다윗은 잇대에게 현실적인 충고를 했다. 자신은 이미 나이가 많은 왕이요 왕권이 이미 쇠하여 앞으로 희망이 없으니 새롭게 왕이 된 젊은 압살롬에게 가서 그를 위하여 충성하면 부귀와 영화가 있을 것이라고 권했다. 그러나 잇대는 확고한 믿음과 신앙으로 여호와 하나님의 이름으로 맹세하며 다윗과 함께 생사를 하기로 충성을 맹세했다. 다윗은 잇대의 충성된 마음을 받아들이고 잇대의 군사 600명을 선봉에 서게 했다.

잇대가 블레셋에서 이스라엘로 망명한 목적은 평안한 생활을 위한 것이다. 그러나 몰락한 다윗과 함께 고락을 한다는 것은 인생 최대의 모험이다. 잇대는 하나님을 절대적으로 신뢰하였다. 그리고 하나님이 세운 다윗에 대한 절대적인 존경과 신뢰감을 가지고 있었다.

충신이 돌아서면 가장 무서운 적이 된다

다윗 왕에게 유능한 군사 전략가 두 사람 있었다. 그중에 한 사람이 아히도벨이었다. 다윗은 평소에 아히도벨의 모략과 능력을 하나님의 말씀과 같이 신뢰하고 인정했다. 그 아히도벨이 다윗을 배반하고 반역을 한 압살롬의 전략가가 되어서 다윗을 축출하고 정권을 장악할 모사를 행하였다.

아히도벨은 압살롬에게 다윗이 도망치면서 왕궁을 지키기 위하여 10명의 후궁들을 남겨 두었는데 그 후궁들과 동침하도록 했다. 그리하여 압살롬은 지붕에 임시 장막을 치고 모든 사람들이 보는 앞에서 후궁들과 동침을 하였다. 압살롬이 아버지의 후궁과 동침한 의미는 아버지의 왕권이 자신에게로 넘어왔다는 것을 의미하기 때문이다.

압살롬은 다윗왕의 신하 아마사를 군대장관으로 삼고 전국에 군사 동원령을 내려서 군사를 모집하여 에브라임 산림에서 다윗 왕과 전투에 임하게 되었다.

최후에 신임 할 수 있는 사람들

다윗 왕과 함께하는 군사는 약 4천 명 정도 뿐이었다. 그러나 다윗은 적은 군사를 백부장과 천부장을 세우면서 군의 지휘체계를 새롭게 편성하였다.

군사를 삼등분하여 요압 장군에, 요압의 동생 아비새, 잇대에게 각각 지휘하도록 하였다.

군장은 왕의 최고 측근들 중에서 가장 신임하는 자를 임명한다. 특히 이방인을 군장으로 임명하는 일은 없다. 그러나 다윗은 블레셋 사람 잇대를 군장으로 임명하여 군사 지휘권을 주었다. 다윗 왕이 잇대를 얼마나 신뢰했는가를 알 수 있다.

다윗은 요압과 아비새, 잇대를 지휘관으로 세우고는 병력을 삼등분해 분산시켰다. 그리고 에브라임의 지형 지물을 이용하여 압살롬의 반란군 20,000명을 살육했다. 그리고 수풀의 늪과 절벽 가시나무에 걸려 죽은 자가 20,000명이 넘었다. 요압 장군에 의하여 압살롬이 죽자 긴 나팔을 불어 전쟁이 끝남을 알렸다.

신뢰는 인생에 최고의 자산이다

다윗은 잇대를 절대적으로 신뢰했다. 잇대는 비록 블레셋의 가드 출신이지만 그는 하나님을 믿는 온전한 아브라함의 후손으로 거듭난 사람이었다.

희망 없어 보이는 다윗 왕을 위하여 자신의 모든 것을 다바쳐 충성했다. 그리고 하나님을 섬기듯 다윗을 섬기며 순종했다.

이방인 출신으로 다윗의 군장으로 임명된 것을 보면 다윗과 잇대의 관계는 얼마나 싶은 신뢰감이 있었는가를 알 수 있다.

환란과 고난을 당할 때에 진정한 이웃을 알 수 있다. 실리적인 관계에서 늘 저울질하는 사람들은 자신에게 손해가 된다면 언젠가 돌아선다. 그러나 진정한 이웃은 고난과 시련을 당하는 자리에서 생명을 바쳐 함께 한다.

모든 사람에게는 절대적 도움이 필요 할 때가 있다. 그 때 비록 작은 도움을 주었다 할지라도 그것을 큰 은혜로 생각하며 은인으로 기억된다. 평안하고 형통 할 때는 많은 사람이 함께한다. 그러나 환란과 시련을 당할 때에는 대부분의 사람들은 떠나간다.
다윗에게 잇대는 하나님이 주신 은혜와 복이었다.
오늘 우리에게도 잇대와 같은 진정한 이웃이 있다면 참으로 복된 사람이다.
내가 곤궁에 처할 때에 나와 함께 할 이웃은 누구일까?

여호와의 이름은 견고한 망대라
의인은 그리로 달려가서 안전함을 얻느니라
(잠언 18 : 10)

8. 시바의 손익계산서

궁중 처세술에 능숙한 시바

인류 역사에 최고의 처세술은 궁중 생활에서 나왔다. 궁중 생활이란 모함과 반역의 틈바구니 속에서 살아남기 위해서는 수단과 방법을 가리지 않는 행동을 하였다.

이스라엘의 제1대왕 사울은 길보아 전투에서 아들 요나단 아비나답 말기수아와 함께 전사함으로 왕권은 다윗에게로 넘어가게 되었다.

사울 왕의 군대 장관 아브넬이 사울의 남은 아들 이스보셋을 왕으로 세웠으나 사울 왕의 가문의 점점 쇄락하였다. 결국 사울 왕의 군대 장관 아브넬은 다윗의 군장 요압에 의하여 살해당하였다. 사울의 아들 이스보셋은 신하 레갑과 바아나에 시해당한 후 사울 왕가는 완전히 몰락했다. 이미 쇄락한 사울 왕가는 상속자도 없고 왕가의 명맥을 이어갈 사람이 없는 상황에서 사울 왕의 종 시바가 있었다.

시바는 궁중 생활에 철저하게 처세술로 단련된 자였다. 시바는 사울 왕이 40년 동안 통치하며 축적한 모든 재산을 슬며시 차지했다. 사울왕의 직계 혈통에서 유일한 상속자는 요나단의 아들 므비보셋이었다. 사울왕과 그 아들 요나단이 길보아 전투에서 전사한 비보를 듣고 유모가 므비보셋을 급하게 숨겨 도망하다 아기를 떨어뜨려서 두 다리가 부러졌다.

몰락한 사울 왕가의 후손들은 살았으나 산 목숨이 아니었다. 므비보셋은 부러진 다리를 제대로 치료를 받지 못하여 절름발이가 되었다. 다윗 왕에게 발각되지 않도록 드로발 암미엘의 아들 마길의 집에 은신하여 신분을 숨긴 채로 살았다.

이스라엘의 첫 번째 왕 사울은 40년 동안 축적된 재산이 많았다. 그 재산중에 일부는 다윗에 의하여 접수되었고 일부는 사울의 종 시바가 관리하였으나 권력 잃은 재산은 이미 시바의 개인의 것이 되었다.

사람들은 시바를 옛날에 사울의 종이라고 천하게 보았다. 그러나 시바는 아들 열다섯을 낳고 종 스물을 거느린 부자로 살았다. 권력을 상실한 사울 왕가 사람들은 재산권을 주장하지 못했다.

요나단의 은혜를 생각하는 다윗

그 후 18년의 세월이 지난 어느 날 다윗 왕은 옛날 사울 왕가의 종 시바를 예루살렘 왕궁으로 불렀다. 시바는 무슨 영문이지 몰라 두렵고 불안했다.

다윗 왕은 시바에게 사울 왕의 혈족 중에 생존자가 있는지 질문을 했다. 시바는 안도의 한숨을 쉬었다.

시바는 다윗 왕이 사울 왕가의 혈족을 찾아서 모조리 제거함으로 반란의 소지를 완전히 제거하는 것으로 생각했다. 어느 나라든지 왕조가 바꾸어지면 전 왕조의 혈족은 모조리 죽여 반란의 소지를 완전히 제거했기 때문이다.

시바는 요나단의 아들 므비보셋이 비밀리에 생존해 있음을 알려 주었다. 다윗이 므비보셋을 처형하면 사울 왕의 유산을 상속받을 자는 완전히 소멸된다. 그러면 모든 재산은 자신의 것이 된다고 확신했다.

다윗은 즉시 므비보셋을 왕궁으로 불러왔다. 23살이 된 청년 므비보셋은 두려움에 떨고 있었다. 그는 다윗 왕이 부를 때에 이미 죽음을 각오했다. 몰락한 왕족의 최후는 항상 비참하게 끝나게 됨을 누구보다 잘았다. 므비보셋은 18년간 죽은 듯이 은거 생활에 지쳐있었다.

므비보셋과 시바의 생각과 달리 다윗 왕은 지난날 자신이 환란 때에 요나단과 세운 맹세를 기억하며 므비보셋을 선대하겠다면서 세 가지를 명령했다.

첫 번째는 므비보셋은 왕자의 직위를 복권시켜서 늘 예루살렘에서 다윗과 함께 식탁에서 음식을 먹을 것이며 모든 왕자들과 함께 생활하도록 정치적인 복권을 허락했다.

두 번째는 사울 왕가의 방치된 모든 재산을 환수하여 므비보셋에게 모두 주어 왕족의 후손으로 경제적으로 넉넉하게 살도록 경제적인 복권을 허락했다.

세 번째는 시바는 므비보셋을 사울 왕을 섬기듯이 잘 섬기고 토지를 경작하여 부족함이 없도록 주인을 잘 섬기는 충성된 종이 될 것을 명령했다.

므비보셋은 상상 할 수없는 은혜를 입었지만 시바의 기대는 완전히 빗나갔다. 시바는 정말 분통터지는 일이지만 다윗 왕의 명령을 거역할 수 없었다. 그동안 무시한 므비보셋을 주인으로 섬겨야 했으며 그는 18년 전의 종의 신분으로 돌아가고 사울 왕의 모든 재산은 므비보셋에게로 넘어가게 된 것이다.

그 후 시바는 궁중에서 배운 살아남기 위해서는 언젠가 기회가 올 것이라고 믿고 14년 동안 침묵하였다. 그 사이에 므비보셋은 결혼을 하여 자녀들이 있었고 가족 또한 많아지게 되었다.

곤궁에 처한 자에게 적은 도움을 주고

다윗이 62세된 여름에 압살롬이 다윗을 반역하여 헤브론에서 왕이 됨을 선포했다. 이미 예견된 일들이지만 수많은 백성들과 다윗의 신하들도 압살롬을 지지했다.

다윗은 이미 노년으로 접어들었으며 백성들에게 식상했고 왕위계승의 순서는 당연히 압살롬이었다. 압살롬의 반역에 대한 소식을 들은 다윗은 신발조차 신지 못하고 황급히 도망을 쳐야 하는 위급한 처지였다.

시바는 다윗이 언젠가는 곤경에 처 할 때가 올 것을 기다려왔다. 그리고 자신의 목적을 이룰 절호의 찬스가 왔음을 깨달았다.

나귀 두마리에 떡 200덩이와 건포도 100송이 시원한 야자수 100개와 포도주 한 부대를 가지고 황급히 도망치는 다윗 왕을 감람산 언덕 위에서 만났다. 도망치는 다윗의 심정을 위로하며 비록 적은 음식과 음료가 도움이 되기를 원한다 했다. 도망치는 다윗에게 꼭 필요한 음식과 음료였다.

대부분의 백성들과 신하들의 인심은 압살롬에게 기울어진 상황에서 도망치는 왕에게 먹을 것과 마실 것을 공급한 사람은 므비보셋의 종 시바 밖에 없었다. 시바의 행위는 고도로 계산된 행동이었다.

배신감을 이용하여 반사적 이익을 얻은 시바

다윗은 진정으로 감사한 마음을 가지고 시바에게 왜 므비보셋은 함께 오지 않았느냐고 질문했다. 그 때 시바가 말하기를 므비보셋은 지금의 혼란한 틈을 타서 예루살렘에서 왕이 되려고 모반을 꾀하고 있다 했다. 시바는 다윗 왕이 사울 왕과의 관계에서 묻혀진 쓴 뿌리를 교묘하게 들추어 내어 므비보셋을 몰락시키는 계략이었다.

다윗은 시바의 말을 듣고는 므비보셋에 대하여 극심한 배신감을 가지게 되었다. 다윗은 은혜를 배신으로 갚는 행위에 분노하여 므비보셋에게 준 모든 재산을 시바에게 준다고 홧김에 명령하였다.

시바는 도망치는 다윗 왕의 필요를 정확히 알고 음식을 뇌물로 주어 은인이 되게 했다. 그리고 므비보셋에 대한 극한 배신감을 불러일으켜 관계를 단절시키고 그 반대급부로 므비보셋의 재산을 넘겨받게 된 것이다. 이 모든 것은 시바의 치밀한 계획 속에 진행된 것이다.

시바의 계략은 완전 적중했다. 죽은 듯이 14년 동안 참고 기다렸는데 기회가왔다. 그리고 자신의 목적대로 모든 일들이 진행되었다. 그러나 압살롬의 반역은 이스라엘 전역에 태풍을 몰고 왔지만 요압과 아비세 잇대의 활약으로 압살롬은 죽고 다윗은 예루살렘으로 환궁하게 되었다.

그 때 사울 왕가의 베냐민지파 시므이가 1,000명을 이끌고 요단강을 건너 다윗을 맞이하려 왔다. 그 때 시바도 함께 동행하였다.

시므이는 베냐민 지파로 예루살렘을 등지고 도망치는 다윗 왕을 향하여 하나님의 이름으로 저주하였다. 그러나 다윗이 다시 환궁한다는 소식을 듣고는 다윗에게 목숨을 구걸하기 위하여 왔다.

베냐민 지파의 힘을 이용하는 시바

시바는 자신이 주인 므비보셋을 모함한 거짓말이 곧 탈로 날 것을 생각하여 다윗 왕의 환심을 사기 위하여 계획적으로 시므이와 함께 온 것이다.

베냐민 지파 1,000명을 대동하여 다윗 왕에게 용서를 구하러 온 것은 사울 왕가의 건재함을 보여주는 무력 시위 행동이었다.

군사 전력가인 다윗 왕이 시므이와 시바의 행동의 의미를 모를 리가 없다. 압살롬의 반역으로 어수선한 국정을 사울 왕가의 남은 자들 처리 문제로 혼란에 빠지게 할 수 는 없었다.

번복 할 수 없는 왕의 말을 이용하였다

다윗이 예루살렘으로 환궁한 후에 므비보셋이 다윗 왕 앞에 나왔다. 텁수룩한 수염과 남루한 옷차림으로 왕께 절을 했다.

다윗은 므비보셋에게 말하기를 왜 함께 도망치지 않았느냐고 서운함을 물었다. 므비보셋은 자신은 절름발이라 종 시바에게 왕에게 줄 음식과 포도주를 준비하고 함께 따라 나서려 했으나 시바가 자신을 나귀에 태우지 않고 음식만 왕에게 전달하면서 자신을 모함했다 했다.

그 후로 왕이 예루살렘으로 돌아오기까지 수염을 깍지 않고 옷을 갈아입지 않고 왕이 환궁하기를 기다렸다고 했다.

다윗은 므비보셋의 말이 사실인 것을 인정하지만 이미 시바에게 모든 재산을 준다는 말을 했기 때문에 번복 할 수 없어 시바와 토지를 나누라고 명령했다.

그러나 므비보셋은 왕이 평안히 환궁하였으니 재산은 시바에게 다 주라고 했다. 그것은 은혜를 입은 므비보셋의 진심이었다. 그리하여 시바는 므비보셋과 재산을 나누어 가지게되었다.

시바는 간교한 사람이다. 목적을 위해서는 수단과 방법을 가리지 않는다. 적정한 때 뇌물을 사용 할 줄 알고 거짓말로 왕의 권위를 역이용하여 자신의 목적을 달성하는 자이다.

오늘도 시바와 같은 이들이 엄연히 존재하고 있음을 깨달아한다.

충성된 사자는 그를 보낸 이에게 마치 추수하는 날에 얼음 냉수 같아서
능히 그 주인의 마음을 시원케 하느니라
(잠언 25 : 13)

9. 무너져 내린 다윗의 권력

시므이의 저주를 받아들인 다윗

압살롬의 반역으로 다윗은 왕궁을 버리고 도망 칠 때 초라한 모습으로 요단강을 건너게 되었다. 그 때 다윗은 자신의 행위에 대한 하나님의 심판으로 받아들이며 겸손하게 하나님만 전적으로 의지했다.

맨발로 도망치는 다윗에게 베냐민 지파 시므이가 따라 가면서 돌을 던지며 저주했다. 아비새가 시므이 목을 베려하자 다윗은 하나님이 시므이를 통하여 저주하라 하심으로 하는 것이 아니냐. 여호와께서 명한 것이니 시므이로 저주하게 버려 두라고했다.

야속한 이스라엘 민심은 압살롬을 지지했다. 압살롬의 절대적인 정치적 기반은 유다지파 사람들이다. 나이 많은 다윗을 폐위하고 압살롬을 새로운 왕으로 세운 것이다.

압살롬은 헤브론에서 정식으로 기름 부음을 받아 왕이 되었다. 다윗왕의 아들로 왕권을 계승한 것이다. 그러므로 다윗은 절차상으로는 폐위 되었다. 도망치는 다윗에게 시므이가 돌을 던지며 저주한 이유가 바로 여기에 있다.

세상만사는 뜻대로 되지 않는다. 압살롬의 반역은 수포로 돌아가고 압살롬은 죽었다. 이스라엘의 왕권이 공백상태가 된 것이다. 다윗은 압살롬의 반역이 실패로 끝났지만 황급히 예루살렘 성으로 환궁할 수 없었다.

유다 지파에게 버림을 받고

다윗이 예루살렘 성으로 환궁 할 수 있는 방법은 이스라엘 열두 지파의 전체 신임과 인정을 받아야만 했다.

압살롬의 거사에 가담한 사람들은 압살롬이 죽으므로 황당하게 되었다. 그들이 할 수 있는 방법은 두 가지였다. 압살롬의 거사를 반역으로 인정하고 다윗을 다시 왕으로 인정하는 것이나 아니면 새로운 왕을 선정하는 것이다.

유다 지파를 중심하여 압살롬의 기름 부음에 동참한 사람들의 결속력은 약화되었다. 그렇다고 새로운 왕을 옹립하는 것도 사실상은 불가능했다. 마지막으로 그들이 선택할 수 있는 방법은 압살롬의 거사를 반역으로 인정하고 다윗을 왕으로 인정하여 예루살렘 성으로 환궁시키는 것이다. 그리하여 다윗의 환궁에 대한 구체적인 계획들이 진행되기 시작했다. 그러나 다윗의 환궁에 대한 유다 지파의 생각은 냉소적이었다. 압살롬의 거사 핵심은 유다지파다.

다시 다윗을 왕으로 인정하고 환궁시킨다는 것은 압살롬을 왕으로 기름부음은 곧 반역을 자인하는 것이다. 다윗이 문책을 한다면 반역죄를 면할 수 없다. 그러므로 유다 지파는 다윗으로부터 압살롬의 거사에 대한 분명한 면죄부를 받아야 했다.

유다 지파의 신임을 위하여 불의한 타협

다윗은 제사장 사독과 아비아달을 유다 지파에 보내어 압살롬의 거사에 가담한 것에 대하여 더 이상 문책하지 않을 것을 통보했다.

그리고 다윗은 압살롬의 반역에 핵심적인 인물인 군장 아마사를 다윗의 새로운 군장으로 기용했다.

다윗에게는 열한 지파의 지지를 받는 것보다 자신이 소속된 유다지 파의 지지 없이는 완전한 통치자가 될 수 없음을 인식했다. 그리하여 다윗의 환궁은 유다지파 단독으로 신속하게 진행되었다.

이것은 다윗의 중대한 실수였다. 열두 지파의 완전한 지지와 의견이 합하여 진행되어야 할 국가적인 일이었다.

다윗의 환궁에 소외당한 열한 지파는 다윗과 유다 지파에 대하여 심한 분노를 품게 되었다. 이스라엘의 민심과 지파간의 결속력은 완전히 무너져 버린 것이다.

다윗은 열 한 지파에게 버림을 받았다

베냐민 지파 세바도 다윗을 환궁시키는데 앞장서려 했다. 그러나 유다 지파의 독단적인 행동으로 인하여 다윗을 왕으로 인정 할 수 없었다.

세바가 소외된 열 지파를 향하여 다윗을 왕으로 인정 할 수 없으니 모두 집으로 돌아가자고 외쳤다. 다윗은 유다 지파의 왕이지 이스라엘의 왕이 아니라는 것이다. 세바의 주장에 모두 동감하였다.

열 한 지파의 지지를 받은 세바의 반란

그리고 세바는 양각 나팔을 불면서 자신이 이스라엘의 통치자가 될 것이며 다윗을 대적하여 싸우겠다는 뜻을 모든 이스라엘 백성들에게 전달하였다.

세바의 주장은 이스라엘 백성들에게 절대적인 지지를 받았다. 그 이유는 다윗은 폐위된 왕이요 이스라엘의 열 지파는 다윗의 복권에 동의해준 사실이 없다는 것이다. 그리고 압살롬이 기름부음을 받고 죽었으므로 새로운 왕을 선택하야 하는데 사울 왕의 혈통을 이어받은 베냐민 지파에서 세바가 왕이 된다는 것에 대하여 모두 찬성한 것이다.

압살롬의 반역과 세바의 반역은 전혀 다른 의미로 백성들에게 인식
되었다.

압살롬의 반역은 유다 지파 내에서 다윗의 아들이 반역한 가족적인
문제로 생각 할 수 있다. 그러나 세바의 반역은 이스라엘 전체의 갈등
으로 발전하여 유다 지파 대 열한 지파의 분열로 진행 된 것이다. 그
러므로 다윗은 세바의 반란을 더욱 두려워했다.

충신 요압 장군을 버릴 수 밖에 없는 다윗의 처지

다윗은 오십년 가까이 함께 한 요압의 군장 직위를 해제했다. 그리고
압살롬의 반역에 주도적인 인물인 아마사를 새로운 군장으로 임명했
다. 그 이유는 압살롬을 지지한 자들의 정치적 지지를 받기 위한 것이
었다.

아마사는 군장이 되었으나 자신의 직속 군사는 압살롬 반역에 동참
하여 패전한 오합지졸들이었다.

요압은 군장에서 직위 해제 되었으나 여전이 다윗의 정예군을 통솔
하는 군부의 실세였다. 극도로 혼란한 상황에서 군대 장관이 된 아마
사가 세바의 반란을 제압하기 위하여 전국에 예비 군사를 소집하였으
나 사흘이 되어도 소집이 되지 않았다.

유다 지파를 제외한 열한 지파는 세바의 반란에 동조했다. 다윗이
아마사를 군대 장관으로 세웠지만 백성들은 아마사를 기회주의자로
바라보며 군사가 되어 생명을 바칠 생각이 없었다.

아마사는 다윗의 충성된 신하였다. 그러나 압살롬의 반역에 가담하
여 압살롬의 군대 장관이 되었다. 다윗과 적대적 관계로 전쟁을 치루
었으나 압살롬은 죽고 패배했다.

다윗은 압살롬의 반역에 가담한 자들을 끌어 안아 자신의 편으로 만
들기 위해서 아마사를 군대 장관으로 세웠다.

기울어진 다윗의 생각

다윗은 공적인 사람이다. 공적인 사람이 사사로운 인정과 혈육에 이끌려 결정하고 행동하는 것은 결국 공적인 범죄 행위이다.

다윗은 이스라엘의 왕이지만 공평하지 못하였다. 그는 자신의 혈족인 유다 지파만 생각하였다. 세바의 반란은 다윗의 편협된 지파주의에서 발생한 것이다. 그러므로 세바의 반란 원인은 다윗에게 있다.

다윗은 이스라엘 열 두 지파에 대하여 공평하지 못하였다. 유다 지파의 우월의식으로 다른 지파들을 소외시킨 것은 잘못된 행동이었다. 결국 다윗 스스로 이스라엘의 왕이 아니라 유다 지파의 왕이 된 것이다.

압살롬의 반역으로 도망칠 때의 다윗은 겸손하고 하나님만 의지하는 사람이었다. 그러나 압살롬의 반역을 제압하고 예루살렘으로 환궁할 때의 다윗은 하나님을 의지하지 않고 사람을 의지하며 인간적인 수단을 동원하였다.

잘못된 한 번의 선택과 결정은 많은 사람들에게 고통과 괴로움을 준다. 그러나 전체를 생각하고 수용할 수 있는 열려진 마음은 많은 문제를 예방 할 수 있다.

주께서 심지가 견고한 자를 평강에 평강으로 지키시리니
이는 그가 주를 의뢰함이니이다
(이사야 26 : 3)

10. 과잉 충성에 숨겨진 야망

베냐민 지파로 돌아간 민심

압살롬의 반역은 다윗을 당황하게 했다. 압살롬은 군대 장관으로 아마사를 세웠다.(사무엘하 17 : 25) 그러나 전쟁은 압살롬의 패배로 끝이 났다. 이러한 정치적인 공백기에 세바의 반란이 일어났다. 세바는 사울 왕의 친척으로 다윗 왕가에 대하여 항상 불만을 가지고 있었다.(사무엘하 20 : 1-2)

다윗에게 있어 압살롬의 반역보다 세바의 반역은 더욱 두려운 것이었다. 다윗은 유다 지파로 절대적인 지지를 받았다. 그러나 이스라엘의 열 두 지파 중 유다 지파를 제외한 열 한 지파는 옛 사울왕 친척인 세바의 반역을 지지하고 나선 것이다.

다윗에게 있어서는 정치적으로 가장 어려운 상황이었다. 압살롬의 반역에 대한 다윗의 자세는 자신이 행한 죄악의 씨앗을 거두는 것으로 생각을 했다. 밧세바를 취하고 우리아를 죽인 간음죄와 살인으로 인한 하나님의 형벌로 생각했다. 그래서 압살롬을 죽이지 말라고 부탁했다.

무너진 다윗의 군 통수권

다윗의 군대 장관 요압은 다윗의 명령을 거역하고 압살롬을 죽이는 자에게 은 열개와 띠 하나를 현상금으로 걸었다.(삼하18:11) 요압은 상수리나무에 달려있는 압살롬의 심장을 창으로 찔러 죽였다. 압살롬의 반역은 실패로 끝나고 다윗은 왕궁으로 복귀했으나 이미 이스라엘의 민심은 다윗 왕을 떠나 압살롬의 편으로 돌아갔다. 그리고 사울 왕의 혈족인 세바에게로 기울었다.

다윗은 반역한 압살롬을 죽이지 말라고 했으나 요압은 왕의 명령을 거역하고 압살롬을 죽였다.

다윗은 요압 장군에게 위협을 느끼면서 요압을 군대 장관에서 해임시켰다. 그리고 압살롬의 군장이었던 아마사를 정치적 계산으로 군대 장관에 임명했다.

다윗이 아마사를 군대 장관으로 임명한 것은 그를 신뢰하기보다는 유다 지파의 통합을 위해서였다. 이미 유다 지파는 다윗을 지지하는 사람과 압살롬을 지지하는 사람으로 분열되었다. 그러므로 다윗은 아마사를 군대 장관으로 등용시킴으로 압살롬 편에 선 유다 사람들로 세바의 반역에 대항하려했다.

리더쉽을 상실한 아마사

다윗 왕은 새롭게 임명된 아마사 군대 장관에게 세바의 반란을 3일 안에 진압하라는 명령을 내렸다. 아마사는 유다 지파 사람들을 통합하여 군사를 일으켜서 이스라엘의 열 한 지파의 지지를 받고있는 세바의 반란을 제압해야 했다. 유다 지파를 삼일만에 통합하여 세바를 반격하는 일은 그리 쉽지 않았다. 다윗이 명령한 삼일이 지나도 세바는 자신에게 주어진 다윗왕의 명령을 실천하지 못했다.

다윗은 아마사가 반역한 것으로 생각하여 요압 장군의 동생 아비새를 군대장관으로 임명하여 아마사와 세바의 반란을 제압하라는 명령을 내렸다.

왕의 명령을 거역하는 요압

요압 장군과 아마사는 사촌이었다. 요압은 자신이 압살롬의 반역을 성공적으로 제압했음에도 불구하고 다윗이 자신을 군대 장관에 해임시키고 아마사를 새로운 군대 장관으로 임명한 것에 대하여 불만을 가졌다. 그리하여 요압은 아마사에 대하여 심한 질투심과 원한을 가지게 되었다. 요압의 동생 아비새가 군대 장관이 되어 세바의 반란을 진압하려 군대가 출정할 때 요압도 함께 나갔다. 그리고 길에서 아마사를 만났다. 요압은 아마사를 만나 인사를 하는 체하면서 칼로 찔러 죽였다. 그리고 자신의 행위가 다윗의 명령으로 아마사를 죽인 것처럼 행동을 했다.(사무엘하 20 : 11-13)

요압의 행위는 절대적인 군사력을 가지고 다윗에게 위협적인 존재가 되었다. 세바의 반란은 아벨 성에 사는 한 여인의 지혜로 막을 내렸다. 그리고 요압은 다시 군대 장관에 복귀하였다. (사무엘하 20 : 23)

다윗은 항상 요압에 대한 두려움이 있었다. 요압은 다윗에 충성된 신하였으나 요압은 다윗의 명령을 거역할 때가 많았다. 요압, 아마사, 아비새는 모두 다윗의 조카였다. 그러나 요압은 한 혈육이라 할지라도 자신에게 적이 될 때는 주저하지 않고 제거했다. 그러나 다윗은 요압과 달랐다. 사울을 죽일 수 있는 많은 기회가 있었으나 죽이지 않고 살려두었다. 그리고 하나님의 뜻안에서 모든 것이 정리되기를 원했다. 이것이 요압과 다윗의 차이점이다.

다윗의 모든 권력은 요압에게 있었다

요압은 자기 교만에 빠진 사람이다. 요압은 자신의 배경과 힘의 능력을 믿고 사는 사람이다. 때로는 절대군주의 명령이라 할지라도 자신의 유익을 위하여 거역하고 책임을 왕에게 전가시키는 모략가였다.

요압은 자신의 행동이 절대로 다윗을 반역하는 일이라 생각지 않았을 것이다. 압살롬은 형 암논을 죽였고 아버지를 반역했으니 그러한 인간을 살려둔다면 또 다시 반역할 것이기에 죽인 것이다.

아마사는 비록 사촌의 혈육지간이라 할지라도 다윗 왕을 배반하고 압살롬의 편에 섰으니 명백한 반역의 우두머리기 때문에 죽인 것이다. 그러나 이것은 양면성을 가진 요압의 과잉된 충성이었다.

과잉충성인가 개인적 야망인가

현대사에 이르기까지 과잉 충성에서 빚어진 불행한 일들이 얼마나 많았는가를 생각해야 한다.

베드로는 예수님이 십자가 지는 것을 막았다. 베드로는 충성된 마음에서 말했으나 예수님은 칭찬하지 않고 '사단아 내 뒤로 물러가라'고 했다.

오늘도 우리는 하나님을 섬기면서 요압 장군과 같이 종횡무진 하면서 충성과 헌신을 맹세하고 노력하는지도 모른다. 왕을 위한 충성이라는 명분 아래서 실상은 요압은 다윗왕 다음의 절대 권력의 군대 장관의 직위를 누리고자하는 이중적인 목적을 가지고 있었기 때문이다.

하나님을 위한 충성이요 교회의 부흥과 성장을 위한다고 말하지만 실상은 자기 만족과 성취를 위하여 하나님과 교회를 이용하는 사람들이 얼마나 많은지 모른다.

자기 만족과 성공을 위하여 형제를 죽이는 요압과 하나님의 뜻을 생각하면서 기름 부은 하나님의 종을 내가 어찌 죽일 수 있느냐며 사울 왕 죽이기를 거부했던 다윗과 아무런 죄가 없이 이 땅에 와서 죄인을 위하여 십자가를 지신 예수님과 어떠한 차이점이 있을까?

그 주인이 이르되 잘 하였도다 착하고 충성된 종아
네가 작은 일에 충성하였으매 내가 많은 것으로 네게 맡기리니
네 주인의 즐거움에 참예할지어다 하고
(마태복음 25 : 23)

11. 가장 지루했던 다윗의 어느 날

정력은 곧 통치력이었다

고대 왕들의 정치 능력은 그들의 육체적인 능력과 깊은 함수 관계를 가졌다. 정력이 왕성하여 아기를 낳을때까지는 왕으로 정치를 했다. 그러나 정력이 약하여지고 아기를 낳을수 없으면 곧 권자에서 물러났다. 다윗은 노년에 늙어서는 이불을 덮어도 따뜻하지 않았다. 젊을 때의 다윗의 정력이 넘치던 육체가 아니였다.

아비삭을 통한 다윗의 통치력 테스트

다윗의 신복들은 이스라엘에서 가장 아름다운 젊은 처녀 아비삭을 다윗을 수종들게 했다.(열왕기상 1 : 1-4)

다윗의 신복들은 두가지의 목적이 있었다.
첫번째는 70세가 된 다윗의 쇠약해진 건강을 증진시기 위한 것이다.
두번째는 다윗이 왕으로써 통치 능력이 있는가를 알기 위함이었다.
즉 다윗이 아비삭과 동침하여 자식을 낳거나 왕성한 정력을 가지고 있다면 후계자를 물색하지 않아도 되지만 왕의 기력이 약하여 아비삭과 동침하지 않으면 차기 왕을 준비해야 했다.

　다윗은 아비삭과 동침하지 않았다.
　다윗이 아비삭과 동침하지 않은 것은 지난날 밧세바의 사건으로 인하여 하나님께 회개하였기 때문이라고들 한다. 그러나 다윗은 왕이며 그 당시에는 일부다처로 생활을 했다. 아비삭은 신복들이 합법적으로 선정하여 다윗을 위하여 보내어 준 여인이다. 그러므로 다윗이 아비삭과 동침하지 않은 것은 체력의 문제였다.

　다윗이 골리앗을 물리칠 때가 약 17세 때쯤된다. 그 후 사울 왕의 미움을 받아 도망자가 되어 약 13년의 생활을 했다. 다윗은 30세에 왕이 되어 40년을 이스라엘의 왕으로 통치했다.
　다윗은 왕이 된 후에 주변국가들과 전쟁을 통하여 잃어버렸던 이스라엘의 영토를 회복하고 확장했다. 이과정에서 다윗은 체력을 소모하여 노년에는 허약하게 되었다. 아비삭과 동침하지 않은 것은 다윗의 체력이 한계를 느끼고 있음을 말한다.

아도니야의 야망
　다윗의 넷째아들 아도니야는 미남이며 효자였다.(열왕기상 1 : 17) 지금까지 다윗은 아도니야를 책망한 적이 없고 아도니야는 아버지를 섭섭하게 한일이 없는 효자였다.
　아도니야는 자신이 다윗의 후계자가 되리라고 생각했다. 아도니야가 그렇게 생각한 정황은 여러 가지다. 다윗의 아들중에 아도니야는 넷째 아들이다.
　다윗의 장자 암논은 셋째 아들 압살롬에 의해 살해당했다.
　둘째 아들 길르압은 어떠한 연고인지는 모르나 일찍죽었다.(사무엘하 3 : 1-5)
　셋째 아들 압살롬은 아버지를 반역하다 요압 장군에 의해 죽었다. 그러므로 다윗 왕가의 서열로 보면 이제 아도니야가 왕권을 이을 차례가 되었다.

그리고 왕권을 계승할 시점이 된 것은 다윗이 새로운 여인 아비삭과 동침할 수 있는 능력이 없으므로 고대의 관례에 따라서 왕의 통치 능력이 끝났음을 인정하기 때문이다.

이러한 정황에서 아도니야는 자신이 왕이 되겠다는 생각을 했다. 아도니야의 생각을 지지하는 많은 다윗의 신하들이 있었다.

아도니야를 지지하지 않아도 다윗이 정치 일선에서 물러나야 된다는 생각은 모두했다. 그 이유는 이미 다윗은 통치할 능력이 상실됨을 모든 신하들이 인정했다. 문제는 다윗의 아들 중에 누가 왕이 되는가의 문제였을 뿐이다.

아도니야를 왕으로 추대하는 다윗의 충신들

아도니야를 왕으로 세우기 위하여 다윗의 일평생 동지며 가장 유능한 요압 장군이 아도니야를 지지하게 되었다.

다윗과 요압장군은 일생을 함께 했다. 오직 요압은 다윗을 위하여 충성했고 일생을 바쳤다.

그리고 제사장 아비아달도 아도니야를 지지했다. 아비아달은 압살롬의 반역 때 생명을 걸고 다윗을 위하여 일했던 제사장이다.

아도니야는 현직 국방부장관인 요압 장군의 지지와 제사장인 아비아달의 지지를 받음으로 아도니야의 왕권계승은 확실하게 된 것이다.

아도니야가 다윗 왕의 군대 장관 요압의 지지를 받은 것은 이스라엘 군부의 지지를 받은 것이다.

제사장 아비아달이 동참한 것은 즉 종교적인 지지를 받은 것이다.

솔로몬은 왕으로 추대하는 나단 선지자

한편에서는 솔로몬을 왕으로 추대하고자 하는 무리들이 있었다. 그들은 나단 선지자와 솔로몬의 어머니 밧세바와 다윗의 충성된 신복들이었다.(열왕기상 1 : 8-14)

나단과 밧세바는 늙은 다윗의 침실로 들어가 다윗이 젊었을 때 솔로몬을 후계자로 맹세한 그 맹세를 상기시키면서 아도니야가 모의를 한 과정을 설명하였다.

다윗은 자신이 젊었을 때 솔로몬을 후계자로 세울 것을 약속하였던 것도 기억하지만 또다시 아도니야가 압살롬과 같은 반역을 일으키면 어떻게 하는가에 대한 두려움과 평생 동지며 오른팔격인 요압 장군이 자신을 배신하고 아도니야의 편에 선것에 대한 두려움을 느꼈다.

다윗은 솔로몬을 후계자로 세웠다.

솔로몬은 기브온에서 약관 20세에 이스라엘의 제3대왕이 되었다. 다윗, 아도니야 솔로몬에게는 피를 말리는 하루였다.

솔로몬을 왕으로 지명한 다윗

에느로겔 근방 소헬랏 돌 곁에서 아도니야는 자신을 왕으로 추대한 사람들과 잔치를 베풀면서 즐거워했다. 그러나 다윗이 솔로몬을 왕으로 세웠다는 소식을 들었다. 흥겹고 풍성하던 잔치는 초상집이 되었다. 아도니야를 지지하던 사람들은 혼비백산하여 도망을 쳤다. 아도니야도 살기 위하여 성전의 제단뿔을 잡았다. 솔로몬은 왕권을 계승한 그날 아도니야를 죽일수도 있었으나 즐거운날 피를 흘리지 않겠다며 살려두었다.

하나님의 뜻을 구하지 않는 자들의 결말

하나님이 함께하지 않는 인간의 계획은 헛된 것이다. 약속이 없는 인간의 노력도 헛된 것이다.

아도니야는 좀 더 인내했다면 좋았을 것이다. 요압장군은 한평생 섬긴 군주를 마지막에 가서 배신했다.

제사장 아비아달은 어려울 때 다윗을 위하여 생명을 걸었는데 평화로울 때에 다윗을 배신했다. 아도니야, 요압장군과 아비아달 제사장은 경솔한 행동을 했다. 그 이유는 하나님과 다윗왕의 권위를 무시하는데 있었다.

아도니야, 요압. 아비아달과 그 모든 사람들이 다윗의 체력이 쇠하여 아비삭과 동침할 수 있는 능력이 상실되었으니 다윗은 왕권을 계승시킬 수 있는 능력까지 상실된 것으로 생각했다.

참된 충성은 끝까지 하는 것이다. 나의 주관적인 판단과 생각은 불행의 씨앗이 될 수 있다. 육체적인 쇠약함을 통치권의 약화로 생각한 것이 문제였다.

다윗은 일생동안 권위에 도전한 일이 없었다. 모든 사람은 권위를 인정할 때는 복종한다. 그러나 권위를 무시할 때는 반항한다.

오늘 우리는 어떠한 권위에 도전하는 자가 되기보다는 작은 권위라도 인정하고 순종하는 것이 참된 삶의 지혜이다. 권위는 하나님이 주신 것이기 때문이다.

우리 시대는 권위가 흔들린다. 권위를 가진 자가 자기의 권위를 지키지도 않고 권위를 인정할 자가 권위를 인정하지도 않는다. 하나님은 권위에 도전하는 자들을 용서하지 않았다.

악인의 권세가 의인의 업에 미치지 못하리니
이는 의인으로 죄악에 손을 대지 않게 함이로다
(시편 125 : 3)

114

12. 솔로몬을 위하여 요압을 죽이라

다윗을 위하여 일생을 바친 사람

요압 장군은 다윗의 가장 충성된 신하로 일생을 함께 했다. 그는 전쟁에 능한 사람이요 리더십이 대단한 사람이었다. 개인적인 관계는 다윗의 조카였다. 요압의 동생 아비새 아사헬도 다윗의 충성된 신하였다. 요압은 다윗을 위해서 일생을 바쳤다. 심지어 다윗이 밧세바의 남편 우리아를 전쟁에서 죽도록 하라는 편지를 보내자 우리아를 전쟁에 나가 죽게 했다. 다윗의 심복 중에 심복이었으나 다윗이 가장 두려워하는 사람이었다.

마지막 한 번의 잘못된 선택

요압은 개인적인 감정으로 사울의 군대 장관 아브넬을 살해했다. 이것은 다윗의 초기 왕권에 상당한 부담을 주었다.

압살롬을 죽이지 말라는 다윗왕의 명령을 거역하고 압살롬을 단창으로 찔러 죽였다. 압살롬의 죽음을 슬퍼하는 다윗을 위협하기도 했다. 압살롬의 반역이 평정된 후 다윗은 요압 장군을 군대 장관에서 해임하고 아마사를 임명했다. 세바의 반란이 일어나자 아마사는 군 통솔력이 부족하여 다윗 왕의 명령대로 임무를 수행하지 못하고 지체하자 요압은 아마사를 살해하고 군대를 일끌고가서 세바의 반란을 제압했다.

요압의 결정적인 실수는 다윗 왕의 말기에 아도니야를 왕으로 추대한 것이다. 다윗의 평생 심복이요 충성된 신하였으나 마지막에 다윗의 뜻을 따르지 않고 왕을 배신했다. 아도니야를 왕으로 추대했으나 다윗은 솔로몬을 왕으로 추대했다. 요압은 아도니야를 떠났다.(열왕기상 1 : 38-49)

한 번 배신한 자는 또 배신을 한다

다윗은 임종하면서 자신을 대적했던 사람들을 모두 처형하라고 유언했다. 그 이유는 다윗을 대적했던 사람들이 정치적으로 연약한 솔로몬을 대적할 수 있기 때문이다. 다윗은 솔로몬에게 정치적 부담을 줄 수 있는 요압 장군을 죽이도록 했다.

솔로몬은 20세에 왕이 되었다. 그러나 왕가에서 일어난 정치적 역학 관계를 누구보다 잘 알고 있었다.

솔로몬은 요압을 처형하라고 명령했다. 요압은 죽지 않으려고 여호와의 장막에 제단 뿔을 잡고서 살기를 원했으나 브나야의 칼에 죽었다. 다윗이 요압을 버린것이 아니라 요압이 다윗을 버렸기 때문이다. 신하로서 마지막까지 일편단심으로 군주에게 충성한다는 것은 참으로 어려운 일이다.

왜, 다윗은 그렇게 충성된 신하 요압 장군을 죽이라고 유언을 했을까?

요압 장군이 없었다면 다윗의 생애는 어떻게 되었을까?

솔로몬은 요압을 용서할 수 없었을까?

다윗의 신하로서 요압은 네 가지의 잘못 때문에 일평생 섬겨온 사람들로부터 버림을 받았다.

첫째는 아브넬을 죽인 것, 둘째는 아마사를 죽인 것, 셋째는 압살롬을 죽인 것, 넷째는 아도니야를 왕으로 세운 것이다.

예수님은 모두를 용서하였다

예수님은 갈릴리 어부와 당시의 평민들을 중심으로 12명의 제자들을 선택했다. 3년동안 함께 동고동락하며 그들을 가르치고 먹이고 훈련을 시켰다. 그러나 예수님이 의도하는 만큼 그들은 변화되지 못했다. 최후의 만찬에서도 제자들은 예수님의 마음을 이해하지 못했다. 겟세마네 동산에서 피땀을 흘리며 기도할 때도 제자들은 예수님을 이해하지 못했다.

유다는 예수님을 팔았고 열 한 제자들은 예수님을 버리고 도망을 쳤다. 베드로는 예수님을 저주하며 부인했다. 부활하신 예수님은 먼저 갈릴리로 가셨다. 그리고 다시 제자들을 불러다 내 양을 먹이고 치라고 하셨다.

예수님은 제자들의 그 모든 것을 용서하셨다. 지난날의 허물을 말하지 않았다. 앞으로 어떻게 살아야 될까에 대하여만 말했다.

다윗에게 열 두 제자와 같은 신하가 있었다면 그들은 용서받을 수 없을 것이다. 요압이 예수님의 제자였다면 그는 용서받았을 것이다. 더욱 좋은 장군이 되라고 새로운 기회를 주셨을 것이다.

노하기를 더디하는 것이 사람의 슬기요
허물을 용서하는 것이 자기의 영광이니라
(잠언 19 : 11)

상수리 나무와 종탑

1. 상수리 나무와 종탑

황금종탑

오랜 역사를 가진 아름다운 교회가 있었다. 그 교회의 자랑거리 중에 하나는 석축으로 쌓아 올린 높은 축대 위에 세워진 황금 종탑이다. 새벽에 울리는 종소리는 수십 키로 밖에까지 은은히 들리는 맑은 종이었다.

사람들은 종소리에 일어나 일터로 나가고 종소리를 듣고 집으로 들어갔다.

까마귀와 상수리 한 톨

어느 해 가을, 까마귀 한 마리가 산에서 상수리 한 톨을 물고 날아가다 교회 종탑 위에 앉았다. 건너편 나뭇가지에 앉은 까마귀 한 마리가 까악 까악 울었다. 종탑위에 까마귀도 동료의 울음에 응답하며 까악 까악 울었다. 그 사이 입에 물고 있던 상수리를 놓치고 말았다.

떨어진 상수리 한 톨은 종탑 담장 틈으로 굴러 들어갔다. 담장 틈은 햇살도 들어오지 않는 깜깜한 곳이었다. 담장은 자신의 틈 사이로 들어온 상수리 한 톨에 대하여 대수롭지 않게 생각했다. 그해 가을은 그렇게 지나갔다.

봄이 되었다. 햇살도 들어가지 않는 어두운 담장 틈에서 상수리는 여린 싹을 내었다. 실낱같은 연약한 뿌리를 조금 내리고는 힘겨워 가을을 맞이했다.

또 봄이 되면 상수리나무는 조금씩 조금씩 자랐다. 그러나 상수리나무의 존재를 인식하는 사람은 없었다. 모두 아름다운 종소리에 관심을 두고 정확한 종치기의 부지런함을 칭찬했다.

수년이 지난 후, 상수리 한 그루가 종탑 석축 담장 틈을 꽉 매우고 종탑 높이까지 자라 있었다. 봄부터 사람들은 넓은 상수리 그늘 아래 쉬면서 아름다운 종을 주시고 상수리 나무 그늘을 주신 하나님께 감사를 드렸다.

봄부터 새들이 집을 짓고 우짖는 소리도 듣게 되었으며 가을이면 단풍든 상수리나무와 종탑이 어우러져 아름다운 풍경이 되었다. 그러나 해를 거듭 할 수록 상수리 나무는 자라가고 종탑의 석축은 보이지 않게 세미한 균열이 소리없이 진행되었다.

담장에 돌들이 하나 둘 소리없이 떨어졌다. 그러나 어떠한 사람도 상수리나무의 위험성을 생각하지 않았다. 종탑 석축담장 사이로 자란 상수리나무를 신기하게 생각 할 뿐이었다.

"어떻게 이곳에 나무가 자랄 수 있을까?"

"누가 이곳에 나무를 심었을까?"

"이곳에 나무가 성장하기는 불가능한데."

"이처럼 큰 나무로 성장한 것은 기적이야."

바람에 춤추는 상수리 나무

어느 해 여름, 지루한 장마가 시작되었다. 아침부터 세찬 비바람이 몰아쳐 왔다. 비바람은 상수리 나무의 무성한 가지를 사정없이 흔들어 둥지까지 휘청거렸다. 따라서 종탑의 석축 담장들도 무겁게 흔들렸다.

온종일 계속되는 비바람에 상수리나무는 휘청 휘청 흔들리고 그 때마다 석축 담장은 조금씩 조금씩 무너지기 시작했다. 담장의 돌들은 자신의 자리를 지키지 못하고 떨어졌다. 결국은 둔탁한 소리를 내며 종탑마저 무너졌다. 그리고 아름다운 황금종은 조각이 났다.

사람들이 모여 들었다. 처참하게 무너진 종탑과 담장을 바라보았다. 그리고 상수리 나무를 보았다. 저마다 말했다.

"나 이럴 줄 알았다니까."

"담장 사이에 나무가 자라면 돌담이 무너지지."

"좀 더 일찍 나무를 잘라 주었으면 오늘 같은 일은 일어나지 않았을 텐데 말이야?"

"상수리 나무를 자를 도끼와 톱이 있는데 왜 그냥 두었을까?"

"도대체 종지기는 지금까지 무얼 했단 말인가?"

"이제는 누가 책임져야 하는 것 아니야?"

교회를 사랑하던 많은 사람들의 마음에 지울 수 없는 상처가 남았다. 원망과 분노가 파도같이 다가왔다가 밀려 가면서 사람들의 마음에는 깊은 상처가 생겼다.

날아가는 까마귀들

가을이 되었다. 교회의 아름다움은 이미 사라졌다. 깨끗하고 맑은 교회 종소리는 다시 들을 수 없었다. 성실한 종지기는 눈물을 흘리며 어디론가 떠났다. 무너진 종탑 아래 모여들던 사람들도 다 떠나 버렸다.

교회는 더 이상 아름다움을 자랑할 것이 없었다. 오히려 무너진 종탑은 교회의 흉물이 되었다. 어떠한 사람도 무너진 종탑을 다시 세우자고 말하지 않았다. 그러나 상수리는 그 자리에서 새로운 봄을 기다리고 있었다.

가을 까마귀들이 상수리 나무 가지에 앉아서 까악 까악 소리치고 있었다. 까마귀들은 각각 떨어진 상수리 한 톨을 물고는 어디론가 휘휘 날아가고 있었다.

상수리 한 톨이 종탑 담장사이로 굴러들어 가던 그 날부터 종탑은 무너지기 시작했다.

어느 여름 비바람이 불 때 상수리 나무는 춤을 추며 둥지를 흔들기 시작했다.

결국 종탑이 무너졌다.

결과만 보지 말라

하루 아침에 성공하는 사람도 없다. 하루 아침에 실패하는 사람도 없다. 오랜 시간을 두고 모든 일은 진행된다. 그러나 진행되는 시간을 생각하는 사람은 없다. 마지막 결과에만 관심이 있을 뿐이다.

세미한 변화에 감각의 날을 세우는 것은 과민 반응이 아니다. 생존의 본능이다. 작은 변화에 적응하고 작은 불의함에 대항하지 않으면 진리와 정의는 무너진다. 무너져 내려 입은 상처보다 지키기 위한 고통의 댓가를 치루는 것이 지혜롭다.

가장 무서운 것은 무관심과 무감각이다. 무관심과 무감각을 자유라 생각하지만 실상은 그것 만큼 큰 범죄는 없다.

상수리 한 톨이 돌담을 무너뜨릴 수는 없다. 그러나 상수리 한 톨이 상수리 나무가 되고 언젠가 바람이 불어 준다면 그 때는 마음껏 춤을 추며 가지를 휘저을 수 있다.

그 때 종탑의 석축은 무너져 내린다.

사람들이 모였다.

바람이 종탑을 무너지게 했는지 상수리 나무가 종탑을 무너지게 했는지, 사람들의 무관심이 종탑을 무너지게 했는지, 누가 책임을 져야 하는지, 끝없는 논쟁이 시작되었다. 그러나 이미 종탑은 무너지고 아름다운 종은 깨어졌다.

스스로 속이지 말라 하나님은 만홀히 여김을 받지 아니하시나니
사람이 무엇으로 심든지 그대로 거두리라
자기의 육체를 위하여 심는 자는 육체로부터 썩어진 것을 거두고
성령을 위하여 심는 자는 성령으로부터 영생을 거두리라
우리가 선을 행하되 낙심하지 말지니 피곤하지 아니하면
때가 이르매 거두리라
(갈라디아서 6 : 7–9)

2. 어 귀신 냄새 난다

고독한 한 여인을 찾아 나선 목사

경상남도 양산시 웅상면 명곡리에 젊은 목사님이 농협 창고를 임대하여 교회를 개척 하였다. 명곡리는 천성산 기슬에 위치하여 사찰이 12개가 있으나 교회는 없었다. 마을에 예수 믿는 사람도 없었다. 그러한 곳에 개척을 했으니 전도하기 정말 힘든 곳이었다.

마을의 초라한 집에 시력을 상실하고 출입조차 하지 못하는 한 자매가 있었는데 어려운 생활 형편에 시력마저 상실하니 세수하고 머리 감고 목욕하는 것도 마음대로 할 수 없이 몇 년을 살았다.

마을 사람들의 출입도 없고 그 자매도 초라한 모습을 사람들에게 보이기 싫어 두문불출하였다. 목사님이 그 자매를 전도하여 그 모양 그대로 첫 예배에 참석을 했다.

그런데 한달 전에 이사와서 출석하는 권사가 "아이 더러운 귀신 냄새야"하면서 손사래를 치며 저 멀리 앉아 짜증을 내었다.

초라한 자신의 모습을 알고 있는 그 자매는 몇 년만에 사람들을 만났는데 자신을 향하여 귀신냄새 난다며 짜증을 내는 소리에 마음에 큰

124

상처를 받았다.

주일 예배를 인도하는 목사님 마음은 그 자매보다 더욱 괴로웠다. 주님이 말씀하신 한 영혼이 천하보다 귀하다 하여 새신자가 오면 성도들이 사랑해 줄 것으로 생각하였는데 귀신냄새 난다며 외면하는 것을 보고는 분노까지 느끼게 되었다.

목사님이 설교를 마친 후 광고 시간에 다음과 같이 말했다.

"나는 우리 교회에 처음 온 자매가 10명의 장로보다 귀중합니다."

"10명의 권사보다 귀중한 사람입니다."

"앞으로 하나님께서 10명의 권사보다 귀하게 사용할 것입니다."

"그러므로 우리 함께 서로 사랑하며 돌봅시다."

그 다음 주일 귀신냄새 난다고 불평한 권사는 다른 교회 갔다.

아 예수 냄새 난다

목사님은 시력장애자에게 약속을 했다. 일주일에 꼭 한번은 목욕을 할 것 삼일에 한번은 꼭 머리를 감을 것 매일 매일 세수를 할 것 그리고 하루 세 번 양치질을 할 것을 약속했다. 절망 가운데 지내던 자매는 목사님과 약속한 것을 하루 하루 실천했다.

다음 주일 목욕하고 머리 손질하고 얼굴에 화장까지 하고 온 자매의 모습은 완전히 다른 모습이었다. 시간이 갈수록 그 자매는 믿음이 자라게 되었다. 그리고 하나님의 은혜로 시력도 회복되었다. 시간만 나면 교회로 와서 기도하고 전도하여 많은 전도의 열매를 맺게 되었다. 개척 교회에서 목사님을 돕고 함께 전도하는 그는 권사 이상으로 충성된 일꾼이 되었다.

병들고 싶은 사람이 어디에 있으며 가난하고 싶은 사람이 어디에 있겠는가? 누구든지 원치 않은 질병이 오면 건강도 무너지고 아름다움도 무너지고 가진 지식도 무용지물이 되고 재산도 하늘의 구름같이 흩어 질뿐이다.

사흘만 아파서 세수하지 않고 머리감지 않고 방에 누워있으면 모든 사람은 초라하게 된다. 그렇게 일 년쯤 생활을 한다면 미남 미녀 얼짱 몸짱도 별수 없다. 모두 귀신냄새 풍기는 초라하고 불쌍한 존재가 된다.

누구에게나 인생의 전성기가 있다

만기 전역을 하고 서울 어느 출판사의 의뢰로 인명 자료를 수집하는 일을 했다. 간단한 설문지로 인터뷰를 하고 학력 경력을 조사하는 일이었다. 학력과 경력을 보면 지난 날 그들의 전성기를 짐작할 수 있었다. 그러나 인생의 광풍에 밀려 초라한 모습으로 살아가는 분들을 많이 보았다.

인생에 원치 않은 일들로 가장 낮은 자리에 처하여 지난 추억들을 생각하며 한숨짓고 살아가는 이웃들이 많다.

사람들은 자신에게는 초라한 삶이 다가오지 않을 것으로 생각한다. 그렇지만 알 수 없는 것이 우리의 앞날이다. 누가 자원하여 초라한 인생을 살까?

브리테니커 대백과사전을 가지는 이유

한때 강남 신흥 졸부들 사무실에는 영문판 브리테니커 대백과사전이 있었다. 특별히 회장실에 중후한 나무 책상위에 큼직한 명패가 있고 의자 뒤편 책장에 브리테니커 대백과사전을 멋있게 비치하였다. 방문한 사람들이 볼 때 상당한 실력자로 인식하게 했다.

브리테니커 대백과사전을 판매하는 영업사원이 말하기를 사전을 제대로 보는 사람이 그리 많지 않고 대부분의 장식용으로 판매된다고 했다.

많은 사람들은 진귀한 명품으로 화려하고 세련되게 치장을 한다. 아

126

름답게 보이려고 얼마나 투자 하며 노력하는지 모른다. 그러나 그 모든 것도 한 때 한 순간에 지나지 않는다. 젊음도 지나고 아름다움도 지나며 세상의 명품으로 분장을 해도 쓴 웃음을 짓는 때가 온다. 허울 좋은 외모로 사람을 판단하는 것이 얼마나 어리석은지 모른다.

함부로 말하면 개밥 되지

월드컵 상암 경기장 관중석에서 많은 남자들 중에 홍일점으로 여자 한 사람이 앉아 경기를 관람했다.

많은 남성들은 농담을 하면서 여성을 향하여 "완전 개밥에 도토리구면" 하고 빈정대었다.

그 말을 듣고 있던 여자가 마음에 분노가 일어났다.

벌떡 일어나서 주변 남성들을 향하여 큰 소리로 말했다.

"야 더러운 개밥들아 나 도토리 간다."

여과 없이 말하고 행동하는 것은 동물적이다. 사람은 자신의 감정과 느낌을 어느 정도 조절할 수 있어야 한다. 감정을 여과 없이 표현하는 사람은 이웃들로부터 외면당한다. 상처 주는 사람을 가까이 할 사람은 없다.

키 작은 사람에게 키 작다는 말을 하면 상처가 된다. 뚱뚱한 사람에게 뚱보라고 말하는 것은 어쩌면 죄악이다. 상대방이 얼마나 괴로워하고 고민하는지 조금이라고 생각한다면 자기 생각대로 말하지 않을 것이다.

명석한 천재보다 현명한 바보를 원한다

어디서나 자기 하고 싶은 말 다하고 자기 느낀 대로 다 표현하는 사람은 항상 복잡한 인간관계를 가진다. 그러한 사람은 미움의 대상이 된다. 그러므로 때로는 벙어리 같이 침묵하고 못 본척하는 것이 지혜롭다. 이웃을 사랑한다면 내 감정을 조절 할 수 있어야 한다.

예수님은 길가에서 구걸하는 소경 바디메오의 눈을 뜨게 하였다. 죄인들의 친구가 되며 병든 자에게 의사가 되어 치유하시고 배고픈 자들에게 먹을 것을 주셨다.

당시의 제사장과 바리새인과 같은 귀족 종교인들에게는 예수님은 이상한 사람으로 이단적인 행동으로 보였다. 그러나 예수님이 가는 곳마다 인산인해를 이루고 예수님이 증거하시는 말씀에 은혜 받고 변화되었다.

사람들은 천재적인 지혜를 가진 사람을 원치 않는다. 다정하게 자신을 인정하고 사랑해 주는 사람을 위하여 아낌없이 사랑을 베푼다.

우리의 인생의 앞 날은 알 수 없다. 그러므로 말을 삼가하고 서로 아끼는 것이 현명하다.

인자의 온 것은 섬김을 받으려 함이 아니라
도리어 섬기려 하고
자기 목숨을 많은 사람의 대속물로 주려 함이니라
(마가복음 10 : 45)

3. 고향으로 가는 길

천국으로 가는 길

1538년 영국의 탐험가 길버트가 죽었다. 그는 정치가요 탐험가로 여러번 장기 항해를 하였다.

1835년 항해 중에 빙산과 충돌하여 배가 침몰하게 되었다. 승무원들은 아우성을 치면서 필사의 노력을 하였다.

그 때 길버트는 "두려워 말라. 천국은 바다에서나 육지에서나 어느 곳에서든지 갈 수 있다"하면서 그는 갑판 위에서 성경을 펼쳐 들고 읽으면서 죽음을 맞이했다. 본향에 대한 확신을 가지고 살아가는 사람들은 행복하다. 천국은 이 세상 그 어떠한 것과 비교될 수 없는 아름다움과 평안함이 있는 곳이다.

고향을 그리워하며

명절에 고향을 찾아 가는 사람들은 반겨주는 부모와 형제들이 있으므로 즐겁다. 어린 시절의 추억과 즐거움이 고여 있고, 또한 옛 사람을 만남으로 삶을 풀어 놓는 고향 가는 길이 힘들어도 즐겁다.

명절이 되어도 고향을 찾아가지 못하는 사람들도 많다. 남북의 분단으로 그리운 고향산천이 꿈 속에 아련한 슬픈 한이 되어 버렸다. 또 경제적인 사정으로 인하여 고향을 가지 못하는 사람들도 많다.

모든 사람들은 성공한 모습으로 고향을 찾기 원한다. 그러나 초라한 모습으로 고향을 찾는 것이 부담 되어 고향을 등지고 부모 형제들도 멀리하며 살아가는 사람도 많다.

고향을 찾아가는 귀소 본능은 동물 조류 물고기들에게도 있다. 사슴은 자신이 출생한 곳을 향하여 머리를 두고 죽는다. 코끼리는 자신이 출생한 곳으로 가서 죽는다, 연어는 먼 바다로 나갔다가는 자신이 출생한 하천에 돌아와 알을 낳고는 죽는다. 강남으로 날아간 제비는 다음 해 봄이 오면 다시 찾아온다.

카나리아의 고향

어느 부자가 카나리아 한 쌍을 구입하여 전화 번호가 새겨진 링을 발에 끼워주었다. 그리고 18년 동안 한 가족이 되어 돌봐 주었다. 그런데 불행하게 집안에 불이 나서 전소되었다.

두 달이 지난 후에 아프리카에서 한통의 전화를 받았다. 카나리아를 보호하고 있다는 것이다. 카나리아는 자신이 출생한 아프리카로 5천 키로를 날아간 것이다.

하나님이 창조한 모든 피조물들은 귀소본능을 가지고 있음을 알 수 있다.

사람들도 귀소본능을 따라서 육신의 고향을 그리워하며 찾아 간다. 고향을 찾아 가는 가장 큰 이유는 평안과 안식을 주는 부모가 있기 때문이다. 부모가 생존 할 때의 고향과 부모가 돌아가신 후의 고향은 느끼는 감정이 사뭇 다르다.

고향을 떠난 사람들은 늘 고향을 그리워하다 임종 직전에 유언을 한다. 고향산천에 묻어 달라고. 즉 자신이 태어난 고향에 한줌의 흙이 되고 싶어한다.

130

우리가 갈 고향은 어디인가

우리에게는 또 하나의 고향이 있다. 그곳은 하나님의 나라 천국이다.

모든 인간들은 하나님을 그리워한다. 그리고 하나님의 존재를 인식한다. 그러나 어떠한 분이 하나님인지 알지 못하여 여러 가지 피조물 중에서 하나를 선택하여 전능자라 생각하며 두려움으로 섬긴다. 그것이 우상 숭배다.

샤머니즘적인 신앙 행위에도 영혼불멸에 대한 신앙을 가지고 있다. 이 세상에서 죽어 다음 세상으로 간다는 막연한 영적 느낌이 있다.

특별히 한국의 샤머니즘에서는 오리를 숭배했다.오리를 길조로 생각하여 이 세상과 저 세상을 오고가는 것으로 생각하였다. 그리하여 마을 어귀에 오리 모양의 솟대를 만들어 세워 두고서 영원한 세계가 있음을 막연히 생각하였다. 참되신 예수 그리스도를 발견하지 못한 인간들의 심성에서 만들어진 본향을 사모하는 사상이다.

명절에 고향을 찾아가는 아름다운 풍습에서 깨달을 수 있는 것은 우리도 언젠가 영적인 본향인 천국으로 간다. 현재 내가 살고 있는 이 세상을 떠나서 영원한 하나님의 나라에 간다. 그러므로 죽음이란 두려운 것이 아니다. 천국에 들어가는 가장 중요한 과정이다. 진정한 그리스도인들은 죽음을 두려워하지 않는다.

요한계시록 21장은 천국의 일부분이 계시되어 있다. 그 규모나 아름다움은 이루 말로 표현 할 수 없다.

웃으며 죽을 수 있다면

스데반 집사가 죽을 때에 하늘 문이 열리고 예수님이 일어나서 스데반을 영접하였다. 스데반은 밝고 평온한 얼굴로 죽었다. 스데반은 천상의 세계를 바라보며 원망하지 않고 "주 예수여 내 영혼을 받으 옵소서" 무릎을 꿇어 다시 기도하기를 "주여 이 죄를 저들에게 돌리지 마옵소서" 하고 천사와 같이 평온한 모습으로 죽었다.

후일에 사울은 다메섹에서 예수님을 만난 후 이방인의 전도자가 되었다. 예수 믿기 전에는 핍박자요 훼방자였으나 이제는 예수 그리스도의 복음을 위하여 스스로 매인 자가 되었다. 그리고 스데반이 죽을 때에 바라본 천상의 모습을 영원히 잊을 수 없었다. 모든 사람들이 함께 천국에 가기를 원하여 일생을 바쳐서 주 예수 그리스도의 증인이 되었다.

　고향을 가는 사람들은 정성을 다하여 선물을 준비한다. 출발할 시간과 돌아올 시간도 정해서 간다. 그러나 천국 가는 시간은 내가 정할 수 없다. 그리고 한 번 가면 다시는 올 수 없다.
　이 땅에서 삶이란 천국에 들어가는 티켓을 받아 들고 하나님의 부름을 기다리는 중이다. 언제 어디에서 하나님이 우리를 부르실지 모른다. 하나님의 부르심을 기다리는 우리들의 삶은 항상 가슴 설레이며 천국의 영광과 즐거움에 대한 부푼 기대감에 사로잡혀야 한다.

결혼 반지에 새겨진 글씨

　어떤 신혼 부부가 결혼을 하면서 결혼 반지를 서로 선물했다. 그런데 남편이 부인에게 말하기를 당신이 준 결혼 반지에 나는 중요한 글을 새겨 넣었다고 했다. 부인은 무엇을 새겼는지 보여 달라고 하였으나 남편은 후일에 보여 주겠다 약속하고는 항상 반지를 끼고 있었다.
　세월이 많이 지났다. 황혼기에도 성실하게 예수님을 믿으며 살아가던 남편이 먼저 하나님 나라로 가게 되었다. 남편은 임종 순간에 반지를 뽑아서 아내에게 건네 주었다. 반지에는 다음과 같이 새겨져 있었다. "나 그대를 사랑하오. 하늘에서 만납시다."

저희가 이제는 더 나은 본향을 사모하니 곧 하늘에 있는 것이라
그러므로 하나님이 저희 하나님이라 일컬음 받으심을 부끄러워 아니하시고
저희를 위하여 한 성을 예비하셨느니라
(히브리서 11 : 16)

4. 가난뱅이 거지

마지막 유언

한 작은 슈퍼마켓을 운영하던 가장이 중병에 걸렸다.
임종 순간이 다가오자 가족들이 한자리에 모였다.
이윽고 다 죽어 가던 가장이 힘없이 말했다.
"어미는 어디 있느냐?"
"아버지, 어머니 여기 계시지 않습니까?"
"이놈아 너도 여기 있냐?"
"네. 아버지 제 얼굴이 보이십니까?"
"내 딸, 딸년도 여기 있냐?"
"아버지 저 여기 있어요. 아버지 손을 잡고 있는 것이 저예요."
그러나 사나이는 안간힘을 쓰면서 일어나려 했다. 분노에 찬 거친 목소리 소리쳤다.
"그럼 슈퍼는 대체 어느 놈이 지키고 있단 말이냐."
그리고 죽었다.

누가 효자인가?

요즘 노인들이 하는 말이 있다.

"늙으면 자식도 배우자도 필요 없고 돈이 효자다."

"돈이 있어야 편안한 노후 생활을 한다."

"늙어서 대접 받을 수 있는 길은 돈이다."

"하나님, 부처님 보다 나는 돈을 더욱 믿는다."

우리 주변에는 노년 생활에 어려움을 겪는 분들이 많다.

돈이 있어야 병원에서 치료를 받을 수 있으며 사람 대접을 받는다. 그러나 돈으로 인생의 모든 것을 해결 할 수 없다.

차라리 가난했더라면

돈은 있지만 고독하게 일상을 살아가는 사람도 많다.

서울의 어느 병원에 심방을 갔다. 창밖으로 한강이 보이는 전망 좋은 입원실에는 권세 있는 부유층의 장기 환자들이 입원한 곳이었다. 그 곳에는 한 달 입원비와 간병비를 합치면 천만원은 족히 지출되는 곳이었다.

그 곳에는 보통 3년 어떠한 분은 7년 동안 입원하여 있는 분도 있었다. 가족은 있었지만 한 달에 한번 정도 찾아와 30분정도 면회를 하고 병원비만 계산해 주고 간다.

그들은 죽을 때 까지 사용할 풍족한 돈은 있었지만 가족의 따뜻한 사랑과 인정은 없었다. 차라리 가난해도 가족과 따뜻한 사랑을 나누며 사는 것이 행복하다.

돈 없으면 못산다는 것은 어쩌면 현실적으로 타당한 말일 것이다. 그러나 인생에 가장 필요한 것은 돈이 아니다.

다정한 대화가 오고 가는 아름다운 관계가 진정한 행복이다.

성령님 없어도 돈만 있으면 된다

요즘 교회들도 돈만 있으면 모든 것을 할 수 있다고 생각 한다. 선교와 전도와 각종 교회 행사들을 성대하게 진행한다. 그러나 돈은 있을

134

지라도 교회가 영성이 없고 사랑이 없고 믿음이 없다.

대형 교회들이 대부분 분쟁과 혼란 중에 있다. 대부분 물질적인 문제며 성령의 능력의 부재, 사랑의 궁핍이라고 할 수 있다.

교회 안에서 영향력을 행사 할 수 있는 힘은 무엇일까? 돈일까 믿음일까? 신앙적 답변은 모두 믿음이라 한다. 그러나 현실적인 힘은 돈이다.

초대 교회는 물질적으로 가난하였다. 그러나 성령 충만하고 예수 그리스도를 열정적으로 사랑하는 믿음이 있었다. 물질이 필요 할 때는 하나님께 기도했다. 하나님은 때를 따라 은혜를 주셔 꼭 필요한 물질을 공급하셨다.

성령충만과 예수님의 사랑이 있으면 물질은 필요한 만큼 공급되었다. 오늘 교회들은 성령충만과 그리스도의 사랑은 사라지고 돈은 풍족하다. 돈으로 성령의 능력을 대신하고 예수님 사랑을 대신한다. 이것이 오늘날 교회의 문제 출발이다. 차라리 궁핍하였다면 은혜와 성령 충만하며 예수님의 사랑에 흡족할 것이다.

헌금은 믿음의 표현이다

다윗은 전쟁에서 승리하면 모든 전리품들을 하나님의 성전 건축을 위하여 드렸다. 그러나 다윗은 물질을 드린 것이 아니다. 믿음을 드렸다. 다윗이 드린 물질은 하나님을 사랑하는 믿음의 고백이며 은혜에 대한 표현이었다.

하나님은 우리가 드리는 헌금을 받으셔야만 살아갈 수 있는 가난뱅이가 아니다. 하나님이 원하는 것은 물질이 아니라 진정한 믿음이다. 하나님께 드리는 물질은 하나님을 사랑하는 믿음의 표현이다. 나를 죄에서 구원하여 주신 예수님을 사랑한다 말하면서도 자식을 사랑하는 것보다 못한 수준으로 하나님 사랑을 하는 것을 볼 수 있다. 이는 많은 신자들이 하나님께 거지 동냥 주듯 헌금을 한다. 예수님의 십자가 고난을 온전히 깨닫는다면. 하나님을 거지 취급은 하지 않는다.

죽을 때까지 매주 십만원 주정헌금한 사람

서울시에서 무당이 가장 많고 사찰이 많고 점쟁이가 많은 곳은 성북구다. 성북구에서도 사찰과 암자 당집이 많은 곳은 정릉이다.

1970년 중반에 평생 사찰을 다니던 사람이 50세가 넘어 전도를 받아 교회 출석하게 되었다. 그는 처음 교회 나온 주일부터 매주 십만 원씩 헌금을 하였다. 그리고 온전한 십일조 생활도 했다. 담임목사가 심방을 가서 처음 예수 믿는 분이 그렇게 헌금을 하면 부담이 되지 않느냐고 물었다.

"절에는 한번 가면 기본이 백만원을 시주해야 합니다."

"그런데 교회는 십만원씩 헌금을 하니까 목사님 너무 죄송합니다."

"모든 신자들이 다 그 정도는 헌금을 하는 것 아닙니까?"

그는 몇 년 후에 집사가 되었다. 그 때에야 많은 성도들이 매주 1원을 헌금하는 것을 알았다. 그러나 헌금 생활은 변함없이 매주 십만원을 주정헌금으로 드리고 온전한 십일조 생활하다 70세 넘어 천국에 가셨다.

얼마를 드리느냐 보다 어떻게 드리느냐

예수님은 성전에서 과부의 두 렙돈을 칭찬하였다. 그런데 많은 신자들은 과부의 두 렙돈에 대한 잘못된 인식을 하고 있다. 하나님께 두 렙돈만 드려도 된다는 생각이다. 예수님이 그 여인을 칭찬하는 것은 구차한 중에서 최선을 다하여 모든 것을 드렸기 때문이다. 즉 그 과부가 주님을 사랑하는 진실 된 고백을 하였기 때문이다.

하나님을 사랑한다면서 실상은 물질을 더욱 사랑하고 귀중하게 생각하는 신자들이 많다. 그들에게 중요한 것은 돈이다. 예수를 믿는 것도 복을 받기 위한 것이다. 하나님과 물질적인 문제가 바르게 정립되면 그 사람은 모든 면에 복된 자가 된다.

하나님을 진심으로 사랑하는 성도들은 궁핍과 어려움 중에도 십일조와 건축헌금과 선교헌금을 드리면서 최선을 다 한다. 그러한 성도들의 삶을 하나님이 지켜 인도하여 주신다. 그리고 점진적으로 하나님의 깊은 축복의 세계로 들어간다.

하나님께 드리는 것에 대하여 인색하고, 헌금을 통하여 영향력을 행사하려는 자들도 있다. 이는 하나님 앞에 헌금을 한 것이 아니다. 사람들 앞에 돈의 힘을 과시하려는 자들이다. 또한 헌금은 하지 않으면서도 자신이 많은 헌금을 드리는 것 같이 행동하는 자도 있다.

이러한 사람은 돈을 권세와 능력으로 사용하여 순진한 성도들의 마음을 빼앗는다. 그러나 하나님의 마음까지는 빼앗을 수 없다.

천국은행 잔고증명

천국에 보물을 쌓아 두는 복된 자는 행복하다. 그러나 세상에 돈을 쌓아 두는 자들은 허망한 인생의 날을 맞이한다. 인생 노후 보장을 보험과 돈으로 하려는 자들은 허망한 날을 보게 된다. 참된 믿음의 성도는 예수 그리스도가 완전한 노후 보장이다.

하나님이 나의 울타리가 되어 건강과 물질과 가정과 가족을 지켜 주신다. 그러나 하나님이 그 울타리를 벗겨 버리면 내가 가지고 지킬 수 있는 것은 하나도 없다. 돈을 믿지 말고 하나님을 믿어야 한다. 돈 때문에 믿음과 신앙도 버리고 허황된 꿈을 꾸는 자들은 깨어나야 한다. 하나님을 사랑한다 말하면서도 무언중에 하나님을 가난뱅이와 거지로 생각하는 헛된 믿음은 깨끗하게 청산되어야 한다.

이것이 곧 적게 심는 자는 적게 거두고
많이 심는 자는 많이 거둔다 하는 말이로다.
각각 그 마음에 정한 대로 할 것이요 인색함으로나 억지로 하지 말지니
하나님은 즐겨 내는 자를 사랑하시느니라.
(고린도후서 9 : 6-7)

5. 아담의 배꼽

배꼽 공동의회

어느 교회 성경 공부 소그룹에서 창세기 1장을 공부하다 아담과 하와의 창조에 대하여 첨예한 이견으로 논쟁이 일어났다. 아담과 하와에게 배꼽이 있느냐에 대한 논쟁이었다.

아담의 배꼽이 없다고 주장하는 사람들은, 하나님이 아담을 창조 할 때에는 흙으로 사람을 빚어 만들고 코에 생기를 불어 넣었기 때문에 아담은 부모가 잉태하여 태어나지 않았기 때문에 탯줄이 없으므로 당연히 아담과 하와는 배꼽이 없다는 것이다.

또한 아담의 배꼽이 있다고 주장하는 사람들은, 세밀하신 하나님이 아담과 하와를 흙으로 창조하실 때에 하나님이 손가락으로 아담의 배에 살짝 눌러 배꼽을 만들고는 배꼽에서 때어낸 흙으로 남자의 젖꼭지를 만들어 주셨다는 것이다.

그 이유는 여자는 큼직한 젖가슴이 있어 앞뒤를 쉽게 구분할 수 있지만 남자는 가슴이 절벽 같기 때문에 아담에게 배꼽과 젖꼭지를 만들어 쉽게 앞 뒤를 구분하도록 했다는 것이다.

그리고 에덴동산에서 벌거벗고 살아가는 아담과 하와가 자녀를 낳으면 "엄마, 아빠는 왜, 배꼽이 없어?" 하고 물었을 때 입장이 난처해지기 때문에 전능하신 하나님이 자녀 교육을 위하여 알아서 만들어 주셨다는 것이다.

그럴듯한 두 의견이 팽팽하게 대립하면서 급기야는 다음 주일에 공동의회를 소집하여 교인들의 전체의 의견을 수렴하기로 했다.

주일에 열린 공동의회에서도 교인들의 의견은 반반으로 나누어져 교회적인 논쟁을 하게 되었다. 결국 교회를 쪼개어 마음에 맞는 사람들끼리 신앙생활을 하는 것이 좋겠다는 결론을 내렸다. 그리고 석 달 후에 아담의 배꼽문제로 교회가 분리되었다.

아담의 배꼽이 그리도 중요할까?

배꼽이 있으면 어떠하고 배꼽이 없다 한들 어떠할까?

교회에서 지엽적인 문제로 피 터지도록 싸우는 사람들은 사명감으로 싸운다. 그러나 교회에서 일어나는 분쟁에는 승자가 없다. 모두가 패배자가 된다.

세계 전쟁사를 분석해보면 대부분의 전쟁이 발발한 원인들은 하찮은 개인적인 자존심과 탐심에서 시작 되었지만 그 결과는 수많은 사람들이 죽게 되는 비극으로 끝났다. 전쟁에서는 승자도 패자도 모두 상처를 입는 것이다.

계란은 어느 쪽으로 먹어야 하는가

1726년 발표된 영국의 작가 조너선 스위프트의 풍자소설 걸리버 여행기(Gulliver' s Travels)에 다음과 같은 이야기가 나온다.

걸리버가 탄 배가 폭풍을 만나서 난파하여 어느 해안에 도착했다. 그 곳은 소인들이 사는 소인국 이었다. 소인국에는 엄청난 논쟁으로 국가가 분열 직전에 놓여 있었다. 논쟁의 쟁점은 계란을 먹을 때에 가름하고 뾰쪽한 쪽으로 먹어야 하는지 아니면 둥글고 넓은 부분으로 먹어야 하는지에 대한 방법론에 대한 논쟁이었다. 논쟁은 매우 치열하게 전개되어 군인 공무원 국민들이 각각 둘로 나누어져 끝없는 논쟁을 하면서 적대적 관계를 가지게 되었다.

계란은 아무 방향으로나 깨어 먹어도 맛에는 상관없다. 계란은 맛있게 요리하여 먹으면 되는 것이다. 아담의 배꼽이 있으면 어떠하고 없으면 어떠할까? 아무 상관없다. 이러한 논쟁으로 이긴들 무슨 대수가 있겠는가?

오늘 많은 사람들은 소인국의 사람들과 같이 논쟁하기를 좋아한다. 편을 갈라서 적대적 관계를 형성하고 전운이 감도는 팽팽한 긴장감으로 인생을 살아간다. 한 치의 양보도 없이 명예와 자존심을 걸고 어떠한 논쟁에 빠진 사람들이 얼마나 많은지 모른다.

논쟁의 산물은 폭행을 하여 고소 고발을 하고, 살인을 하고 자살하고, 이혼을 하고 전쟁을 한다.

요즘 교회들마다 수많은 논쟁에 휩싸여 갈등을 겪고 있다. 매스컴을 통하여 들리는 교회의 현실을 보면 자존심 회복과 자기방법을 관철하기 위하여 생명을 걸고 피를 흘린다.

일단 논쟁이 일어나면 서로에게 깊은 상처를 준다. 상처가 깊어지면 깊어질수록 용서 할 수 없는 적이 된다. 그리고는 어느 한쪽을 죽여야만 자신이 살 수 있다는 생각에 빠진다. 결국은 함께 죽어간다는 사실을 깨닫지 못한다.

콘스탄틴노풀이 망한 이유

중세 교회 일천년의 마지막 때인 1453년 콘스탄틴노플은 사제들이 모여서 성모마리아상의 눈 색깔은 청색으로 할 것인가 갈색으로 할 것인가 논쟁을 하고 천사는 남자인지 여자인지에 대하여, 바늘 끝에 천사가 몇 마리 앉을 수 있는지를 논했다.

성찬식에 사용하는 포도주에 파리가 빠져 죽으면 그 파리는 거룩한 파리인지 아닌지를 논쟁했다. 성찬식에 사용하는 떡을 생쥐가 먹으면 그 생쥐가 구원을 받을까에 대하여 논쟁하였다.

결국 1453년 5월 회교도인 터키 술탄 매멧 2세(Mehmet)에 의하여 콘스탄틴노플은 점령당했다. 그 때 추기경과 사제들은 논쟁을 하면서 성소피아 사원에서 미사를 드렸다.

황제 콘스탄틴 11세 드라가시스는 성호마누스 성문에서 끝까지 칼자루를 놓지 않고 싸우면서 하나님께 기도하기를 "나는 나의 도시와 함께 죽으리라! 하나님이여 결단코 내가 제국 없는 황제로서 살아남는 일이 없도록 하소서"하고 기도하였으나 하나님은 그들을 버렸다.

논쟁하는 사이에 기독교 국가에서 회교 국가로 바꾸어지면서 콘스탄틴노풀은 이스탄불로 지명이 바뀌어졌다. 성소피아성당은 터키의 박물관이 되었다. 그리고 발칸 반도는 기독교 국가에서 그 후 수세기 동안 회교의 지배를 받게 되었다.

논쟁의 목적은 무엇인가

역사적으로 논쟁으로 얻어지는 것은 없다. 논쟁에 빠진 나라는 망했으며 논쟁에 빠진 교회는 사멸되었으며 논쟁에 빠진 인간관계는 반드시 깨어졌다. 논쟁으로 진리를 얻을 수는 없으며 논쟁으로 사랑을 얻을 수 없다.

오늘도 교회와 교단과 개인이 소모적인 논쟁에 빠져 열심히 싸우면서 하나님께 기도하지만 그러한 기도는 응답되지 않는다.

교회를 사랑하고 형제와 이웃을 사랑한다면 논쟁할 것이 없다.

논쟁은 사단이 던져준 파멸의 불씨다.

오늘도 우리는 아담의 배꼽 논쟁에 빠져 허우적거리는지 모른다.

그리스도 예수의 사람들은 육체와 함께 그 정과 욕심을 십자가에 못 박았느니라
만일 우리가 성령으로 살면 또한 성령으로 행할찌니
헛된 영광을 구하여 서로 격동하고 서로 투기하지 말지니라
(갈라디아서 5 : 24-26)

6. 새클턴의 건빵

남극대륙이 발견된 해는 1820년이다.

르네상스 시대까지 유럽의 지리학자들은 미지의 남쪽 대륙(Terra Australis)의 존재를 추측하였는데, 오스트레일리아 대륙이 발견되고 난 후에도 더 남쪽에 지구상의 최남단 대륙이 존재하리라고 믿었다.

죽음 앞에선 애절한 사람들

영국인 탐험가 새클턴 (1874-1922. Ernest Shackleton)은 네차례나 남극 탐험을 하였다. 새클턴이 탐험대를 이끌고 가는 중에 아주 위급한 상황을 당하였다. 그는 대원들과 함께 임시 대피소를 만들었다. 그리고 식량이 떨어져 비상식량인 건빵을 대원들에게 한 봉지씩 나누어 주었다.

새클턴의 생각은 남극점을 찾는 것 보다 우선 탐험 대원들을 안전한 곳으로 이동하여 생명을 지키는 것이 중요했다. 극도로 지친 대원들은 임시대피소에 들어오자마자 지쳐 잠들었다. 새클턴은 앞으로 닥쳐올지도 모를 부정적인 상황들을 연상하면 눈앞이 캄캄하여 잠을 이룰 수 없었다.

그 때 누군가 움직이는 인기척을 느꼈다. 새클턴은 무슨 일을 하는지 그냥 지켜 보기로 했다. 어둠 속에 한 대원이 살며시 일어나서 옆에 있는 동료 대원의 건빵 봉지를 훔쳐가는 것을 보았다.

새클턴은 분노했다. 생사의 기로에서 욕심이 저렇게도 많을까? 죽음을 앞두고 동지애도 없이 혼자 살려는 비정한 모습을 어둠속에 지켜보았다. 죽음 앞에 필사적인 생존 경쟁의 비정함을 보고 서글픈 생각마저 들었다.

즉시 일어나 그 대원의 비정한 행동을 책망을 하고 싶은 마음이 불같이 일어났지만 모르는 척하고 좀더 지켜 보기로 했다.

그 대원은 동료의 건빵 봉지를 가지고 왔다. 조심조심 봉지를 열고는 자신의 건빵 봉지를 열었다. 그리고는 자신의 건빵을 꺼내어 동료의 건빵봉지에 조심스럽게 넣었다. 조용히 옆에서 잠을 자는 동료의 머리 맡에 올려 놓고는 눕는 것이 아닌가.

새클턴은 큰 감동을 받았다. 조금 전에 그 대원을 경멸하며 나쁜 사람으로 생각한 것에 대하여 진심으로 회개했다. 원정대원들 간에 저러한 동지애를 가진다면 결코 죽지 않을 것을 확신했다.

만약에 새클턴이 그 대원이 건빵을 훔치는 순간 현장에서 적발하여서 처벌하였다면 그 대원의 순수한 마음은 오해를 받았을 것이다. 동료들은 그를 나쁜 사람으로 인식했을 것이다.

조금만 더 참아 보지요

오늘 날은 즉흥적이며 신속하게 결정하고 행동하기를 원한다. 복권도 한 주간동안 기다리는 것 보다 즉석 복권을 선호한다. 즉시 결과를 보고 반응하는 것이 오늘 생활 방식이다. 오늘날 기다림이란 옛말이 되어 간다. 우리들은 스포츠와 사회 전반적인 부분에 빨리 빨리가 생활화 된 것을 본다.

때로는 느림보 처럼 살아가는 것도 인생의 지혜다.

기다림은 어떠한 일을 진행하는 것보다 중요하다. 기다리는 동안 많은 문제들이 해결되고 새로운 환경들이 조성된다. 가끔 우리는 너무 성급하게 판단하고 포기하기 때문에 실패 할 때가 많다.

이상한 입사 시험

대학을 졸업해도 취업하기가 무척 힘든 때다. 어느 중견 제약 회사가 사원 모집 공고를 했는데 많은 젊은이들이 입사신청서를 제출했다.

다른 회사 보다는 입사 조건에 학력 제한이나 특별한 자격증도 요구하지 않았다. 보수는 대기업 수준이었다. 그러니 많은 젊은이들이 기대를 가지고 서류를 제출했다.

지원자가 많으므로 면접은 새벽 4시부터 치룬다고 했다.

모두 새벽 4시 전에 도착했지만 회사 문은 굳게 닫혀 있었다. 4시 정각이 되었지만 회사 철문은 열리지 않았다.

핸드폰으로 회사로 전화를 해도 받지 않았다. 어떠한 젊은이가 말했다. "이거 사기 아니야" "이렇게 시간을 지키지 않는 회사에서 어떻게 일하노"하면서 택시를 타고 갔다. 어둠이 지나고 아침 해가 솟아올랐을 때는 대부분 돌아가고 십여명이 남았다.

아침 8시가 되어도 회사로 출근하는 사람이 보이지 않았다. 회사가 휴업을 했는지 아니면 집단 휴가중인지 도무지 알 수가 없었다.

아침 9시, 회사 정문이 조금 열렸다. 50대 중반의 남자가 얼굴만 조금 내 밀고는 "어떻게 오셨습니까?" 하며 질문을 했다. 남아 있던 10명은 분통터지는 상황이었다. 다시 네 사람이 욕설을 하고는 떠났다.

아침 10시쯤에 한 사람이 나와서 정중하게 말했다. "정말 미안합니다. 인사과 직원의 실수로 면접 일자 전달이 잘못되었습니다." "다음에 연락하겠습니다"하고는 문을 닫았다.

며칠 후 지원자 중에 몇 사람에게 회사로부터 이메일이 도착했다.

"귀하의 입사를 허락합니다" 라는 제목으로 이렇게 기록되어 있었다.

당신은 정해진 시간에 오심으로 시간 약속을 잘 지켰습니다. 그리고 아침 9시까지 참는 인성을 높이 평가 합니다. 그리고 아주 기초적이고 초보적인 질문에 짜증을 내지 않고 친절하게 대답해 주신 것을 감사하게 생각합니다.우리 회사가 요구하는 능력은 시간을 잘 지키는 것과 모든 일에 인내 할 줄아는 것과 원만한 성격을 가진 사람을 필요로 합니다.

그 회사의 직원 선출 방법은 아주 간단했다. 회사 정문에 설치된 CCTV를 통하여 응시자들의 반응을 지켜 보는 것이다.

믿음은 기다림이다

믿음의 사람은 기다릴 줄 안다. 탕자의 아버지는 아들이 돌아 올 때까지 기다렸다. 예수님은 베드로가 믿음의 사람이 될 때까지 기다렸다. 노아는 방주를 만들고 홍수가 나기를 기다렸으며 방주 안에 들어가서도 하나님이 나오라고 말씀하실 때까지 기다렸다. 믿음의 생활에서 기다려서 손해 본 사람은 아무도 없다.

오히려 기다리지 못하고 조급하게 행동한 사람들은 고난과 형벌을 받고 하나님 앞에 버림을 받았다.

아브라함은 믿음의 자녀를 기다리지 못하고 여종 하갈을 통하여 이스마엘을 낳았다. 그로인한 아브라함의 후손들의 갈등은 지금도 계속된다.

사울은 전쟁에서 선지자 사무엘을 기다려야 하는데 제사장만이 할 수 있는 제사를 행함으로 하나님으로부터 버림을 받았다.

예수님은 제자들에게 오직 성령이 임할 때까지 예루살렘을 떠나지 말고 기다리라 말했다. 예수님의 말씀을 믿고 성령이 임할 때까지 기다린 사람들은 오순절 마가의 다락방에서 성령충만을 받았다.

오늘 우리는 기다림이란 너무 생소한 느낌을 준다. 기다리면 손해요 기다리면 기회가 오지 않는다 생각 한다. 그래서 즉흥적으로 말하고 행동한다. 그리고 미련도 없다. 그러나 되는 일이 없다.

한 번으로 끝장을 내고 마는 단회적이며 조급한 세상에서 새클턴의 건빵을 생각해 본다.

믿음 생활에서도 기다림은 매우 중요하다. 전도를 하거나 기도를 하거나 무엇을 할지라도 진행되는 과정을 지켜보며 기다려 주는 인내심이야 말로 오늘 정보화 사회에서 필요한 성품이 아닐까?

오늘날은 손끝으로 키보드나 리모컨으로 세상을 움직이는 시대에 살고 있다. 그러나 믿음의 세계는 여전히 기다림을 요구한다.

하나님도 거짓말 하십니까?

어느 부자가 천국에 하나님을 만나겠다며 천사에게 면회 신청을 했다.

하나님이 부자를 만나 "너의 소원이 무엇인가?"라고 물었다. 부자가 말하기를 "하나님 나의 전 재산 중의 반을 드릴 것이니 나의 생명을 10년만 연장시켜 주십시요." 했다.

하나님이 부자에게 말하기를 "전 재산을 주었다면 이천년을 살게 해줄 것인데 재산의 절반을 주었으니 앞으로 천년은 더 살도록 해주마" 약속했다.

그 부자는 너무도 좋아했으나 그 다음날 싸늘한 시체로 발견되었다.

이번에는 부자 아들이 하나님을 꼭 만나서 따질 것이 있다고 면회 신청을 했다.

아들은 하나님을 향하여 "하나님, 하나님도 거짓말 하십니까?"

하나님 말씀하시기를 "나는 거짓말 한 적이 없다."

아들이 말하기를 "어제 우리 아버지 재산 절반을 받고는 앞으로 천년을 더 살 것이라고 약속하지 않았습니까?"

하나님이 말씀하기를 "그 약속은 사실이다."

"그럼 왜, 우리 아버지가 하루 만에 죽었습니까?"

하나님께서 말씀하시기를 "야, 너는 성경을 읽어보지도 않았느냐?"

"주께는 하루가 천 년 같고 천 년이 하루 같은 이 한 가지를 잊지 말
라 했는데 너는 왜 잊었는가?"

　시간은 하나님의 것이다. 하나님도 기다리신다. 우리가 범죄 할 때
에 즉시 형벌하고 진노하시면 우리는 범죄 현장에서 모두 죽었을 것이
다. 하나님은 나를 향하여 오래 동안 참고 기다리신다. 회개 할 때까지
참으신다.
　우리는 빨리 빨리를 좋아하지만 하나님에게는 빨리 빨리가 없으시
다. 우리의 삶에도 기다림은 지혜이다. 마지막이라는 극단적인 말과
행동을 하지 말자. 한 번 더 기회를 주며 될 때까지 기다려 주는 넓은
마음을 가지면 또 한번 웃을 것이다.

그가 여호와를 경외함으로 즐거움을 삼을 것이며
그 눈에 보이는 대로 심판치 아니하며 귀에 들리는 대로 판단치 아니하며
공의로 빈핍한 자를 심판하며 정직으로 세상의 겸손한 자를 판단할 것이며
그 입의 막대기로 세상을 치며 입술의 기운으로 악인을 죽일 것이며
(이사야 11 : 3-4)

7. 새 가족 삼형제

삼형제의 싸움

어느 도시에 삼형제가 살았다.

첫째 아들은 후회, 둘째 아들은 원망, 셋째 아들은 낙심이었다. 그들은 모두 일류 대학을 졸업하고 상당한 식견과 능력을 가진 자들이었지만 직장에 들어가면 부도가 나든지 노조를 조직하여 투쟁을 하다가 실직을 했다. 사회로부터 기피 인물이 되었다.

첫째 아들 후회는 지난날을 돌아보며 자신의 실수에 대하여 후회 했다. "그렇게 하는 것이 아니었는데" "왜 내가 그러한 말과 행동을 했을까"하면서 끝없는 후회를 하고 있었다.

둘째 아들 원망은 늘 자신이 성공하지 못한 이유들에 대하여 장황하게 설명했다. 자신은 열심히 노력하고 힘을 다하였는데 세상은 공평하지 못하고 나쁜 사람들을 만나서 이 모양이 되었고 한다.

셋째 아들 낙심은 큰 꿈과 희망을 가졌는데 이루지 못하였다. 이제는 어떠한 것도 할 수 없다며 눈물을 흘리고 있었다. 희망이 없는 하루 하루의 삶을 지옥과 같이 살았다.

교회나 가보자

삼형제가 한자리에 모였다하면 서로 싸움을 한다. 그 때마다 늘 원망이 이긴다.

그날도 모여서 한바탕 싸움을 한 후에 우리가 지금은 먹고 살기도 힘든 상황이니 이제부터 우리도 함께 힘을 합하여 무엇인가 뜻 있는 일을 한번 해보자 했다.

세상에서 우리를 반겨 줄 곳은 한 곳도 없으니 가까운 장로교회로 나가서 새 출발을 하기로 했다.

일요일 아침, 그들이 나간 교회는 100년의 역사를 가진 아주 큰 규모였다.

교회 주차장으로 들어가다가 경미한 접촉 사고가 났다. 그 때 원망이 나섰다. 한판 싸움이 붙었다. 오늘 교회 오는 것이 아닌데 괜히 교회로 와서 이러한 일을 당하였다며 후회했다. 다시는 교회에 나가지 않을 것이라고 다짐했다. 낙심이 말했다. 그래 우리 형제들은 아무 것도 할 수 없다. 세상에 희망이라고는 털끝만큼도 없다 했다.

3개월 제자 훈련등록을 하다

이러한 모습을 지켜보든 마귀 선생이 웃으면서 그들에게 접근했다.
"참 잘하셨습니다."
"나는 당신 같은 사람들을 만나기 위하여 오래 동안 기다렸습니다."
"오늘 하나님께서 당신들을 이 교회로 보내셨습니다."
"참 감사합니다."
어안이 벙벙해진 삼형제는 자신에게 친절하게 다가온 마귀에게 상당한 호감을 가졌다. 정말 얼마만에 들어보는 칭찬인가?

마귀 선생은 삼형제에게 제안을 했다. "당신들과 나와 거래를 합시다. 나는 당신들의 경제적인 문제를 평생을 책임지겠습니다.
조건은 당신들은 교회에 당신들이 가진 재능으로 제자훈련을 시키는 것입니다. 훈련 기간은 3개월 입니다. 당신들의 능력이 인정되면 계속 고용하겠습니다."
그리하여 삼형제는 마귀 선생과 제자훈련 계약을 체결하였다.

그 다음 주일 삼형제는 화려하고 깔끔한 옷을 입고 교회로 갔다. 새 가족 등록을 하였다. 많은 교인들 앞에서 환영인사를 받고 극진한 대접을 받았다.

첫째 주간은 탐색전으로 끝을 내었다.
둘째 주일, 삼형제는 예배시간 15분전에 교회에 도착했다. 그리고 본당 중앙 통로가 있는 줄 4번째 의자에 앉았다. 일단 시선을 집중시킬 수 있는 곳에 전략적으로 앉았다. 강단에서 목사님도 성가대에서도 잘 보이는 곳이었다.
삼형제는 자신과 함께 제자 훈련을 할 사람을 물색하기 시작했다. 그들도 상당히 놀랐다. 교회 안에는 상당한 수준을 가진 성도들이 많았다.

어렵지 않게 둘째 주일에 후회반 원망반 낙심반 세 그룹의 제자 훈련반이 조직되었다. 그러나 철저한 점 조직으로 형성을 하고 훈련방식은 1:1의 훈련을 원칙으로 하며 경우에 따라서는 그룹 토의를 하기로 했다.
첫 번째 단계는 핵심 요원을 양성하는 것이었다.
두 번째 단계는 핵심 요원들이 교회 안에 후회와 원망과 낙심하는 사람들을 각각 소그룹으로 형성하게 하는 것이다.
세 번째 단계는 각각 세 단계의 사람들을 하나로 연합하고 중심 인물을 선정하는 것이다.

무엇이 같은가 보다 무엇이 다른가?

그 날부터 교회는 점점 동질성을 가진 사람들끼리 결속이 강화되면서 뚜렷한 개성을 가지고 행동하기 시작했다. 모인 자리에서 대화의 주제는 항상 지난 날의 교회 일과 개인적인 행위에 대해 후회하는 일들이 많았다.

마음 속으로 원망 불평하던 사람들이 입으로 들어내면서 원망하기 시작했다. 그러자 의외로 원망을 하는 사람들이 많다는 것을 깨닫게 되었다. 나 홀로 느끼는 문제가 아니라 많은 사람들이 그러한 생각을 하고 있었다는 것을 깨닫게 되었다.

후회와 원망과 낙심은 자신들의 사역에 대하여 사단에게 상세하게 보고했다. 전략적으로 교회안에 어떠한 조직과 회의를 점령할 것인가에 대한 회의를 했다. 결론은 가장 중요한 조직과 회의는 당회였다.

월말이 되었다. 전도회와 각 위원회 회의가 있었다. 한 달 동안의 훈련 과정을 한번 점검해보기로 했는데 만족할 만 했다. 모든 회의에 원망과 후회와 낙심이 압도적 우세로 판정승을 했다.

교회 분위기는 원망이 이곳저곳에서 터져 나오고 후회의 목소리가 높았다. 그리하여 모든 교인들은 낙심하며 무너지기 시작했다.

교회 안에 일어난 심각한 사안들을 가지고 당회가 모였다. 당회에서 협의하는 중에 격론이 났다. 거침없이 원망과 후회와 낙심이 터져 나왔다. 결국 사단이 진행한 제자 훈련은 2개월만에 대 성공을 거두었다.

제자훈련의 열매들

교회는 분열되었다. 서로 원망하고 싸우고 후회하면서 믿음의 힘을 잃었다. 마음에 상처를 입고 갈급한 자들은 한 사람 두 사람씩 엄청난 실망을 하고는 이웃 교회로 갔다. 어떠한 사람들은 세상으로 다시 돌아갔다.

성도들의 마음은 원망과 낙심과 후회로 점령당했다. 마음에는 미움과 증오와 낙심이 흉용한 바다와 같았다.

성경을 보는 사람도 없고 기도하기 위하여 무릎을 꿇는 사람도 없었다. 주일이면 교회 안에서는 얼굴을 붉히며 싸움이 일어났고 경찰들이 출동하고 방송국에서 취재를 나왔다.

새로운 사역지를 찾아 나선 삼형제

그 때 마귀는 삼형제를 불렀다.

이제 이 교회는 완전한 제자 훈련이 되었다고 본다.

십자가와 종탑과 건물도 현상대로 유지하게 하도록 했다.

마귀는 삼형제와 함께 가까운 이웃 교회로 가서 새 가족 등록을 하였다.

성도들은 웃으며 그들을 환영했다.

환영가가 높이 울려 퍼졌다.

너희도 길이 참고 마음을 굳게 하라 주의 강림이 가까우니라

형제들아 서로 원망하지 말라 그리하여야 심판을 면하리라

보라 심판자가 문 밖에 서 계시니라

형제들아 주의 이름으로 말한 선지자들로

고난과 오래 참음의 본을 삼으라

(야고보서 5 : 8-10)

8. 그 때 그 사람

추억을 먹고 사는 사람들

젊은 날 열정적으로 연애를 하던 젊은이가 있었다. 교제를 하는 중에는 별로 신통찮은 상대도 있었지만 마음도 정도 주고 평생 한번 살아보려 마음이 끌리는 상대도 있었다. 그러나 마음 속에는 좀 더 완전한 사람, 능력 있고 경제력과 배경 있는 좋은 가문 사람을 찾고 찾다가 지금 아내와 결혼을 했다.

신혼 초기에 행복한 날들이 연속되는 중에 아기가 태어났다. 이제는 아버지가 되고 어머니가 되었다. 연애 시절 젊은 날 열정도 점점 시들어가고 깨소금이 쏟아지던 아름다운 신혼의 밀월도 점점 소멸되었다. 이제는 아버지로서 남편으로서의 의무감만 남아 짐스러워 지기 시작했다. 그리하여 조금 조금 불평이 나오기 시작했다.

언젠가부터 '그 때 그 사람 이었더라면' 하는 생각을 하게 되었다. 결혼하기 전에 교제하던 그 사람과 결혼을 했더라면 지금과 같은 문제나 갈등은 없었을 것인데 하면서 내심 비교하기 시작했다. 돌이킬 수

는 없는 일이지만 점점 불만이 쌓여가다 부부간에 심각한 갈등을 겪게
되었다.

문제는 남편 마음에만 '그 때 그 사람이었더라면' 하는 생각이 있다.
아내도 결혼하기 전에는 정말 괜찮은 사람들도 있었는데, 그 때 그 사
람과 결혼을 하는 것인데' 하는 깊은 후회가 쌓여 짜증과 불평이 되었
다.

그 때 그 사람 이었더라면 하는 생각을 가진 부부는 결국 이혼을 했
다.

결혼을 하면 만물이 새롭게 보인다

이 세상에 100점짜리 남편은 없다. 그리고 100점짜리 아내도 없다.
둘이 합하여 100점이 되면 행복한 부부가 된다. 그러나 사람들은 항상
배우자가 100점짜리가 되기를 바란다.

결혼하기 전에는 상대방의 좋은 점만 보인다.
사랑에 빠지면 그대가 방귀를 뀌어도 향수같이 달콤하다.
세수를 하지 않아 눈곱이 끼어도 섹시하게 보인다.
생리적인 작용이며 시간이 없어 그러할 것이라고 넓게 이해를 한다.
그러나 결혼을 하고나면 그 좋은 것은 사라지고 점점 미운 것만 보이
기 시작한다.

상대방에 대한 인식에 변화가 온 것이다. 그러나 결혼하기 전에도
그러한 말과 행동을 하여왔다. 결혼이라는 큼직한 렌즈를 통하여서 세
밀하게 분석하면서 새로운 것을 인식하게 된 것이다.

결혼하기 전에 얻은 좋은 점수에서 조금 조금씩 감점이 된다. 처음
에는 조금 섭섭한 마음들이 시간이 가면서 상대에 대한 냉혹한 평가절
하로 진행되고 결국은 빵점이 된다.

'세상에 이렇게 허탈하고 속은 기분을 느낄 때가 있겠는가?'
'지금 같이 손해 보며 살 수는 없지?'

‘내가 눈이 삐었지 어찌 이러한 사람을 선택했을까?’
‘그 때 그 사람은 지금 어떻게 살고 있을까?’
‘아마 행복할 거야’
‘그와 결혼했다면 내 인생이 이렇게까지 처절하지는 않았을거야’
그 때 그 사람과 교제하면서 이러 저러한 호감이 가지 않아서 60점 짜리 라고 생각했는데 이제 생각해보니 그 사람 정말 괜찮은 사람이었다며 소리없이 후회를 한다.

왜 하나님은 아담의 갈비뼈 하나만 뽑았을까?

하나님은 아담의 갈비뼈 하나를 뽑아서 하와를 창조하였다. 아담은 본래 독신이었다. 외롭고 허전하게 살아가는 아담의 갈비뼈 하나를 뽑아 하와를 창조하여 결혼을 시켰다.

그 때 아담의 감탄사는 “이는 내 뼈 중에 뼈요 살 중에 살”이라 했다. 그러나 선악과를 따먹은 이후에 하나님 앞에 원망을 했다.

“언제 내가 저 여자를 만들어 달라고 했나요.”

“하나님이 만들어 내게 준 저 여자가 선악과를 줌으로 내가 먹었습니다.” 하나님께 대한 감사가 이제는 원망으로 변했다.

아담은 처음 하와를 만났을 때의 감격과 흥분은 이미 사라졌다. 하와가 저질러 놓은 일에 대하여 남편으로서의 책임 의식도 없고 부부 공동의식도 없었다. 단지 여자 때문에 자신이 선악과를 먹었으니 저 여자 때문에 신세 망쳤다는 원망과 미움뿐이었다.

쌍톱질하는 부부들

갈등을 겪는 부부는 상대방에 대하여 계속 점수를 깎아내린다. 그래서 결국 상대방을 빵점으로 만들고 자신은 100점이 되려고 한다. 그러나 상대방이 빵점이면 나도 빵점이 된다. 이것은 창조의 원리이다.

하나님은 부부가 합하여 한 몸을 이룰 것이라고 했다. 배우자가 70점이라면 내가 30점만 되어주면 100점이 된다. 배우자의 부족한 점을 내가 채워 주고 허물을 덮어주는 부부는 늘 100점이 된다.

어떠한 때는 아내가 40점이 되면 남편이 60점이 되어주면 된다. 이러한 부부는 그 때 그 사람을 생각지 않는다. 지금 이 사람이 가장 소중하고 지금 이 사람의 필요가 무엇인가를 늘 생각 할 뿐이다.

사랑이란 특별한 것이 아니다.

배우자가 무엇을 요구하며 필요로하는가를 발견하고 만족하게 채워주는 것이다.

상대방의 관심이 무엇이며 그 관심에 귀를 귀우리는 것이 진정한 사랑이다.

많은 부부들이 수학적인 공식으로 상대방을 평가하고 갈등의 골을 깊게 만들어 간다. 함께 하나가 되지 못하고 너와 나를 구분하고 어떠한 것과 비교하며 분석하는 것에서 문제가 출발한다.

그 때 그 사람은 지금 나를 생각하지 않는다는 것을 깨달아야 한다. 오늘 내 앞에 선 이 사람이 가장 중요하다.

부질없이 지난 사람을 생각하면 너 죽고 나 죽는 결과가 온다. 그러나 지금 이 사람을 소중히 여기면 너도 살고 나도 살아 우리가 사는 행복의 길이 열려진다.

함께 하나되는 비밀은 무엇인가?

어떠한 사람도 혼자 완전해 질 수는 없다. 남편도 아내도 완전한 사람이 아니다. 그러므로 부부는 상대방의 부족한 것을 서로가 채워주면 함께 온전한 부부가 된다.

갈등을 겪는 부부들은 자신의 필요와 요구사항을 주장하면서 상대방의 필요와 요구가 무엇인지 깨닫지 못한다. 대부분 갈등은 내가 필요로 하는 것이 채워지지 않는다는 것에서 시작된다. 그러나 진정한 부부는 먼저 상대방의 필요가 무엇인지를 깨닫고 필요를 채워 주기 위하여 노력한다. 상대의 필요가 곧 나의 필요한 부분임을 인식하면 즐거운 마음으로 채워 준다.

　행복에는 지름길이 없다. 행복은 수학적인 공식으로 되지 않는다.
　행복은 내 것을 줌으로 상대방이 만족하는 것이다. 상대방이 즐거움
으로 내가 행복해지는 것이 부부의 행복이다. 그러므로 배우자를 위하
여 즐거움을 주라 이것은 아주 평범한 행복의 원리다

　네 헛된 평생의 모든 날 곧 하나님이 해 아래서
　네게 주신 모든 헛된 날에 사랑하는 아내와 함께 즐겁게 살지어다
　이는 네가 일평생에 해 아래서 수고하고 얻은 분복이니라
　(전도서 9 : 9)

9. 아도 아도 아 돈

이상한 계약

〈톰워커와 악마〉라는 책이 있다. 그 책의 내용은 요약하면 다음과
같다.

미국, 보스턴 근처에 톰워커라는 사람이 있었다. 이 사람은 아주 돈
욕심이 많아서 오로지 돈만 바라보고 사는 사람이었다. 간혹 사람들이
영혼에 관해서 이야기하면 "사람이 살다가 죽으면 그만이지 영혼이
어디 있느냐"했다. 영혼의 문제에는 관심도 없고 돈을 많이 벌어서 잘
먹고 잘 사는 일에만 관심이 있었다.

어느 날 톰워커에게 악마가 찾아와서 "네 영혼을 나한테 팔아라. 판
다고 나에게 말만하면 언제까지든지 네 통장에 매달 10만불씩 입금을
시켜준다." 했다.

톰워커는 매달 10만불이라는 말에 "그래 내 영혼을 사가라"했고 악
마는 "그럼 내가 네 영혼을 산거다"하자 눈을 번쩍 뜨니까 꿈이었다.

꿈 속에서 톰워커는 자기를 찾아온 악마에게 영혼을 판 것이다. 그

런데 신기하게도 그로부터 정확하게 한 달 후부터 매월 자기 통장에 10만불씩이 입금이 되는 것이다.

톰워커는 그 돈으로 사채놀이를 하는 악덕 고리대금 업자가 되었다. 엄청난 부자가 되었다. 통장에는 계속해서 10만불씩 들어왔다. 톰워커는 어느 날 "악마가 내 영혼을 언제 가져갈 것인가"하는 생각이 불현듯 들기 시작하면서 불안하고 초조해서 견딜 수가 없었다.

그리고 20년쯤이 지난 어느 날 꿈 속에 악마가 찾아왔다. "이제는 내가 네 영혼을 가져가겠다"고 했다. 톰워커는 "안 된다. 나는 여태까지 돈을 벌기만 했지 한 푼도 써보지 못했다"고 외쳤다. 그러나 악마는 "그건 네 사정이고 이제 나는 계약대로 이행한다"고 했다.

다음날 아침에 웅장한 저택에는 톰워커의 싸늘하게 식은 시체만이 놓여 있었다.

톰워커의 관심은 돈이었다. 그리고 악마의 관심은 톰워커의 영혼을 지옥으로 보내는 것이었다. 결국 톰워커도 악마도 그들의 관심사를 성취했다. 그러나 톰워커는 실패하였으나 악마는 성공했다. 톰워커는 자신의 영혼에 관심을 가지지 못했다. 죽으면 끝이라는 생각과 영혼은 없다고 생각 했다.

톰워커와 같은 생각을 가진 사람들이 많다. 오직 돈이 모든 문제를 해결하며 행복을 줄 수 있다고 생각한다. 그래서 영혼을 죽이고 천국을 포기하고 돈과 세상을 선택하는 사람들이 얼마나 많은가?

아도 아도 아 돈

중국 진나라 왕연은 평생을 돈과는 단절하고 살았다. 왕연은 돈을 만진적도 업고 입으로 "돈"이라는 말도 한 적이 없다. 누군가 돈에 대하여 이야기하는 것을 듣고 나면 왕궁에서 귀를 씻었다.

어느 날 왕연이 잠을 잘 때 왕비는 침실을 온통 돈을 깔아 두었다. 잠에서 깨어난 왕연은 돈을 보자 불호령을 하면서 신하를 부르면서 하는 말이 "아도를 치워라" 했다.

"아도"란 당시에 진나라에서는 "저것"이라는 지시 대명사였다. 왕연은 끝내 "돈"이라는 말을 입 밖에 내지 않았다.

후일에 돈을 돌같이 여기며 관심없는 깨끗한 사람을 일컬어 하는 말이 "아도" "아도한 사람"이라고 했다.

오늘날 진나라의 왕연 같은 아도한 사람이 얼마나 될까?

돈 싫어하는 사람이 어디 있는가?

"아도"가 아니다. "아, 돈"이다.

돈의 위력은 어느 정도인가?

사람들의 관심이 돈에 집중된 것은 돈의 힘이란 대단하기 때문이다. 돈은 영적인 문제를 제외하고는 인간의 육신적인 문제를 대부분 해결해 주기 때문이다.

요즘 부모들이 돈이 효자라 한다. 자식들 있어봐야 짐만 될 뿐이고 효도하지 않는다는 것이다. 열 놈 자식보다 돈이 효자란다.

그렇다. 자식들도 돈이 있어야 효도한다. 돈 없으면 효도를 할 수없다. 그래서 돈이 효자라는 말을 한다.

젊은이들은 재테크에 관심이 많다. 작장생활을 하여서 어떻게든 돈 10억 재산 모으기에 관심을 갖는다.

삶의 저변에 깔린 재테크 기법은 너 죽고 나 살자는 방식들이다. 그래서 돈이 된다면 모든 곳에 투자를 한다. 노후를 위하여 많은 보험에 가입하고 연금을 불입한다.

그러나 힘차게 거리를 활보하던 사람들이 허전하게 병상에 누워 지내게 된다. 그리고 병원 지하실 차디찬 냉동실로 옮겨진다.

마지막 죽은 사람을 상품으로 상대하는 장례식장에서는 눈물 흘리는 유족들을 상대로 돈을 벌어들인다.

한 푼도 가져가는 것이 없다. 거친 삼배 수의 한 벌로 족하고 좁은 나무 관에 들어간다. 톰워커와 다를 바가 무엇일까?

너희는 돈을 어떻게 생각하느냐?

현대 교회 안에도 톰워커와 같이 살아가는 사람들이 많다.

인생의 삶의 목적이 '돈'이다. 부자 되고 건강하고 성공하고 행복하게 살아가는 것이 신앙의 목표가 되었다.

천국과 지옥, 천국의 상급은 믿지 않는다. 그러한 것은 이미 관념적일 뿐이다. 이 세상에 낙원을 꿈꾸며 살아간다. 하나님을 믿지 않고 돈을 믿는다. 예수님이 지신 십자가는 이미 황금으로 변했다. 예수님이 십자가에서 흘리신 붉은 피는 황금의 피가 되었다.

예수님의 마음을 즐겁게 해야 복을 받기 때문에 마음에 없는 헌금도 하고 봉사도 한다. 그러다가 마음에 들지 않으면 "하나님은 없다"고 하면서 돌아선다.

교회는 어떠한가? 하나님의 관심이 무엇이며 하나님의 방법이 무엇인가를 생각하지 않는다. 하나님의 이름을 말하면서도 사람들을 위하여 일한다.

기도하는 것보다는 계산기를 두드리는 것에 더욱 익숙하다.

성령님의 인도, 역사 보다는 전문적인 컨설팅에 문제를 의뢰하는 것이 편리하다.

하나님을 믿으면 육신적으로 피곤하다는 것이다. 기도해야 하고 예배 드려야 하고 성경 읽어야 하고 전도해야 하기 때문이다. 넉넉한 돈만 있다면 이성적인 판단으로 살아가는 것이 편리한 것이다.

열심히 일하는 것은 죄가 되지 않는다. 그러나 열심히 일하는 목적이 돈이라면 죄가 된다.

부자가 되는 목적을 가진다면 그것은 죄가 아니다. 그러나 십일조를 도적질하고 가난한 자의 임금을 착취하고 부정한 방법으로 돈을 벌어서 부자가 된다면 부자가 되는 것은 죄가 된다.

건강하게 사는 것은 죄가 아니다. 그러나 건강하게 살기 위하여 육체가 하나님이 되어 모든 것을 육신에 따라서 생각하고 행동한다면 육신의 건강을 추구하는 것은 분명 죄가 된다.

오늘날 교회의 모습 속에서 톰워커와 같이 영혼을 팔고 신앙과 믿음을 팔아먹고 있는 것을 볼 수 있다.

오늘날 교회 안에 있는 톰워커는 자신이 구원받았다고 생각한다. 그러나 착각과 환상에 빠져 자신의 영혼이 사단에 짓밟혀 비참한 상태에 있음을 깨닫지 못한다.

교회 밖에도 교회 안에도 사람들의 관심은 돈과 건강이다.

영혼의 귀중성은 생각지 않는다. 그러나 어느 날 죽음은 아주 쉽게 다가와서 물러서지 않는다.

악마의 진정한 공격목표는 교회와 성도들이다. 진정한 그리스도의 복음이 없으면 모두 톰워커와 같이 된다.

오늘도 악마는 우리를 향하여 거래를 하려고 한다.
육신적 만족을 주고 영적인 것을 빼앗아 간다.

나더러 주여 하는 자마다 천국에 다 들어갈 것이 아니요
다만 하늘에 계신 내 아버지의 뜻대로 행하는 자라야 들어가리라
(마태복음 7 : 21)

10. 사람이 다르면 생각도 다르다

제직회에서 지은 죄

  평소에 말이 많은 김권사가 주일 제직회에서 평소에 감정이 좋지 않은 박 권사의 의견에 반대하여 큰 소리로 다투고 집으로 돌아왔다.

  저녁 늦은밤 마음이 편하지 않아 깊은 잠을 이루지 못하고 선잠을 자다가 이상한 꿈을 꾸었다.

  박권사 죽어서 천국에 가는데 천국 문 앞에서 만났다. 박 권사가 천국 문에 들어가기 전에 손을 내밀면서 "김 권사님 천국은 다툼이 없는 곳이지요! 어제 제직회때 사소한 의견 차이로 다툰 것 용서해 주세요" 하고는 환한 얼굴로 악수를 하고는 천국문으로 들어갔다.

  애석한 마음으로 박권사를 잡았으나 이미 박권사는 보이지 않았다. 김권사는 너무도 생생한 꿈이라 잠을 이루지 못하였다.

  제직회 때 박권사와 다툰 문제를 생각하니 정말 별것 아니였는데 왜, 그렇게 성질을 내었는지 후회가 되었다. 새벽 기도에 나가서 박권사에게 먼저 사과해야겠다며 교회로 왔다.

새벽 기도가 시작되었으나 평소 박권사가 앉은 자리는 비어있었다. 설교를 마친 목사님이 광고를 하는데 간밤에 박권사님이 소천하였다는 것이다.

갈등을 겪기는 쉽지만 화해 한다는 것은 참 어려운 것이다. 자신의 잘못을 인정하고 용서를 구하는 솔직한 행동을 하나님은 기뻐하신다. 사람들은 자신이 잘못한 것을 내심 인정하지만 용서를 구하는 행동은 자존심 상하는 일이라며 화해를 거부하는 사람들이 많다. 그리하여 화해와 용서하는 기회를 놓쳐버린 경우가 많다.

사람이 다르면 생각도 다르다

모든 사람의 생각이 일치할 수는 없다. 그러므로 갈등은 항상 있다. 사랑하는 관계에도 갈등은 있다.

문제는 자신의 주장을 펼치면서 갈등 관계를 형성하기 쉽지만 그 갈등을 지혜롭게 해소시키는 방법과 화해의 기회에 대하여 무지하다는 것이다.

자신의 잘못을 솔직하게 인정하고 용서를 구하는 사람은 참 좋은 사람이다. 진심으로 용서를 구하는 자에게 조건 없이 용서하는 아름다운 마음도 귀한 것이다.

그렇게 될 줄 몰랐는데

어느 신혼 부부가 결혼을 한 후에 성격차로 심하게 다투었다. 신혼 초에 상대방의 기선을 제압하지 않으면 평생 당하고 살 수 있다는 선배들의 충고를 생각 하였다. 서로 자존심을 세우면서 대립 관계를 지속시켰다.

분노한 남편은 자동차를 운전하여 아침 출근 중에 아무리 생각해도 자신은 잘못한 것이 없는데 아내에게 무시당한다는 생각에 사로 잡혔다.

164

간밤에 싸움한 것을 골똘히 생각하다 그만 중앙선을 넘어 정면충돌하여 현장에서 죽었다.

남편이 출근하다 교통사고로 죽었다는 소식을 아내가 듣고는 어제밤에 다툰 것을 크게 후회하며 심한 죄책감에 빠졌다. 그 후 심한 우울증으로 절망의 날을 보내었다.

예수님은 분을 품어도 해가 지도록 분을 품지 말라고 했다. 그런데 누군가를 미워하며 갈등을 겪으며 산다는 것은 지옥 같은 삶이다.

이 세상에서 가장 어리석은 사람은 용서 하지 못하는 사람이다. 마음 속에 복수와 증오를 불태우는 것은 자신을 불행하게 하는 것이다. 진심으로 이웃을 용서하지 못하는 사람은 하나님 앞에서 용서받지 못한 사람이다.

용서할 때 자유로워진다

용서한다는 것은 부정적인 경험과 지난 날의 고통 스러운 생각에서 나를 해방시키는 것이다.

용서는 진정 그를 위한 것이 아니다.

용서는 나를 위한 것이다.

용서함으로 그 사람이 자유로워 지는 것이 아니다.

용서함으로 내가 자유롭고 즐거우며 평안하다.

때로는 일생중에 용서 할 수 없는 사람과 사건들이 있다. 그러한 때에 예수님은 형제를 사랑하고 원수를 용서하라고 했다. 그 말씀대로 용서한다는 것은 정말 힘든 말씀이다.

행복은 사랑하는 아름다운 생각에서 출발한다. 진정한 평안과 위로는 심령에서 나오는 생각이다.

시간은 멈추지 않지만 내가 멈출 때가 있다

우리 모두 늦은 후회를 할 때가 있다.

용서 받아야 하지만 용서 받지 못할 때가 있다.

용서해 주어야 하지만 용서 받아야 할 사람은 이미 없는 경우가 있다.

참으로 애석한 일들이다. 신속한 용서와 화해의 기회를 가지는 사람은 복되다.

갈등으로 인한 대립 구도에서 벗어나 사랑과 화해와 넓은 이해로 사랑하며 상대방을 존귀하게 여기는 삶을 살아가는 것이 오늘이 복 되고 내일이 행복할 것이다.

너희가 사람과실을 용서하면
너희 천부께서도 너희 과실을 용서하시려니와
너희가 사람의 과실을 용서하지 아니하면
너희 아버지께서도 너희 과실을 용서하지 아니하시리라
(마태복음 6 : 14-16)

11. 응답되지 않은 기도

어거스터스의 소원

헤르만 헤세의 〈어거스터스〉 라는 작품 중에 이러한 내용이 있다.

한 산모가 아기를 출산했다. 그 아기의 이름을 어거스터스라 했다. 한 노인이 나타나서 말했다.

"내가 한 가지 소원을 들어 주겠소. 소원을 말하세요."

어거스터스 어머니는 깊이 생각을 한 후에 말하였다. "모든 사람들에게 사랑을 받는 아이가 되게 해주세요."

그리고 시간이 지나면서 어거스터스는 모든 사람들로부터 사랑을 받고 성장하였다. 어릴 때부터 어거스터스 미워하는 사람이 없었다. 청년이 되고 장년이 되었어도 모든 사람들은 어거스터스를 사랑했다.

그러나 어거스터스는 모든 사람들에게 사랑을 받으면서 매우 교만한 사람이 되었다. 자신이 사람들로부터 사랑을 받는 것은 사랑 받을 자격이 있다고 생각했다. 어거스터스는 사랑을 받기만 하였지 어떠한 사람도 사랑하지 못했다. 시간이 가면서 어거스터스는 점점 교만한 사람으로 변했다. 결국 어거스터스는 노년에 주변 사람들로부터 외면 당하는 비참한 사람이 되었다.

어거스터스가 노년에 비참한 처지에 있을 때 한 노인이 나타나서 어거스터스에게 말했다.
"내가 당신의 소원 하나만 들어주겠소 말하세요."
어거스터스는 깊이 생각한 후에 말했다
"사랑을 줄 수 있는 사람이 되게 해주세요."
내가 가진 소원이란 때로는 나만을 위한 것 일뿐 다른 사람에게는 괴로움이 될 수도 있기 때문에 하나님께 아무리 소원하고 기도해도 응답되지 않는다. 하나님의 크신 은혜 안에서 모든 것이 조정된다.
새해에는 많은 생각들을 하며 꿈을 가진다. 그리고는 불가능이 없다는 자신감을 가지고 힘써 노력한다. 그러나 12월이 되면 가장 많은 후회와 아쉬움을 가지면서 내 생애에 불가능이 많다는 것을 깨닫게 된다.
사람이 계획한대로 세상이 된다면 얼마나 좋겠는가. 모든 사람들은 자신의 뜻대로 세상이 되어 주기를 원하며 노력한다. 그러나 내가 가진 뜻과 꿈이 10%만 성취되어도 그 사람은 만족하며 살 수 있다.

일방통행식 소원 성취는 하나님이 허락하지 않는다. 내 뜻대로 모든 것이 된다면 세상은 정말 무질서하며 모든 질서는 파괴 될 것이다. 나는 소원이 성취되며 꿈이 이루어지는 것이지만 다른 사람에게는 고통과 슬픔이 될 수도 있다.

내 소원이 이웃의 불행이 될 수 있다
사울 왕의 뜻대로 되었다면 다윗은 일찍 죽었을 것이다.
요나의 뜻대로 되었다면 니느웨는 회개의 기회를 가질 수 없었을 것이다.
다윗은 자신의 뜻대로 밧세바를 취하여 자신의 아내로 삼고 충성된 신하 우리아를 교살했다. 그러나 그것은 심히 큰 불행이었다.

다윗의 가문에 칼 바람이 불고 음란의 바람이 불어 고통과 괴로움으로 다윗에게 돌아왔다.

예수님은 사랑하는 제자 베드로 요한 야고보를 데리고 변화 산으로 올라가서 하나님의 아들임을 보여 주셨다. 환상과 황홀경에 빠진 베드로는 주여 이곳이 좋사오니 이곳에 집을 짓고는 모세와 엘리야와 예수님과 우리 셋과 함께 천상의 낙원을 누리며 살자고 했다. 그러나 예수님은 베드로의 소원을 거절하였다.

새해에 가진 우리들의 많은 꿈들이 때로는 이루어지지 않았다 해서 실망할 필요는 없다. 이 세상은 하나님이 창조하신 세상임으로 세상의 모든 것은 하나님 뜻대로 된다. 하나님의 세상을 내 뜻대로 한번 만들어 보려는 생각은 참으로 어리석은 것이다.

꿈과 계획은 가지고 있으나 하나님의 뜻하심을 따라가는 유연함이 우리에게 필요하다. 내가 가진 꿈을 위하여 열심히 기도하고 노력하는 것은 하나님의 인도함을 받기 위한 것이다.

진정한 믿음의 사람은 하나님의 계획을 항상 먼저 생각하고 인도를 받게 된다. 마음에 소원한 것이 다 이루어지지는 않았지만 그래도 하나님께서 은혜로 인도하여 주신 것에 대하여 만족하며 감사하는 마음을 가져야 한다.

어떤 때는 별생각 없이 그냥 마음에 생각만 했는데도 이루어지는 때도 있었지 않는가? 모두가 하나님의 은혜라 생각하며 감사할 뿐이다.

이 모든 일은 같은 한 성령이 행하사
그 뜻대로 각 사람에게 나눠 주시느니라
(고린도전서 12 : 11)

12. 대대리의 첫 번째 새벽송

오래된 성탄절 이야기

유년 시절의 성탄절은 많은 추억을 남겨 주었다. 12월로 접어들면 성탄절 준비를 위하여 차가운 교회당 마룻바닥에 방석을 깔고 선생님의 지도를 받으면서 연극, 무용, 찬송을 배우기도 했다.

성탄절 트리에 사용할 적당한 크기의 나무는 평소 산에서 쓸 만한 나무를 보아 둔 곳으로 가서 잘라 밤중에 교회로 가져 왔다. 파출소 순경들이 보면 나무를 잘랐다고 산림법으로 벌금을 물기 때문이었다.

고등학교 2학년 때 성탄절, 연극 대본을 쓰고 후배들과 함께 동방박사 연극을 멋지게 연출 한 기억은 지금도 인상 깊게 남겨져 있다. 시골 교회에서 연극에 분장을 하는 것은 어려운 것이었다. 마리아는 여집사님 속치마를 뒤집어 쓰고, 아기 예수님은 베게로 하고, 동방박사는 생각다 못하여 들통같이 생긴 헌금 바구니를 3명의 박사들 머리에 거꾸로 씌웠다. 길쭉한 모자형상이 우습기도하지만 헌금바구니의 금색 십자가가 거꾸로 보이는데 마치 칼을 세운 것 같아 보였다.

연극 중에 첫 번째 동방박사가 아기 예수님을 찾아 가는 중에 키가 작은 친구의 머리가 그만 헌금통으로 쑥 들어갔다. 순식간에 교수형을 받기 직전 두건을 쓴 사형수 같아 보였다. 당황하여 헌금 바구니를 벗으려 하지만 고무줄에 모가지가 조여 잘 벗어지지 않았다.

두 번째 동방박사들이 베들레헴으로 와서 아기 예수님을 만나서 엄숙하게 엎드려 경배하는 순간 그만 헌금바구니가 머리에서 쑥 빠져 대강단에서 아래 강단으로 대굴대굴 굴러갔다.

또 한 번 모든 교인들의 웃음 폭탄이 터졌다. 연극에 감동을 받는 것이 아니라 연발하는 실수들에 배꼽을 잡고 웃은 성탄절 전날 축하의 밤은 잊을 수 없다.

자정이 넘어 천사들이 목자에게 예수님의 탄생을 알려 주는 새벽송을 집집마다 다니며 불렀다.

경험있는 집사님들이 성탄절 전날 새벽송 때 사용할 등을 손수 만들었다. 대나무를 쪼개어서 활처럼 불길에 휘어서 등의 골격을 만들고는 밖에는 창호지로 바른다. 그리고 창호지 위에 '축' "성탄' 큼직한 붓글씨를 쓴다.

크고 작은 등은 축구 공 형상의 둥근 것도 있고 어떠한 것은 십자가 형상의 등과 별 모양의 등도 있었다. 촛불을 켠 등을 들고 어두운 시골 길을 다니다 보면 심하게 흔들려 그만 촛불이 넘어지면서 창호지에 불이 옮겨 붙으면 불을 끄느라 온갖 수다를 떨며 웃었다.

대문 앞에서 성탄절 찬송을 부르면 집 주인과 가족들은 대문을 열고 '기쁘다 구주 오셨네' 찬송이 끝날 때까지 기도하면서 찬송을 듣고는, 함께 온 성도들이 "메리 크리스마스" 하면 준비한 선물을 넘겨준다. 집사님 어깨에 맨 광목 자루에 선물이 많아지면 산타클로스 자루가 된다.

대대리의 비상사태 선포

처음 전도되어 나온 김금자 누나 집으로 새벽송을 가게 되었다. 교회에서 약 4키로 정도 떨어진 대대리 마을은 금자 누나만 교회 나오고 예수님 믿는 사람이 없었다. 교회에서 좀 멀기는 하지만 그래도 예수님 오신 즐거운 성탄 소식을 전하여 주는 것이 좋겠다며 먼 길을 걸어 금자 누나 집 앞에 도착했다.

수십개 등불을 들고 삼십여명의 성도들이 골목을 섰다.

낮같이 훤하다. '고요한 밤 거룩한 밤', '그 어리신 예수'를 연속하여 불렀다.

먼 길을 찾아 와서 찬송 한 곡을 부르고 가는 것도 허전하고 이렇게 먼 곳에서 교회를 잘 나오고 있으니 한곡 더 불러 주는 것이 좋겠다는 생각이었다.

세번째 찬송 '기쁘다 구주 오셨네'를 힘차게 불렀다. 그 때 마을 이장집 비상 종소리가 요란하게 들리면서 "불이야!" 소리치며 동리 사람들이 몰려나왔다. '기쁘다 구주오셨네' 찬송은 다 부르지 못하고 골목은 난리가 났다.

대대리 마을이 생긴지 500년 넘도록 그 마을에 새벽송이 울려퍼지기는 처음이었다. 마을 사람들은 간밤에 잠을 자다가 새벽녘에 '기쁘다 구주 오셨네' 찬송 소리를 듣고는 불이 난 것으로 생각하고 골목으로 몰려 든 것이다.

그 때는 전기가 들어오지 않은 때였다. 수십 개의 촛불 등으로 대문 앞을 환하게 밝히고는 삼십 여명이 힘차게 찬송을 불렀으니 불난 줄 알고 사람들이 뛰쳐 나올만도 했다.

타락한 성탄문화

요즘 도시 교회에서 새벽송을 다니는 교회는 거의 없다. 시골 교회들도 조용한 성탄절을 보내기 운동을 펼치면서 교회가 너무 조용해 졌다. 그러는 사이에 11월부터 술집과 백화점은 성탄절 특수를 누리고 교회보다 아름다운 성탄 트리로 장식을 하고 손님들을 끌어 들인다.

예수님을 믿지 않은 사람들은 성탄절에 한 몫 잡겠다는 상술은 상당한 수준으로 성탄절 소비 문화를 형성하였다. 그러나 교회는 성탄절에 대한 인식이 점점 소극적이다.

미국의 몇몇 대형 교회들이 올해도 성탄절 예배를 드리지 않는다고 하며 이에 동참하는 교회가 점점 많아 진다고 한다.

성탄절은 예수님이 이 땅에 오심을 축하는 날이다. 교회가 앞장 서서 건전하고 복음적인 성탄절을 지키는 기독교 문화로 정착시켜 주는 것이 바람직하다.

성탄절을 중심으로 모든 교회가 예수님이 행한 사랑을 실천하고 구제와 섬기는 사회적 활동을 전개한다면 불신자들에게도 교회에 대한 더욱 새로운 인식과 감동을 줄 수 있을 것이다. 하나님도 기뻐하실 것이다. 문턱이 높은 것으로 생각한 교회가 더욱 친밀하고 따뜻하게 다가설 것이다.

첫 번째 성탄절은 오늘같이 화려하지는 않았지만 이상한 별이 나타났고 천사가 전해주는 큰 기쁨의 소식이 있었다. 동방 박사와 목자들의 진솔한 경배가 있었다.

요즘 성탄절은 정말 천상의 황홀경으로 빠지게 하는 휘황 찬란함이 유흥가에서부터 시작된다. 그러나 동방 박사들의 경배와 한밤에 양을 치는 목자들의 경배가 없다. 황금과 유황과 몰약은 있지만 주님께 드릴 것은 없다. 이상한 별 하나가 나타나 박사들을 이끌고 어두운 밤하늘에 주의 영광이 임하여 주의 사자가 전하여 주는 천상의 메시지도 사라졌다.

예수님 없는 성탄절을 보내는 세상은 온통 향락의 극치를 보여 소돔과 고모라의 전성시대가 되어 간다.

주님의 심정을 아는가?

천사들의 손에 이끌리어 소돔성을 탈출하는 롯은 오늘날 누구일까? 불타는 소돔성을 바라보며 하나님께 의인을 찾아 헤매는 아브라함의 심정을 가진 사람은 얼마나 될까?

주님이 보시기에 의인으로 인정할 만한 사람은 누구일까?

인자가 올 때에 믿음을 보겠느냐 말씀하신 예수님의 심정을 이해할
사람은 누구일까?

심히 두려울 뿐이다.

대대리에 첫 번째 새벽송을 부른 지금은 대대 교회가 건축되었다.
이번 성탄절에 대대리 마을은 어떠할까?

인자가 온 것은 섬김을 받으려 함이 아니라

도리어 섬기려 하고 자기 목숨을 많은 사람의 대속 물로 주려 함이니라

(마태복음 20 : 28)

치즈는 어떻게 먹는가

1. 천국댁

잊혀진 고향 집

방문을 열면 대청 마루가 보이고 죽담 아래 넓은 앞 마당과 낮은 앞 산이 보인다. 앞 마당 석축 아래 실개천이 흐르고 건너편에 동준이네 집이 있다. 대청 마루에 앉아서 오른쪽을 바라보면 큼직한 오동나무가 있고 정족산 한줄기인 우남산 높은 봉우리가 보인다.

대문 옆에 행랑채가 있고 그 옆에 길손들이 잠을 자는 사랑채가 있다. 집 주변에는 밤나무 석류나무 복숭아 나무들이 아름들이 고목이 되었다.

옛날 어느 진사가 집을 짖고는 주변에 유실수들을 심었는데 200년의 세월이 지나면서 고목이 되었다. 아버지께서 18세에 결혼을 하여 이사를 오신 후 사남삼녀를 낳으셨고 그 곳에서 우리는 자랐다.

아버지의 자(字)는 '천국' 이었다. 마을 사람들은 어머니를 "천국댁" 이라고 했다.

아버지는 장로 피택을 받고 환갑을 며칠 앞둔 오월에 하나님나라로 가셨다.

빗줄기 창살에 감금된 하루

그해 여름은 엄청난 비가 내렸다. 장대 같은 빗줄기가 바람을 타고 쏟아진다. 굵은 빗줄기가 파도를 치며 앞마당에 떨어진다. 마당은 한 자 높이의 뿌연 물보라를 일으킨다. 가끔 미꾸라지들이 마당에 떨어져 퍼덕인다.

넘버우에 있는 저수지에 물이 차올라 저수지가 붕괴될 것이라며 한 떼의 사람들이 허둥걸음으로 내려왔다.

정족산 한쪽 줄기 자락에 작은 계곡이 형성되고 개천을 중심하여 집을 짓고는 수백년 동안 아무 탈 없이 살아왔다. 그런데 20년 전 넘바우골짜기에 저수지를 만든 이후 부터는 장대비만 내리면 잠을 잘 수 없다. 저수지에 물이 차 오르면 개천 주변의 집은 가재 도구를 챙겨서 높은 지대로 피신을 해야 했다. 그런데 개천에 가장 가까운 집은 우리 집과 동준이네 집이다.

버림받은 예수쟁이

마을 사람들은 동준이네 집으로 가서 살림 도구들을 높은 지역으로 옮기기 시작했다. 그런데 우리 집에는 마을 사람들이 오지 않았다. 이유는 천국댁은 예수를 믿기 때문에 저수지가 터져 집과 사람이 쓸려가도 천당갈 것이니까 걱정 없다 한다.

점점 빗줄기가 굵어진다. 마당 앞으로 흐르는 실개천에는 붉은 흙탕물이 용트림하듯 흘러 내린다. 빗소리, 바람소리, 개천에 물 흐르는 소리, 흐르는 물 속에 돌 굴러 가는 둔탁한 소리만 요란하다. 넘바우 저수지를 지켜보던 사람들이 또 다시 뛰어 내려와서 소리친다. 저수 뚝 중간에서 물이 새기 시작한다는 것이다.

동리 사람들이 야속하기도 했다. 우리 집이 예수 믿는다며 도와주지 않는 것을 보고 한편으로는 분하기도 하고 한편으로는 서러웠다.

초라한 탈출

안방 대나무 시렁 위에 가방 하나가 있다. 그 속에는 집안의 중요한 문서들이 있었다. 아버지가 동리 사람들에게 장리 쌀 빌려 준 영수증이나 집 토지에 대한 등기 권리증과 족보가 들어있었다. 저수지가 붕괴되어도 이것만 가지고 있으면 된다.

외양간에 암소 고삐를 잡고 피신을 하려했지만 개천이 범람하여 이미 마당에 흙탕물이 들어왔다. 돌무더기로 쌓여진 높은 담장을 소를 몰고는 넘을 수가 없었다.

하는 수 없이 집 뒤편 비탈진 대나무 밭으로 올라가기로 했다. 암소도 자연의 위태로운 상황을 안다. 보통 때는 절대로 가지 않을 대나무 밭으로 몇 번이나 미끄러지며 올라간다. 힘겹게 대나무 밭을 지나서 언덕으로 올라가는 외길로 접어들었다. 빗줄기는 점점 굵어지고 온몸은 젖어 한기를 느꼈다.

초등학교 동창 수찬이 집은 우리집 뒷편 언덕 위에 있다. 수찬이네 집은 우리 동네에서 가장 가난했다. 초등학교 다닐 때에 아버지가 돌아가셨다. 중학교 진학을 하지 못하고 회야강으로 나가서 모래 자갈을 모아 팔아 생계를 이어갔다.

수찬이네 마당에 큰 감나무에 암소를 매어 두고 수찬이네 가족과 쪽마루에 앉았다. 저 멀리 넘바우 저수지가 보이고 그 주변에는 수십명의 마을 사람들이 삽을 들고 빗속에 있다.

아래쪽 건너편 동준이 집에는 여전히 마을 사람들이 가재 도구를 집 밖으로 옮기고 있다. 무거운 돌절구까지 옮기고 있었다. 그러나 우리 집은 아무도 찾아 오지 않았다.

하나님 이름을 위하여 드린 소년의 기도

가을 농사를 짓고 나면 동네 머슴들은 초당 방에 모여 고스톱을 친다. 한 해 세경을 하룻밤에 잃어버리면 못살겠다며 동리가 다 알도록 부부 싸움을 하던 김씨, 먹을 양식이 없어 해질녘에 어머니를 찾아와

쌀을 달라고 하던 윤씨, 아버지가 돌아가시자 외면했다.

장대비가 내리는 하늘을 바라보며 하나님께 기도했다.
"하나님 넘바우 저수지가 터지지 않도록 해주세요."
"넘바우 저수지 터져서 우리 집이 쓸려 가면 마을 사람들이 예수님 믿어 망했다고 말할 것 아닙니까?"
굵은 빗줄기 사이로 동준이네는 여전히 마을 사람들이 짐들을 옮기고 있다. 정오가 지나서도 장대비는 조금도 그칠 줄 몰랐다.
오후 3시쯤부터 비가 그치면서 저수지 물도 어느 정도 수위가 낮아져 저수지 붕괴에 대한 위험이 사라졌다.
저녁에 어머니와 동생과 소를 몰고 집으로 돌아왔다. 부엌 아궁이에 솔가지 불을 지피면서 하나님이 기도를 들어 주신 것에 감사 기도를 드렸다. 어머니가 지은 저녁을 함께 먹었다. 온종일 여름 장마에 추워 떨었지만 따듯한 안방에 누우니 금방 잠이 들었다.

동준네의 원망
다음 날 햇살이 내려 비치고 오동나무에 왕 매미들이 울어대는 깨끗한 날씨였다. 푸른 하늘에 하얀 구름이 둥실 둥실 우남산을 넘어간다. 장대비가 내리고 나면 논에 나가 농약을 쳐야 한다.
그런데 동준이네는 모든 살림살이를 동리 사람들이 다 들고 나와서 높은 지대로 옮겨 두었기 때문에 온 종일 장대비를 맞아서 엉망이 되었다. 몇 날 며칠을 두고 가족끼리 가재도구를 집으로 날라 들이는 고역을 치루었다.

하나님 앞에 감사했다. 동리 사람들이 저수지가 터지면 천국 댁은 예수 믿으니까 쓸려 내려가 죽고 망해버리라고 말하면서 우리집 살림살이를 집밖으로 옮겨주지 않은 것이 정말 다행이었다.

만약 저수지가 붕괴되었다면 우리 집은 급류에 유실되고 가재도구

하나 건지지 못한 처량한 신세가 되었을 것이다.

천국댁, 예수 믿어 망했다며 빈정대는 소리를 평생 들어야 했을 것이다.

동준이 어머니가 불평하기 시작했다. 세상에 멀쩡한 살림살이들을 장대비가 오는데 들고 나가 모두 비를 맞아서 엉망이 되었다며 짐을 날라준 사람들을 원망 하였다.

"천국댁 같이 그만 두지."

장대비가 내리는 여름이면 요즘도 그 때 그 일이 생각난다.

천둥 번개가 온 천지에 번져 내리는 빗소리. 개천으로 흐르는 황토 물소리 그 탁류 소리에서 들리는 바위들이 굴러가는 무거운 돌 소리들. 이제는 아련한 고향의 추억이 되었다.

이방인이 되어

올 초봄에 영성 세미나 참석을 위하여 부산으로 갔다가 올라오는 길에 잠시 고향을 찾았다. 아버지 산소 앞에서 내려다보이는 옛 동리는 많이 변했다.

이제는 천국댁도 없어지고 동준이네도 없어졌다. 어른들은 세상을 떠나고 아이들은 장성해서 모두 도회지로 흩어졌다.

이제는 비가 와도 살림살이를 옮겨줄 이웃도 없고 예수 믿는다고 멸시할 이웃도 없었다.

고향 산천은 변함이 없으나 이곳 저곳에 낯선 전원 주택이 들어서고 공장들이 세워져 있었다.

부슬부슬 봄 비가 내린다.

알아보는 사람도 없는 옛 집터에서 빗줄기를 받쳐 든 우산이 투투 뚝 울고 있다.

낯선 한 아주머니가 다가왔다

"아이씨요. 왜, 우째왔능교."

"여기가 옛날 우리 집터였습니다."

"뭬라꼬요?"

"여기가 옛날 우리 집, 천국 댁 집터라고요."

"천국댁요?"

"아, 아이고 그러십니까?"

주인이 나그네가 되고 나그네가 주인이 되고. 그리고 나그네가 되어 가고 있다.

영원한 주인이 없는 것 이것이 우리의 인생이 아닐까?

사랑하는 자들아 나그네와 행인 같은 너희를 권하노니
영혼을 거스려 싸우는 육체의 정욕을 제어하라
(베드로전서 2 : 11)

2. 다시 잡힌 물고기

어느 은퇴 목사의 노후

평생을 목회하다 은퇴 하신 목사님이 교회에서 배려한 산수가 좋은 곳에 집을 마련하고 노년을 보내게 되었다.

일평생 한 교회에서 목회를 했으므로 심심찮게 성도들이 찾아와 노년에 위로가 되었다. 그런데 문제는 목사님이 아름다운 기억력이 점점 사라지고 경미한 치매 현상이 오게 되었다.

그 목사는 젊은 날 자타가 공인하는 유창한 영어 실력을 가졌다. 미국 유학을 했으며 많은 집회에서 통역을 하였다. 그런데 은퇴 후에 치매 증상이 오면서 영어는 한마디도 하지 못했고 알아 듣지도 못했다. 천진 난만한 어린 유년시절로 돌아간 것이다. 까맣게 잊혀진 유년의 기억 속에 머물며 시골 소년으로 돌아갔다.

가끔 찾아오는 장로를 향하여 "이 나쁜 놈" 하고 권사를 향해서 "이 나쁜 년 왜 왔느냐?"하며 분노했다.

목사님으로부터 욕설을 들은 장로와 권사가 목사님 찾아가기가 점점 두려워졌다.

목회 할 때는 모두 성자라고 했다. 당회 할 때 섭섭하게 해도 장로들에 대하여 화내는 일이 없었다. 언제나 따뜻하고 온화하게 대해 주었다. 그런데 은퇴 후 그 섭섭한 것을 여과없이 분노와 욕설을 하였다.
목회 생활에서 얼마나 스트레스를 많이 받았으면 그렇게 하였을까?

물고기의 기억은 3초

낚시 하는 사람 중에는 낚시를 하는 것 자체를 즐기는 사람들이 있다. 고기를 낚아 올릴 때 낚시대에 전달되는 손에 떨림과 무게를 즐긴다. 그러한 사람들은 대부분 잡은 고기를 다시 물 속에 놓아 준다.

그런데 얼마 후 놓아 준 고기가 다시 낚시에 잡히는 경우가 많다. 낚시에 잡힌 물고기는 죽음을 뜻한다. 어쩌면 물고기의 일생에 있어 가장 불행한 날일 것이다. 낚시꾼의 은혜로 물 속으로 돌아간 물고기는 낚시꾼을 멀리 떠나 안전한 곳으로 도망쳐야 할 것이지만 다시 찾아와서 미끼를 먹다가 잡힌다는 것이다.

어느 학자가 연구한 결과 물고기의 기억력은 3초라고 했다. 조금 전에 일들을 기억하지 못한다는 것이다. 그래서 수족관에 있는 금붕어는 조금 전에 지나간 곳을 다시 지나 갈 때에 3초 전의 기억은 사라졌으므로 새로운 곳에 오게 됨으로 너무 신기하고 즐겁다는 것이다. 그래서 온종일 좁은 수족관을 헤엄쳐 다녀도 피곤하거나 지치지 않고 즐겁다는 것이다.

또한 먹이를 주면 자신이 얼마나 먹었는지 자각하지 못하고 계속 먹고는 배가 터져 죽기도 한다. 그러나 연어는 자신이 산란한 하천에서 바다로 내려가서 3-4년 동안 바다에서 생활을 하다가 다시 자신의 태어난 하천으로 돌아온다. 그 곳에서 산란을 하고는 죽는다. 연어의 회귀 능력은 신비에 가까운 것이다. 하나님이 주신 본능이다.

제한된 인간의 한계

인간의 뇌의 기능은 일천억 비트 즉, 대백과사전 500배가 넘는 정보를 기억할 수 있다. 그런데 인간의 뇌는 1.3kg으로 매일 3만개의 뇌세포가 죽고 5만개의 뇌세포가 다시 생성하지만 20세를 정점으로 하여 기억력은 점점 쇠퇴하게 된다.

젊은 날 가진 총명하고 우수한 기억력도 쇠퇴하여 노년에 건망증이 생기고 치매로 많은 기억들을 상실하고 고통을 겪는 경우가 있다.

치매는 의학적으로 한 가지 원인으로 발병하지 않는다. 70여 가지의 의학적 원인들이 복합되어 발병하는데 치매의 최고의 원인은 스트레스이다. 치매는 계절의 변화나 가족 관계에 대한 기억력도 상실됨으로 결국은 우울한 이방인이 된다. 이는 나이가 많은 사람에게만 치매가 있는 것이 아니다. 30대 젊은이들에게도 치매는 찾아온다.
하나님은 인간이 모태에서부터 무엇인가 인지하여 기억으로 남게 하였다. 그리고 죽음의 순간까지 인지하다 세상을 떠나게 된다.

기왓장과 재상
가난과 고생을 겪은 한 재상이 있었다. 그가 재상의 지위에 오르기까지 역경이란 이루 말할 수 없었다.
재상은 매일 아침 일찍 일어나 마당 한쪽에 있는 기와장을 들어 집 뒤 편으로 옮겨 두고 조정으로 나가서 하루 종일 일을 하고 집으로 돌아오면 뒷 마당에 있는 기와장을 다시 앞 마당으로 힘겹게 옮겨 놓았다. 이러한 힘든 일을 하루도 쉬지 않고 계속했다.

임금님이 우연한 기회에 재상이 아침 저녁으로 이해 할 수 없는 행동을 한다는 말을 듣고는 조용히 불러 이유를 물어 보게 되었다. 재상이 말하기를 "지금은 편안하게 하루하루를 살아가고 있습니다. 그러나 과거에 힘겹게 노력하지 않으면 살 수 없는 사람이었습니다."
그래서 매일 매일 힘든 일들을 하면서 지난 날 고생하던 때의 마음을 잊어버리지 않기 위하여, 또한 재상의 자리에서 나태하지 않기 위

184

하여 매일 기와장을 옮기는 힘든 일을 한다 했다.

열심히 노력하고 긍정적인 생각을 가지고 노력하는 사람은 치매에 잘 걸리지 않는다.

치매보다 무서운 영적 무감각

육체적 치매 현상과 기억력 상실 보다 불행한 것이 영적 망각과 무력감이다. 살았으나 죽은 것 같은 사람이 곧 영적 무지에 빠져 허우적거리고 있는 사람들이다. 그리고 영적 충격을 느끼지 못하는 사람들이다.

영적 실패를 실패로 인식하지 못하는 것이나, 거듭된 영적 실패를 계속하면서 원인도 모르고 아무런 감각을 느끼지 못하는 것이 영적 치매 현상이다.

마음 착한 낚시꾼은 잡은 물고기를 다시 물속에 놓아 주기도 하지만 사단의 손아귀에 한번 잡혀든 사람은 놓치지 않고 자기 방식대로 요리를 한다.

오늘도 사단이 던진 미끼를 분별하지 못하고 유혹의 맛을 음미하며 사단의 품으로 들어가면서 이것이 자유요 행복이라 말하지 않는가?

너는 청년의 때 곧 곤고한 날이 이르기 전
나는 아무 낙이 없다고 할 해가 가깝기 전에 너의 창조자를 기억하라
(전도서 12 : 1)

3. 돌아온 강대룡

사라호 태풍이 지나간 후

1959년 9월 17일 새벽, 태풍 〈사라〉는 한반도 남부지역인 남해안을 거쳐 부산·울산과 대구·영천 등 특히 경상남북도 지역에 막대한 피해를 입히고 이튿날 동해로 빠져나간 뒤 소멸하였다.

평균 초속 45m의 강풍에 폭우까지 겹쳐 해안 지역에서는 강력한 해일이 일어, 강이 역류해 남부지방 전역의 가옥과 농경지가 물에 잠겼다. 곳곳의 도로가 유실되고 교량이 파손되었음은 물론, 막대한 인명 피해와 재산 피해가 발생하였다.

그 피해 규모는 사망·실종 849명, 이재민 37만 3459명이 발생하였고, 선박 파손 1만 1704척 등 총 1900억 원(1992년 화폐가치 기준)의 재산 피해가 발생하였다.

이는 일본의 식민지 치하에서 고통을 받다 6.25전쟁으로 상처가 깊은 가운데 먹고 살기 힘겨운 때에 태풍 사라는 또 한번 엄청난 피해를 남겼다.

동구 밖 신작로에 다리가 하나가 있었다. 그 아래 삼부자 거지가 살림을 차렸다. 전후 가난한 마을 인심이란 위쪽에서 내려온 피난민들이 스쳐간 후 야박하게 변해 버렸다.

가끔 목발을 집거나 갈고리 손을 한 상이군인이 집단을 이루어 마을에 나타나면 방문을 걸어 잠그고 인기척을 숨기는 천박한 민심이었다.

다리 아래 삼부자 거지가 사라호 태풍으로 모든 것을 잃고 알거지가 되어서 우리 마을로 왔다. 대부분 소작농인 농촌의 실정으로 하루 종일 쌀 동냥을 한들 주는 이도 별로 없고 동냥을 받아 본들 얼마 되지 않았다. 때로는 찬밥을 통조림 깡통에 얻어다가 겨울이면 며칠을 먹기도 했다.

이듬 해 봄이 돌아왔을 때에 삼부자 거지에게 또 하나의 불행이 닥쳤다. 아버지가 죽었다. 마을 사람들이 장례를 치렀지만 타향에서 고아가 된 두 형제는 갈 곳이 없었다.

그 때 동생 강동우를 우리 집으로 데려왔다.

강동우는 그날부터 강대롱이라 부르고 상 머슴이 잠자는 방에서 자고 집안에 잔 심부름을 하며 몇 년의 세월이 지났다.

머슴도 주일은 쉬어야지

강대롱은 큰 형님과 나이가 같았다.

저녁이면 함께 교회를 다니기도 했으나 주일 낮에는 혼자 집안 일을 했다.

어느 날 큰 형님이 아버지에게 말하기를

"아버지 십계명에는 안식일에 집안 일하는 사람도 쉬게 해야 합니다"

"머슴이 주일이라고 쉬면 어떻게 하나? 일 년이면 두 달은 쉰다."

"아버지는 집사님이 아닙니까? 강대롱도 예수님을 믿으니까 주일에는 함께 교회를 가야 합니다."

아버지는 큰 형님의 말을 듣고 강대롱이 주일에 일하지 않고 함께 교회를 다니게 했다.

마을에는 소문이 났다. 천국댁 머슴은 일요일에 일하지 않고 교회 다닌다는 것이다. 그것은 아버지를 향하여 빈정거리는 소리였다.

강대롱은 주일에 교회를 가고 다른 날 열심히 일을 했다. 이제는 큰 머슴이 없어도 강대롱이 농사 일을 다 할 수 있게 되었다.

어느 날 강대롱은 군대 가기 위하여 신체 검사를 받으려 간다며 일주일 동안 집을 떠났다. 이제는 이별을 하는가보다 했는데 다시 집으로 돌아왔다. 군대 가는 것이 면제되었다 했다. 교회에서는 강대롱을 서리 집사로 임명을 했다.

보살을 찾아 나선 강집사

다음 해, 마을에 절 하나가 있었는데 강대롱은 절 머슴으로 들어갔다.

절 머슴이 되었으니 교회도 다니지 않았다. 불공 드리는 일을 도와주고 제사법 굿하는 법등 여러 가지 방법들을 열심히 배웠다.

불공드리러 오는 아가씨를 아내로 맞이하였다.

동네 한학을 하는 어른을 찾아 가서 막걸리 한 말을 내고 택호(宅號)를 지어 달라 부탁하여 '용천' 이라는 택호를 받아 용천댁이 되었다.

가끔 아저씨들은 강대롱을 "지랄 용천한다"며 놀리기도 했다.

대부분 머슴들은 겨울철에 노름으로 세경을 탕진했다. 강대롱은 마을 엿장수 집을 사고 논과 밭도 조금 매입하여 절 머슴 살이를 정리하였다.

처음 전기불이 들어온 날

어느 여름 저녁에 마을에 전기가 들어왔다. 전기 가설 공사를 한지 1년 넘도록 전기가 들어오지 않았는데 예고도 없이 초 저녁에 전기가 들어왔다.

호롱불을 사용하던 마을에 전기가 들어오자 안방은 대낮 같이 밝았다. 아이들은 골목을 뛰어 다니면 "전기불이다!"며 소리치고 어른들은 어디선가 불이 난 것으로 알고 놀라 뛰쳐나오기도 했다.

그 날 강대롱도 전기가 들어와 너무 좋아했다.

깊은 저녁에 잠을 자려고 하는데 전기 불을 끄는 방법을 몰랐다.

호롱불을 끄듯이 양볼에 바람을 가득 넣고는 "후–후–"불었다.

그러기를 수십번을 하고 하는 말 "야 그놈 전기불 되게 세다."

강대롱은 최후의 수단으로 수건을 물에 적셔 와서 전구를 감싸고는 "꺼져라 꺼져라" 했지만 김만 무럭무럭 올라왔다.

그 날 밤 강대롱은 뜬 눈으로 세웠다.

다시 일어나 아버지 품으로

그리고 몇 년이 지났다.

가을이 저물어 갈 즘에 어느날 밤 강대롱이 아버지를 찾아 왔다.

우리 집을 떠난지 십년 쯤 지났을 때였다.

아버지와 강대롱이 나누는 대화가 문틈으로 들렸다.

"집사님, 이혼을 해야 하겠습니다."

"무슨 일로... 강대롱, 이혼은 안 된다."

내용인즉 아내가 마을 사람들과 낙찰 계를 하다 사고가 났단다. 감당할 수 없는 빚을 짊어지게 되었는데 자신은 모르는 일이니 책임질 수 없다는 것이다.

지금까지 거지 생활에서 머슴살이하며 집과 토지를 장만 하였는데 그것을 팔아서 아내의 빚을 청산해 줄 수 없다는 것이다.

아버지는 조용히 말했다.

"강대롱, 하나님을 믿지?"

"예, 하나님을 믿지요."

아버지는 강대롱에게 상의도 없이 우리 집을 나가서 절에 머슴이 된 것과, 예수님 믿지 않고 우상을 섬기는 생활과, 술 담배를 먹고 살아간 것에 대하여 조용하게 책망을 하였다.

그리고 몇 가지를 당부했다.

첫 번째는 이번 주일부터 모든 가족이 교회로 나와 다시 예수님을 믿을 것,

두 번째는 모든 재산을 팔아서 빚을 깨끗이 청산할 것,
세 번째는 믿음으로 살면 최선을 다하여 도와 줄 것을 약속했다.
그리고 믿음 안에 살면 하나님이 다시 복을 주실 것이니 실망하지 말라고 위로 하였다.

강대롱은 그 주일에 아내와 딸 둘을 데리고 교회로 왔다. 그 날로 술과 담배도 끊었다.
모든 집과 토지를 팔아서 빚 잔치를 하고는 넘버우 고개 산 비탈 양지 바른 곳에 10평 정도의 움막을 짖고 그 위에 볏짚을 얻고 흙 바닥을 고르고 멍석을 펴고 한 쪽 구석에 솥을 걸고 굴뚝을 밖으로 내었다.
외진 산비탈에 전기도 들어오지 않고 우물도 없는 곳에 그야 말로 귀양살이를 하게 되었다.
오래전 사라호 태풍으로 이재민이 되어 우리 마을을 찾아 올 때와 같은 초라한 신세가 되었다.
한 해가 지나자 아버지는 넘바우 고개를 넘어가는 길 가에 있는 논 600평을 강대롱에게 주었다.
강대롱은 주일이면 모든 가족이 교회로 나왔다. 술 친구 담배 친구도 멀리하였다. 완전히 변화된 삶을 살았다. 강대롱은 다시 교회 집사가 되었다.

우리가 예수의 죽었다가 다시 사심을 믿을진대
이와 같이 예수 안에서 자는 자들도 하나님이 저와 함께 데리고 오시리라
(데살로니가전서 4 : 14)

4. 디지탈 신앙

감성시대 죽은 이성

사무실로 걸려오는 대부분의 전화는 텔레마케팅을 하는 상품 광고이다. 특히 휴대폰을 좋은 것으로 바꾸어 준다는 전화를 오전에만 세 번 받았다.

지금 사용하는 휴대폰은 흑백으로 그 흔한 음악 소리도 나오지 않는다. 문자를 보내는 것이 서툴러서 컴퓨터를 통해서 문자를 발송한다. 그러나 새로운 휴대폰에 다양한 기능이 있다 치더라도 유용하게 사용하지 못할 것 같아서 그냥 지금 것을 사용하고 있다.

옛날에는 집에 전화를 가지는 것이 부의 상징이었지만 요즘은 가족 전체가 휴대폰을 가지고 있는 경우가 많기에 집 전화가 없는 경우가 많다.

요즘 젊은이들은 휴대폰으로 전화를 하는 것보다 문자 발송을 많이 한다. 한동안 휴대폰을 공공 장소에서 너무 큰소리로 사용함으로 몰염치한 사람이라 욕을 먹었지만 요즘은 조용히 문자를 보낸다.

어느 곳에서나 엄지 손가락으로 차근차근 눌러대면서 비시시 웃는 모습을 볼 수 있다. 심지어 예배 시간에도 휴대폰으로 문자를 주고 받는다.

그러나 문자로 의사 전달을 하면서 인간적 정감은 점점 사라지고 기계적인 대화에 익숙해지면서 감성이 사라진 무감각한 인간관계가 되어간다.

전화를 통하여 들려지는 상대방의 음성에는 감정과 인격이 있다. 그러나 오늘 날은 대면성이 없어진 시대다. 대면할 것이 없으니 당연히 대화의 필요성도 점점 줄어간다. 그래서 사람들은 고독하지만 그것을 당연시 하고 있다.

죽어가는 인간성

노회 고시부에서 고시 준비를 위한 강의안을 모두 이메일로 전송받았다. 그리고 독촉을 하는 것도 모두 휴대폰 문자를 발송하였으며 그에 대한 회신도 문자로 왔다. 참 편리하지만 음성을 들으며 대화하는 인간성은 없었다.

옛날과 같이 새해가 되면 새로운 수첩을 준비하고 전화번호를 옮겨 적을 일들도 없어졌다. 휴대폰에 전화번호는 삼천명 정도 입력이 되고 달력도 있고 스케줄도 관리해 준다.

몇 달 전에 안성 사랑의 교회 수양관에 세미나에 갔을 때에 같은 숙소를 사용하는 40대 목사들은 모두 PDA을 사용하고 있었다. 교적부 심방보고서등 모두 개인 단말기로 하였다.

정말 편리하고 좋은 시대가 되었지만 인간성은 점점 메말라 가고 감정은 극도로 천박하여 간다.

오늘날 젊은이들의 입은 대화에 그리 필요하지 않다. 손가락만 있으면 휴대폰과 컴퓨터로 리모컨으로 의사 전달을 한다.

사람은 상대방의 얼굴을 보고 입술을 통하여 대화를 할 때 귀로 들려지는 음성과 눈으로 보는 표정에서 깊은 감정의 교류를 느낀다.

디지탈 문화는 편리성은 있을지라도 인간 관계에서 가장 중요한 감성이 점점 사라져가는 것은 아쉬운 것이다.

192

요즘 사람들은 스스로 소외되어 가고 생활 방식도 폐쇄적이다. 개인 마다 홈피를 만들고 그 곳에서 놀고 있다. 자신의 홈피에 얼마나 많은 사람들이 방문하고 어떠한 리풀을 달아 주는가에 관심을 가지다 보니 신생아를 엽기적으로 촬영하여 홈피에 올리는 일까지 생겼다.

하나님 문자 메세지도 받으시나요

어느 시대나 새로운 문화를 받아들이는 쪽은 문제시 되었다. 그러다 보니 요즘 젊은이들은 하나님께 무릎으로 기도하기 보다는 하나님께 문자 메시지를 보낼 정도이다. 엎드려 기도하고 찬송하는 시간은 지루 하고 생리적으로 맞지 않다는 것이다.

이제 신앙 생활 방식도 디지털 방식이 도입된다. 하나님께 기도하기 보다는 이메일을 보내고 휴대폰으로 문자 메세지를 보내기를 원한다. 디지털 시대에 무릎 꿇고 기도하는 것은 고리타분한 것으로 생각하다.

그러나 하나님에게는 디지털이 없다. 우리가 생각만 해도 하나님은 다 아신다. 우리가 기도하면 즉시 들으시고 응답하신다. 자판도 안테 나도 필요 없고 배터리를 충전할 필요도 없고 광 케이블을 깔 필요도 없다. 인공 위성을 띄울 필요도 없다.

불완전하기에 발전을 한다

인간의 문화는 계속 발전하여 간다. 발전하여 간다는 것은 불완전하 다는 것이다.

하나님은 발전하여 가는 것이 없다. 하나님은 완전하시며 완성되어 있기 때문이다. 인간이 아무리 첨단을 자랑해도 하나님 앞에서는 골동 품측에도 들지 못한다. 피조물은 피조물일 뿐 창조주의 수준에는 미칠 수 없다.

노아 홍수 후에 진행된 바벨탑 공사는 당시에 인간들의 발상이 오늘 날 반도체를 이용하여 디스커버리어호가 우주 개척을 떠나는 것과 동 일하다. 바벨탑 꼭대기를 하늘에 닿도록 하자는 계획은 획기적이었지 만 하나님은 허락하지 않았다.

첨단 과학의 발전과 유전 공학을 통하여 인간은 불로장수를 꿈꾸며 영원한 지상 천국을 계획하고 있다. 그러나 인간은 결국 불가능의 장벽에 서게 될 것이다. 인간이 하나님을 넘어설 수는 없다. 그것이 피조물의 한계다.

엄연한 사실은 인간은 인간의 수준을 벗어날 수 없다. 벼룩이 아무리 높이 뛰어도 하늘에 닿지 못하듯이 인간의 능력이 무한하다 할지라도 하나님 앞에는 한낱 초로와 같은 연약한 인생이다.

인간이 세운 놀라운 업적이란 지나고 보면 대수로운 것이 아니었다. 그러나 당시에는 대단한 발견을 한 것으로 생각된다.

코페르니쿠스를 이해 할 수 없는 시대

150년경 그리스의 K.프톨레마이오스에 의해 제안되었던 천동설은 중세까지 거의 1400여 년간 태양계의 운동을 설명하는 유일한 이론으로 존속되었다.

그 후 폴란드의 N.코페르니쿠스는 1543년 출판된 《천구의 회전에 관하여 De Revolutionibus Orbium Coelestium》에서 태양 중심설을 제창하였다.

코페르니쿠스는 태양으로부터 가까운 순으로 수성 · 금성 · 지구 · 화성 · 목성 · 토성 등의 행성들이 배열되어 있으며, 각 행성들은 일정한 속도를 가지고 태양 주위를 원운동 한다고 생각했다.

당시의 코페르니쿠스의 주장은 너무도 획기적인 주장으로 미친 사람으로 단정했다. 그 시대에 어떻게 그러한 이론을 생명을 걸고 주장할 수 있었을까?

인간은 하나님이 창조한 우주의 신비함을 다 알 수 없다.

1990년 4월 우주왕복선 디스커버리호에 허블 우주만원경을 실어 지구 상공 610km 궤도에 진입하여 우주 관측 활동을 시작하게 하였다.

하나님이 창조한 우주의 신비함과 광활함은 다 알 수 없으며 인간이 살고 있는 지구의 존재가 얼마나 작으며 신비로운가를 느낀다.

디지털에서 탈난 사람들

하나님을 인식하는 사람들은 교만하지 않으며 하나님을 인정하는 시대는 겸손할 수 있었다. 인간이 아무리 연구하고 발전한다 할지라도 피조물이기에 창조 능력은 없다. 다만 하나님이 창조한 것에서 새로운 것을 발견하고 응용하여 발명 할 뿐이다. 그러나 발견과 응용이 새로운 창조인양 으스대며 하나님을 향하여 도전하는 인간들의 행동은 교만하고 어리석다.

정작 인간이 무엇이며 어떠한 존재이며 인간은 어떻게 되는가에 대하여는 무지하다. 스스로 장벽을 만들고 그 안에 갇혀서 스스로 고독하고 외로움을 느낀다. 누군가로부터 위로 받고 사랑받기를 원하지만 대화할 상대가 없다. 얼굴과 얼굴을 대면하면 두려움이 먼저 앞선다.

이 시대에 진실로 필요한 것은 첨단의 과학적 시스템과 도구들이 아니다. 오직 예수 그리스도의 진실한 사랑이다.

그리스도의 따뜻한 사랑만이 철옹성 같은 인간의 장벽을 녹일 수 있다. 인간이 피조물이라는 사실을 깨닫게 해 줄 수 있는 유일한 방법은 예수 그리스도의 복음이다. 그러나 오늘 교회와 그리스도인들에게 예수의 사랑과 은혜가 말라 버렸다. 세상 풍류에 휩쓸려 빠져버린 것은 안타까운 것이다.

디지털 세대에 교회와 성도는 원초적인 복음으로 돌아가야 한다.

하나님은 크고 측량할 수 없는 일을 행하시며
기이한 일을 셀 수 없이 행하시나니
(욥기 5 : 9)

5. 세상에서 최고 강한 것

사랑바위 이야기

경상북도 봉화에서 울진으로 가는 36번 국도의 불영 계곡은 절경이다. 불영사 가까운 곳에 새터 휴게소가 있다. 주변 길가에 피어난 꽃들도 아름답다. 휴게소 앞을 끼고 돌아가는 불영계곡의 맑은 물소리는 계곡의 깊이만큼 깨끗하게 흘러내린다.

절벽에 노송들이 힘차게 가지를 뻗쳐든 저녁 나절 구름사이로 햇살이 하늘에서 땅으로 거대한 기둥을 세우고 있다. 노송들의 수령은 족히 300백년은 넘어 보인다.

스쳐간 시간들이 둥지에 껍질로 남아 비늘처럼 일어나면서 기묘한 형상을 그리고 있다. 자연이 간직한 신비함에 이끌려 카메라에 담아보려 가까이 접근하였다. 그런데 나무 아래는 기이한 형상의 바위가 돌이끼를 뒤집어 쓰고 은둔해 있었다. 한 눈에 느낄 수 있는 것은 남자와 여자가 서로 끌어 안고 키스를 하는 모습이다.

계곡의 울창한 소나무 숲에 은밀하게 숨어 사랑을 나누는 모습을 보며 자연의 신비함을 느낀다.

새터 휴게소 주인을 찾아서 바위에 대하여 질문을 했다. 지난 해에 우연히 그 바위를 발견하여 어느 방송국에서 방송을 하였는데 소문을 듣고서 요즘 찾는 사람들이 가끔 있다고 한다. 숲속에서 연인이 사랑을 나누는 모습을 바라보면 웃음이 절로 난다. 그래서 '사랑바위' 라고 이름을 지었다.

전설에 의하면 불영사에서 스님이 마을 처녀와 사랑에 빠져 숲속에서 몰래 사랑을 나누다 벌을 받아 스님과 처녀가 돌이 되었다한다.

태고적부터 사랑을 나누며 인적이 없는 이 깊은 숲속에 있었다. 세월이 흘러 넓은 신작로가 생기고 수천 년 동안 뭇 사람들이 오고 갈 때에도 그 자리에서 은밀하게 사랑을 나누고 있다.

어떻게 50년을 함께 살 수 있나

미국으로 이민 가신 조규남 장로님이 생각난다. 이민국에서 인터뷰를 하게 되었는데 결혼을 한지 몇 년이 되었는가 질문을 받았다.
"결혼 한지 올해로 50년이 되었습니다."
인터뷰를 하든 40대 흑인 여성이 당황하여 다시 질문을 했다.
"결혼을 몇 번을 했습니까?"
"결혼은 한 번 했습니다."
"   "
……
흑인 여성이 인터뷰를 하다 천장을 멍하니 쳐다보더니
"어떻게 50년을 함께 살아요? 지겹지 않아요?"
"나는 세 번 결혼을 했어요."
놀라운 표정으로 신기한 듯이 쳐다 보더라는 것이다.

사랑함으로 결혼을 한다. 주례자는 신랑 신부가 검은 머리가 흰 머리가 되도록 무병장수하며 다자다복하게 살으라한다. 그러나 결혼하여 50년을 함께 산다는 것은 하나님이 주신 특별한 은혜다. 하지만 오늘날의 가치관은 한번 결혼하면 평생 부부라는 개념이 점점 사라지고 있다. 사랑이 식어지면 언제든지 이혼을 한다. 일본에서부터 시작된 황혼 이혼이 요즘 유행처럼 번져 가고 있다.

결혼은 6가지의 중요한 요소가 있어야 성립된다. 하나의 '사랑' 과 다섯 가지의 '신뢰' 가 있어야 한다.
결혼을 하면 3주간은 서로에 대한 세밀한 관찰을 하게 된다.
3개월 동안은 일생동안 나누는 사랑의 절반을 나눈다.
3년 동안은 생명을 걸고 싸움을 한다.
30년 동안은 서로 용서하며 살아간다.
사람들이 말하기를 사랑하기 때문에 결혼하고 정 때문에 함께 산다고 한다.

결혼 생활에서 가장 중요한 것은 상대방을 신뢰하는 것이다. 신뢰 속에 사랑이 있다. 모든 것을 믿어주는 것이 사랑이다. 때로는 못 믿을 일을 저절러도 변함없이 신뢰 하는 것이다. 그러므로 하나의 사랑과 다섯 종류의 신뢰를 가져야 행복한 가정을 만들 수 있다.
사랑이라는 단어는 너무 쉽게 사용된다. 그러나 대부분의 사람들은 사랑에 심각한 갈증을 느낀다. 짐승도 사람도 자신을 인정해주고 사랑 하는 곳으로 간다.
많은 사람들은 사랑을 갈구하며 사랑 한다지만 진정 사랑이 무엇인지 모른다. 자신이 받는 것만 사랑으로 생각한다. 나는 무엇을 받았으며 얼마나 받을 것인가를 생각한다. 그러나 베풀고 주는 사랑을 깨닫지 못하면 늘 자신은 손해 보며 산다고 느낀다. 그래서 받은 만큼만 베풀고 싶으며, 베풀었다면 그 만큼 자신에게 무엇인가 돌아와야 한다는 보상 심리가 있다.

서로 사랑해야 완전한 사랑이다
인간 관계에서 일어나는 사랑의 결핍증은 자신이 받은 것만 사랑이라고 생각하기 때문이다. 이러한 사람은 사랑을 절반 밖에 모른다.

진정한 사랑은 내가 베풀어 주는 것이다. 진정한 사랑은 남을 위하여 나를 희생하는 것이다. 그러므로 내가 받은 사랑은 절반이요 내가 베푸는 사랑이 절반이다. 그리하여 사랑은 받기도 하고 주기도 하면서 완전해 지는 것이다. 진정한 신뢰 관계를 가진 사랑은 대가를 바라지 않고 베풀어 주는 사랑이다.

부모님의 사랑은 자식들에 어떠한 보상도 바라지 않는다. 진정한 부부의 사랑은 배우자를 위하여 자신을 희생하는 것이다.

예수님은 십자가에서 죄인된 나를 위하여 물과 피를 흘리시며 생명을 주셨다. 그러나 나는 예수님을 위하여 드린 것이 하나도 없다.

무엇이 가장 강한가

세상에 가장 강한 것 열 둘을 모았다. 그 중에서 최고 강한 것은 무엇일까?

첫 번째로 강한 것이 돌이다. 그렇지만 돌은 쇠에 의하여 깎아지고 깨어진다.

두 번째로 강한 것은 쇠지만 쇠는 불에 녹아진다.

세 번째는 불이지만 불은 물에 꺼진다. 그러므로 불보다 물이 더욱 강하다.

네 번째는 물이지만 물은 증발하여 결국 구름이 된다.

다섯 번째는 구름이지만 구름은 바람에 밀려가면서 흔적도 없이 흩어진다.

여섯 번째는 바람이지만 바람은 인간을 날아가게는 할 수 없다.

일곱 번째가 사람이다. 그러나 사람은 공포심 앞에는 몸도 마음도 산산조각나 무기력해진다.

여덟 번째가 공포심이다. 그러나 공포심은 술을 먹으면 사라진다. 술은 담대하게 한다.

아홉 번째가 술이다. 그러나 술은 잠만 자고 나면 그 효력이 사라진다.

열 번째가 잠이다. 잠은 죽음 앞에 무너진다.

　열한 번째 강한 것은 죽음이다. 그러나 죽음을 이길 수 있는 것은 오직 하나 사랑이다.

　열두 번째로 최고 강한 것은 사랑이다. 이 세상에 사랑을 이길 수 있는 것은 아무것도 없다. 이 세상에서 진정한 사랑보다 강한 것은 없다.

　인간을 가장 강하게 할 수 있는 것은 사랑이다. 그러므로 사랑하는 사람에게는 불가능이 없다. 사랑하는 사람에게는 절망과 낙심도 없다. 언제나 희망가운데 살아간다. 그러나 오늘날 많은 사람들은 사랑을 모른다. 쉽게 절망하고 낙심한다. 결국은 사랑아닌 돈에 집착하며 나 홀로 존재하려 몸부림친다.

　많은 사람들이 사랑한다고 고백하지만 그 사랑은 이기적인 것이다. 항상 불안하고 허약하다. 진정한 사랑은 신뢰를 가지며 깊은 애정의 강이 흐른다. 사람을 강하게 하는 것은 사랑이다. 사랑받지 못하는 사람 사랑할 사람이 없는 것은 불행이다. 이 세상에서 가장 약한 존재요 슬픈 사람이다.

　사랑하고 사랑받는 사람은 언제나 어디서나 행복하다.

　나는 무엇을 사랑하는가?

　나는 어떠한 사랑을 받고 있는가?

　인간에게 가장 중요 한 것은 사랑이다.

　사람에게 사랑이 없으면 사람은 짐승이 된다.

만물의 마지막이 가까웠으니
그러므로 너희는 정신을 차리고 근신하여 기도하라
무엇보다도 열심으로 서로 사랑할지니
사랑은 허다한 죄를 덮느니라
(베드로전서 4 : 7-8)

6. 치즈는 어떻게 먹는가

치즈 먹는 법부터 알아야 하는데

사랑의 교회 안성 수양관에서 국제 제자훈련원에서 진행하는 제자훈련 세미나에 참석했다. 아침 식사는 식빵 두 조각과 우유 한컵, 방울토마토, 야채 샐러드, 햄 한장과 치즈 한장이 나왔다.

간단한 아침 식사가 편안하다. 그런데 치즈의 비닐포장을 어떻게 벗겨 먹어야 할지 난감하다. 손톱으로 찢어도 비닐은 벗겨지지 않는다. 눈치를 보면서 이빨로 물어 찢어 보았으나 그래도 벗겨지지 않는다. 식판에 그냥 남겨두고 식사를 하기로 했다. 치즈 한 장 먹지 않는다 해서 큰일 날것도 아니다. 그러나 은근히 손해보는 느낌을 가지게 되었다. 쉽게 먹을 수 있도록 해야지 어떻게 손톱으로 찢어도 안 되고 이빨로 물어 짖어도 안 되는데 회사에서 잘못 만든 것이라 생각을 했다.

식사를 하면서 주변을 넌지시 보니까 50대 이상의 목사들은 대부분 나와 같이 치즈의 비닐포장을 벗기지 못하여 그냥 식판 위에 있다. 나처럼 손톱이나 이빨로 비닐을 찢고있는 모습을 보면서 나도 모르게 피식 웃고 말았다.

가끔 집에서 아이들이 똑같은 치즈를 먹는 것을 여러 번 보았지만 나는 치즈를 좋아하지 않기 때문에 눈여겨 보지 않았다. 그 때 한 번 볼 것을 그랬나 하는 작은 아쉬움이 든다.

그 때 30대 젊은 목사들이 식판을 들고 빈 의자에 앉았다. 그들은 치즈를 절반쯤 접으면서 중간부분에 비닐을 집어 당겨 벗겼다. 가만히 보니 치즈의 비닐 포장을 벗기는 것은 정말 쉬운 것이었다.

안다는 것과 모른다는 것은 종이 한 장의 차이다. 그러나 아는 것과 모르는 것에 대한 결과는 하늘과 땅만큼 크다.

모르면 때로는 바보 같은 상식 이하의 질문들을 한다. 그리고 기상천외한 행동을 하여 웃음거리가 되기도 한다. 그러나 모르는 사람들은 매우 심각한 문제이다. 알고나면 정말 별것 아닌 것인데 말이다.

5일간의 세미나를 마치고 어두운 밤 경부고속도로 안성 톨게이트를 진입하면서 길을 잘못 들었다는 것을 알았다. 그러나 중앙분리대가 끝없이 늘어서 있어 회차하기는 불가능하다. 10분정도 달려서 다시 돌아왔다. 분명 방향이 잘못되었다는 것을 알면서도 계속 진행할 수밖에 없었다. 좌회전 할 수 있는 조건이 되지 않았다. 어쩌면 이것이 우리들의 인생인지 모른다.

삶이란 끝없이 새로운 지식을 습득하고 그것을 실행함으로 현재의 삶에 적응하게 된다.

알면 편리하고 즐거운 것인데 모르면 불편하고 끝없이 원망을 한다. 그래서 우리는 좀 더 많은 것을 알려는 욕구를 가지게 되고 무엇인가 경험하려고 노력한다. 그래서 알고 나면 별것 아닌 것인데 알기까지는 무척 힘들고 어려운 과정들을 겪게 된다.

304호 실의 비밀

304호실을 숙소로 배정받았다. 6명이 들어가는 방에 내가 마지막으로 들어갔다. 이미 조용하고 편리한 위치에 매트를 펴고 가방을 놓아서 자신의 영역을 표시하고 있다. 나는 맨 마지막으로 입실했기 때문에 출입문 쪽이 내 자리다. 전기 소켓트에 이미 핸드폰 충전선이 여러 개 꽂혀 있다. 내 핸드폰 충전 선을 꽂을 곳은 없다. 먼저 온 사람들이 누리는 특권이며 늦게 온 사람이 받는 불이익이다.

항상 세미나에 참석할 때마다 힘든 것은 코 고는 사람들 때문에 잠을 자지 못하는 것이다. 이러한 고충을 진행부에서 알고 특별히 코를 고는 사람들을 위하여 큰 코골이는 지하 101호실, 작은 코골이는 102호실을 배정해 두었다.

세미나를 많이 진행해 본 경험의 산물이다. 일반 숙소에 배정된 사람들 중에서 코를 심하게 골아서 타인에 방해가 되는 사람들은 미리 알아서 코골이방으로 와서 편안한 마음으로 잠을 자도록 배려한 것이다.

내가 배정받은 304호실에 입실 인원은 무두 6명인데 잠을 청하자 5명이 심하게 코를 골았다. 5명이 코골이 방으로 내려가지 않고 그냥 잠만 잔다. 나는 어쩔수 없이 새벽 1시에 102호실 코골이 대피방으로 피신하였다. 그런데 코골이 방으로 지정된 지하 101호실과 102호실에는 십여명이 잠을 자고 있었는데 코를 고는 사람은 한 사람도 없었다. 세미나가 끝날 때 까지 304호실에 5명의 코골이들은 지하 101호실로 내려가는 이가 없었다.

원칙이란 지켜 질 때에 약한 자에게는 참 편리하고 좋은 것이다. 그러나 힘이 있는 자들은 원칙에 얽매이지 않고 자신의 실리를 따라서 원칙과 반칙을 넘나들게 된다. 다수의 힘 앞에 원칙은 힘이 없고 무기력하게만 느껴질 뿐이다.

4박 5일간의 세미나 기간 동안 나는 계속 지하 102호 코골이 대피방으로 피신했다.

궁금한 생각이 들었다. 지하 101호 코골이 방은 어떠할까? 설며시 들어가보니 정말 대단하다. 코골이들만 수십 명이 모였으니 귀청을 막을 정도의 소음이지만 그들은 깊은 단잠을 잔다. 마음 놓고 함께 코를 골며 잘 수 있다는 것이 그들에게는 얼마나 편안한지 모른다.

나이 50세 이상 된 사람들의 입맛에는 치즈와 피자는 거리가 멀다. 대신 청국장과 된장찌개는 좋아 한다. 그러나 세상이 변해서 이제는 치즈와 피자도 먹어야 하니까 치즈는 어떻게 먹어야 하며 피자는 어떻게 먹어야 할지를 배워야 한다.

세상에서 가장 교만한 사람은 누구인가?

세상에서 가장 겸손한 사람은 새로운 것을 계속적으로 배우는 사람이다. 그러나 배우지 않는 사람은 교만한 사람이다. 즉 배우지 않는 사람은 자신의 고집으로 살기 때문에 결국 고집은 교만이 되고 교만은 사람들과 간격을 만들게 된다.

첫날 아침 식당에서 치즈를 먹는 사람들 모습에서 우스운 현상들이 이튿날은 찾아 볼 수 없었다. 가볍게 비닐을 벗기고 식빵에 얹고 야채 샐러드를 곁들여 맛있게 먹는 모습이 평안하다.

어쩌면 나는 어떻게 살아야 하는가 하는 질문 앞에 서서 우리는 복잡한 삶의 방법을 제시하지만 알고 보면 의외로 간단명료한 것이다. 예수 안에 거하면 된다.

치즈에 비닐 포장을 가볍게 벗겨 내듯이 내 삶의 모든 것은 예수 그리스도께 맡기면 주께서 모든 것이 합력하여 선을 이루어 주신다.

예수 그리스도를 나의 주님으로 인정하면 예수 그리스도가 나의 모든 삶을 주관한다.

오늘 우리가 힘겨운 인생을 살고 있는 것은 무엇 때문일까?

고난당하는 것이 내게 유익이라
이로 인하여 내가 주의 율례를 배우게 되었나이다
주의 입의 법이 내게는 천천 금은보다 승하니이다.
주의 손이 나를 만들고 세우셨사오니
나로 깨닫게 하사 주의 계명을 배우게 하소서
(시편 119 : 71-73)

7. 더 이상은 생각하지 마라

어느 노숙자와 만남

유월 초순에 느끼는 더위가 칠월 중순 같다. 사무실 문을 열고 한 남
자가 들어왔다. 지난 해 은행잎이 떨어지기 시작할 쯤에 교회로 찾아
온 노숙자였다. 오십대 초반의 자그마한 키에 왜소한 몸집이다. 오랜
만에 만나 반갑기도 하고 그 때 약속이 지켜지지 못하여 미안한 마음
도 든다.

지난 가을 앙상한 가로수 가지로 찬바람이 스쳐갈 쯤 찾아와 겨울을
보내기 위해서 일인용 전기 장판을 사주면 좋겠다 했다. 흔쾌히 승낙
을 하고 다음 주일에 오면 전달해 주겠다고 했다. 전기 장판을 구입해
서 다음 주일 기다렸지만 그는 나타나지 않았다. 무슨 사연으로 오지
못하였는지 약속을 잊어버렸는지 궁금한 마음으로 겨울이 지나 여름
이 되었다.

소파에 기댄 그에게 왜 전기 장판을 사달고 부탁 하고는 주일에 오
지 않았느냐고 했다. 그는 주일이 지난 수요일에 교회 현관에서 3시간
을 기다렸단다. 아무리 기다려도 목사님이 오지 않아서 그냥 돌아갔다

했다. 분명히 다음 주일에 오라고 했는데 수요일에 왔으니 약속은 지켜 질 수가 없었다. 3시간이나 무료하게 기다리다 갔다고 하니 미안한 생각이 든다.

군산이 고향이라는 그는 부모 형제들이 있지만 초라한 모습으로는 찾아 갈 수 없다며 언젠가는 고향을 갈 것이란다.
그는 노숙자라 하지만 단정한 옷차림에 깔끔하게 면도를 하고 머리도 늘 깨끗하게 손질되어 있다. 그리고 성경도 많이 알고 신앙적인 깊은 이야기를 종종하기도 한다.
노숙자의 가난한 생활에서 느끼는 하나님의 세미한 손길과 사랑을 늘 감사했다. 하루하루 성령님의 인도하심을 받는 생활을 하고 있었다. 그리고 노숙자의 눈에 비취어진 세상을 말해 주기도 했다.
그는 사람들을 가르치는 직업을 가진듯하다. 해박한 지식과 깊은 신앙심을 보아 어떠한 성품과 인격을 가진 사람임을 알 수 있다. 노숙자 생활을 하면서 인품과 행동에 흔들림이 없다.
점심시간이 지났으니 자장면을 시켜 주겠다고 했지만 솔직하게 돈을 주면 좋겠다며 부끄러워 한다. 자장면 한 그릇 값이면 사흘은 먹을 걱정을 하지 않아도 된단다. 하루 천원에 끼니를 해결한다 했다. 만원을 주면서 이번 주일에 꼭 교회로 나오라고 부탁했지만 그는 오지 않았다. 또 몇 달이 지나서 만날 수 있을지 모르겠다.

아쉬움을 남기고 간 그 형제

새벽 4시면 잠에서 깨어나는 습관은 중학생 때부터 어머니와 함께 새벽 기도를 다니면서부터 생긴 것이다.
여느 날과 다름없이 수요일 새벽 기도를 나왔는데 교회 현관에 노숙자 한 사람이 잠을 자고 있다. 신발털이 깔판 위에 잠바로 얼굴을 묻고 코를 골며 잔다.
아침 8시에 다시 교회로 왔을 때까지 자고 있었다. 측은 한 생각이 들어 이제 일어나라 했더니 일어나면서 갈 곳이 없다며 긴 한숨을 쉰

206

다. 갈 곳이 없다는 것이 얼마나 서글픈 현실일까?

천 원짜리 2장을 주면서 희망을 가지라고 했다. 감사하다며 인사를 하고 계단 한쪽 에 있는 돌절구에 담겨진 물을 보고는 세수를 하려한다. 교회 2층 화장실로 안내 하고는 세수를 하게한 후에 4층 백향서원으로 올라 왔다.

측은한 마음에 동전 통에서 천원을 쥐고 냉장고에서 빵과 캔 커피를 들고 현관으로 내려왔는데 그는 벌써 가고 없었다.

조금 빨리 내려왔더라면 하는 아쉬움이 남았다. 좀 더 신속하게 행동하지 못한 심령의 책망이 들린다.

목사를 저주하는 그 사람

금요일 새벽 기도를 왔는데 교회 주차장 바닥에 노숙자 한 사람이 이불을 덮고 잠을 자고 있었다. 깜짝 놀라기도 했지만 사고 나지 않은 것에 감사했다.

여름 이불을 덮고 곤하게 자다가 자동차 헤드라이트 불빛에 일어나 미안 한 듯 잠에 깨어나지 못했다. 새벽 기도하기 위하여 계속 자동차가 들어오니 안전한 쪽으로 가서 잠을 자라고 부탁하고 기도실로 올라 왔다.

6시쯤, 부르짖으며 기도하는데 갑자기 소주 냄새가 진하게 다가온다. 그리고는 나를 부르는 소리에 돌아보니 어떠한 남자가 다가와서 자신은 강남 OO교회를 다니는 사람인데 포천 송우리에 있는 포일리에 가야 하는데 차비 5,500원을 요구했다.

새벽 기도하러 올 때 휴대폰과 열쇠만 가져왔으니 도와 줄 수가 없다. 그래서 지갑을 가지고 오지 않아서 지금 돈을 드릴 수 없다고 했더니 인상이 달라진다.

다시 기도하다 생각하기를 포천에 포일리라는 곳이 없다. 포일리는 경기도 의왕시에 있다. 기도하는 성도들의 가방을 들고 갈 수 있다는 생각에 일어서 보니 그는 짐을 챙겨 밖으로 나가면서 나를 향하여 "사랑이 없는 나쁜 목사야 염병하고 죽으라" "요한복음부터 다시 읽으라"

소리치면서 계단을 내려간다.

더 이상 기도를 할 수가 없어 주차장으로 왔을 때에 주차장에서 잠자던 노숙자는 한쪽 구석에서 움츠려 잠자고 있다.

어디까지 도와야 하나

주님이 이웃을 사랑하며 구제하라고 하였지만 만인에게 풍족한 도움을 줄 수는 없다. 어느 정도 소유하며 어느 정도 나누어야 할지 명확한 기준은 없다. 그러나 섬기는 마음으로 나누며 베풀지만 때로는 섭섭한 마음이 들기도 한다.

어느 시대에나 도움을 필요로 하는 사람들이 있었다. 예수님은 과부와 고아와 나그네를 대접하며 베풀며 내 몸과 같이 사랑하라고 했다. 베푸는 자의 입장에서 도움을 받는 이는 당연히 고마움과 감사한 마음을 가져야 할 것으로 생각한다.

때로는 불평하고 원망하는 경우들을 만나면 황당하다. 구걸하는 입장에서 무엇이 그리 당당하냐는 생각도 든다. 그러나 도움을 받는 사람의 입장에서 보면 얼마나 서글픈 일이며 자존심이 상하고 부끄러운 일일까? 죽지 못하여 생명을 부지하며 자존심도 버리고 지난날의 화려한 삶도 접어야 하는 비애를 어찌 다 알 수 있을까?

하잘 것 없는 것을 베풀면서 노숙자의 마지막 남은 자존심마저 짓눌러서야 되겠는가. 도움을 요청하다 거절당한 그가 나를 행하여 "사랑 없는 목사야 염병하고 죽으라" "다시 요한복음부터 읽으라" 독설을 뱉고 가는 것은 그의 마지막 남은 자존심에서 나온 말일 것이다. 그 자존심마저 없다면 노숙자의 생활도 할 수 없을 것이다.

때로는 삶에 원치 않는 과정과 결과에 도달할 때가 있다. 요즘과 같은 경제적인 불황에서 겪는 사회적 소외에 대한 고충은 무엇으로 표현할 수 없다.

예수님은 우리의 도움을 필요로 하는 자들에게 조건 없는 도움을 주라고 하였다. 우리가 할 수 있는 것은 주님이 사랑하며 베풀라는 말씀을 실천하는 것이다.

그들이 불평을 하고 원망하는 것은 그들의 삶이다. 때로는 독설을 뱉는다 할지라도 내가 할 수 있는 것은 베풀 수 있는 상황에서 무조건 베푸는 것이다.

도움 받는 자들에 대한 불필요한 간섭과 내가 생각하는 어떠한 기대는 갖지 않는게 좋다. 그들이 감사하든 분노하든 그것은 그들의 몫이기 때문이다.

베풀 수 있는 힘이 있을 때에 아낌없이 베풀고 사랑하는 것이 주님의 뜻이다. 베풀면서 더 이상은 생각하지 말라. 그 다음은 그들의 몫이며 그 다음은 주님께서 하실 일이다.

네 손이 선을 베풀 힘이 있거든
마땅히 받을 자에게 베풀기를 아끼지 말며
네게 있거든 이웃에게 이르기를 갔다가
다시 오라 내일 주겠노라 하지 말며
네 이웃이 네 곁에서 안연히 살거든
그를 모해하지 말며
(잠언 3 : 27-29)

8. 다 이유가 있었네

밀양댁의 저주

옛 시골은 정월 초하루부터 정월 대보름 까지는 농악대를 앞세우고 지신(地神)밟기를 하고 동제를 지내고 마을 굿을 한다.

동제를 지낼 때는 그 비용은 마을 사람들이 집집마다 형편에 따라 쌀을 거두어 비용을 충당한다. 그러나 어버지는 우상 숭배 하는 곳에는 물질을 낼 수 없다 했다. 그 때마다 우리 집은 마을 사람들의 표적이 되었다. 노골적으로 핍박을 했다.

마을 사람들에게는 예수 믿는 것이 가장 큰 죄요 흉이었다.

동제를 지낼 때는 제주가 있다. 제주는 부정 타는 것을 보고 행동해서는 안 된다는 금기 사항이 있다. 그런데 몇 년 동안 마을 동제나 마을 굿을 하는 제주가 우리집 앞에 사는 밀양 댁이다.

그리하여 예수 믿는 우리 식구를 보면 재수없고 부정탄다 했다.

"예수 믿는 사람은 미친 것들이다."

"미친 정신 병자들이나 예수 믿는다."

밀양댁의 거침없는 저주가 그칠 날이 없었다.

슬프게 미쳐가는 딸

어느 해 여름 대청 마루에서 온 가족이 모여 앉아서 저녁 식사를 하고 있었다. 그런데 밀양댁의 둘째 딸 필례 누나가 우리 집으로 왔다. 식사하시는 아버지 손을 붙들고는 자신의 손금과 똑같으니까 자기 아버지라는 것이다. 그 후에도 필례는 이상한 행동을 했다.

가을 추수를 할 때쯤이었다. 들녘에 한 처녀가 미친 듯이 도망을 치고 있었다. 밀양댁 둘째 딸 필례였다.

소문이 날까봐서 마을에서 조금 떨어진 한적한 사찰에 데려가 쇠줄로 손과 발을 묶어서 골방에 감금을 시켰다. 한적한 사찰에는 찾아오는 사람도 없다. 가끔 저녁이면 사찰 종소리가 지천에 깔린다. 그때 정신 병원으로 가서 치료를 했더라면 얼마나 좋았을까?

어느 날 방문을 박차고 나와서 가을 들녘을 헤매고 다닌 것이다. 손과 발에는 개 목 쇠줄이 묶여있는 상태였다. 화장품 장사하는 웅상 제일교회 전일호 집사가 들판으로 뛰어 다니는 필례를 붙잡았다.

밀양댁 둘째딸 필례가 미쳤다는 소문이 퍼졌다. 이제는 쉬쉬하고 숨길 수 없는 상황이었다. 정신 병원에 입원을 했다 퇴원을 하기를 몇 년을 반복했다. 그 후 집으로 돌아오지 못했다. 죽었다는 말도 들리고 정신 병원에 입원중이라는 말도 들렸다. 가족들은 일체 말하지 않았다. 그리고 물어 보는 이도 없었다.

밀양댁 셋째 딸은 벙어리가 되었다.

둘째 아들은 넘어지면서 나뭇가지에 오른쪽 눈동자가 찔려 실명을 하였다.

동제를 지내는 제주를 하면서 가정에 행복과 평안을 기원했지만 하나는 미치고 하나는 벙어리가 되고 하나는 애꾸가 되었다. 필례 아버지는 날마다 술을 마셨다.

미쳤다 했더니 진짜 미쳤네요

어느 날 오후 밀양 댁이 집으로 찾아 왔다. 어머니의 손을 잡고 말했다. 내가 천국댁을 보고 예수 믿는 것들은 다 미쳤다고 말을 했는데 그 말대로 내 딸이 미쳐버렸으니 어떻게 하면 좋겠느냐는 것이다.

자식 잘되라고 동네 제사 제주를 수년동안 했는데 복을 받은 것이 아니라 저주를 받았다며 대성 통곡하며 울었다.

자신이 막말과 저주스러운 말을 했으니 자식들이 그 말대로 벌을 받았다고 했다.

"까닭없는 저주는 참새의 떠도는 것과 제비의 날아가는 것 같이 이르지 아니 하느니라"(잠26:2) 했다.

미운 사람에게 저주한다고 저주가 임하는 것이 아니다. 그 저주는 곧 그에게로 돌아온다.

괴테의 언어 결벽

독일 문학가 괴테는 〈파우스트〉를 집필하였다. 파우스트보다 유명한 것은 괴테의 언어관이였다.

괴테의 문학성은 대단했다. 그리하여 괴테의 집에는 늘 문학가나 정치가들 사상가들이 출입하였다.

사람들이 모인 곳에는 언제나 음담패설이나 타인을 흉보는 일들이 많았다. 입담 좋은 사람들이 질펀하게 늘어놓는 음담패설이나 험악한 말을 듣고는 배꼽을 잡고 웃기도하고 흥분하기도 했다. 괴테는 그러한 음담패설이나 남의 결점을 말하고 비방하는 것을 제일 싫어했다.

괴테는 자신의 집으로 초대된 사람들에게 말했다.

"종이 부스러기나 음식 부스러기를 떨어뜨리는 것은 괜찮습니다."

"그러나 남의 흉이나 음담패설을 흘리는 것은 용서할 수 없습니다."

"그러한 더러운 말은 다 주워 가십시오."

"다시는 저의 집에 더러운 말은 가져오지 마십시오."

"남의 흉을 보는 것은 공기를 더럽히는 것입니다."

괴테는 시인이요 문학가였다. 그는 항상 글을 쓰면서 언어를 선택하는 사람이다. 괴테는 언어의 힘을 알고 있었다.

212

내가 말한 대로 살아간다

곡식은 땅에 심고 말은 내 인생에 심는 것이다.

좋은 씨앗을 땅에 심으면 좋은 나무가 되어 좋은 열매를 먹게 된다.

사람이 입술로 말한 것은 그냥 공중으로 흩어지는 것이 아니다.

자신이 한 말은 자신의 인생 여정에서 반드시 거두게 된다. 긍정적이고 복된 말을 하면 그 말대로 긍정적이고 복된 일들이 일어난다. 그러나 악하고 험한 말을 하면 그 말대로 된다. 그래서 말이 씨가 된다고 했다. 악한 말을 하는 사람은 악한 일들을 당하고 복된 것을 말하는 자는 복된 일들을 당한다.

노래를 불러도 비관적이고 슬픈 노래를 부르는 가수는 자신이 부르는 노래와 같은 슬픈 일생을 살게 된다.

미친 것이나 예수 믿는 다며 수년 동안 험담한 그 말대로 자기 자식이 미쳐 버렸다.

예수를 믿지 않는 옛 어른 들도 말의 능력을 알았다. 말이 씨가 됨으로 악담은 하지 말고 덕담을 하라고 했다. 그러므로 말은 내 인생에 징검다리다.

최고의 형벌은 말하지 않는 것

신성로마 황제 프리드리히(Friedrich)는 고아들을 불러 모아서 공동체 생활을 시키며 일체 외부적인 접촉을 금지 했다.

왕궁의 모든 것을 풍족하게 공급하라 했다. 그리고 금지 사항으로 절대로 고아들에게 말을 시키지도 말고, 서로 말하게도 말며, 고아들 앞에서는 신하와 신하들도 말해서는 안 된다고 했다.

왕의 명령을 따라서 아이들은 가장 좋은 것을 먹이고 입혔다. 그리고 금지 사항은 철저히 지켜졌다.

결과는 고아들은 한 사람도 말을 하지 못했다. 그리고 성장하지 못하고 질병으로 모두 죽었다.

프리드리히 황제는 인간의 언어가 무엇인지를 깨닫게 되었다. 인간은 말하지 않으면 모든 것이 풍족해도 죽게 된다. 그리고 언어는 가르쳐 주지 않으면 스스로 습득 할 수 없다는 것을 깨닫게 되었다.

사람들의 언어에 색깔이 있다

폭력배들이 사용하는 특유의 거칠고 험한 언어가 있다. 시인의 아름다운 언어가 있다. 예술가들이 말하는 품위 있는 언어가 있다.

성공하는 사람들만이 사용하는 특유의 성공적인 언어가 있다. 실패하는 사람은 그들이 사용하는 특유의 언어가 있다.

모든 사람은 생각한다. 그 생각 중에 하나를 내가 선택하면 언어가 되고 행동이 된다.

생각이 언어를 지배하느냐? 언어가 생각을 지배하느냐하는 학문적 분석이 중요한 것이 아니다.

내가 사용하는 언어가 나의 삶에 어떠한 영향을 끼치는가를 깨닫는 것이다.

무의식중에 하는 말이 진심이다. 그 말이 미래를 결정짓는다.

하나님은 그 사람이 가진 믿음대로 복을 주신다. 믿음은 반드시 언어가 되어 자신의 귀에 들려진다. 그리고 들려진 말대로 행동하게 된다. 긍정적인 말을 하면 긍정적인 행동을 하게 된다. 부정적인 말을 하면 부정적인 행동을 한다.

내 인생의 징검다리는 내가 놓고 내가 건너간다.

그 때 내가 한 말대로 나는 지금 살아 가고 지금 내가 하는 말대로 그렇게 살아 갈 것이다.

우리가 다 실수가 많으니
만일 말에 실수가 없는 자면 곧 온전한 사람이라
능히 온 몸도 굴레 씌우리라
(야고보서 3 : 2)

9. 3월 8일에 만난 사람

햇살 들어오는 집에 살았으면

아침 햇살이 환히 비취는 집으로 이사를 온지 삼일이 되었다. 이사하기 전에 기도 제목 중에 아침 햇살이 들어오며 온종일 햇빛이 비치는 집으로 이사 가게 해달라고 기도했다.

건축하기 전에 길음동 교회 사택은 햇살이 들어오지 않았다. 그리고 정릉으로 이사한 집도 창밖으로 나무들은 많았지만 온종일 햇살이 들어오지 않았다. 그러니 12년 동안 낮에도 형광등을 켜고 살았다.

오늘 아침 새벽 기도를 드리고 집으로 왔을 때에 창 밖으로 붉은 태양이 마치 동해에서 보는 일출 같다.

다시 만난 그 사람

오전 10시쯤에 정릉2동 사무소로 갔다. 전세 계약서 확정일자를 받고 전입신고와 주민등록증의 주소 변경을 위해서다. 동사무소 현관을 들어서는 순간 "어 목사님 웬일이십니까!" "아- 안녕하세요?"

그 계장님은 구청에서 동사무소로 발령을 받아 오셨단다.

교회 건축을 하면서 계장님의 협조를 많이 받았다. 그러나 법규가 있음에도 몸만 도사리며 쉽게 해결될 수 있는 것을 너무 힘들고 어렵게 하였다.

어느 날 구청에서 11시부터 1시까지 소리치며 거칠게 항의 했다.

많은 공무원들이 법과 규범은 약한 자에게는 칼날이고 강한 자에게는 지팡이가 된다. 어려운 순간은 모면하고 보면 인사 이동으로 타 부서로 가면 그만이다.

오래동안 믿을 수 있는 사람

11시에 교회로 들렸다가 수유리 백영무 목사와 12시에 점심 약속이 있었다. 새로 구입한 스타렉스 뒷 부분이 접촉사고로 찌그러졌다. 수유리 신일 카센터에 수리를 의뢰했다. 항상 세심하게 정비를 담당해 주니 고맙다. 수리비 8만원은 다음에 드리기로 했다.

소규모 자영업을 해도 사람을 끌어 들이는 그만의 매력이 있어야 성공한다. 수유리에 살다가 길음동으로 다시 정릉으로 이사를 가도 10년 동안 자동차 정비는 수유리 신일 카센타로 온다. 서로 믿고 신뢰하기 때문이다.

두 얼굴을 가진 사람도 함께 식사를 할 때는 웃는다

12시, 도봉산 입구 향원정에서 점심을 먹었다.

4년 전에 이 집에서 점심을 먹었는데 나는 곤궁에 처해 있었다. 어느 정치꾼 목사로부터 검찰에 두건의 고소를 당하였다. 오늘 그 때 검찰에 고발하도록 배후 조종한 그 목사와 함께 식사를 했다.

검찰에 고발된 것은 모두 무혐의로 사실이 밝혀졌다. 정직하지 못하고 불의한 일들을 배후 조정하면서도 전혀 회개하는 마음이 없다. 그러한 사람과 함께 식사를 한다는 것은 즐거운 일이 아니었다.

오늘은 그가 나의 도움이 필요해서 나를 부른 것이다.

자신이 이용당하고 있다는 느낌을 가질 때 그 기분은 정말 묘하다.

정말 더러운 인간성을 가진 목사들도 있다. 매몰찬 사람 만나면 혼줄이 나서 도망칠 허망한 날이 올 것이다.

지하철에서 만난 이웃

오후 2시. 도봉산 전철역에서 미아삼거리까지 지하철을 탔다.

지하철 안에서 교회 옆집에 사는 맹형제를 만났다. 맹형제는 오십대 중반의 뇌성 장애인이다. 그가 할 수 있는 일은 지하철에서 볼펜과 껌을 판매하는 것이다.

"목사님 어디 다녀오세요."

반갑게 인사를 했으나 자신의 초라한 모습에 조금 멋쩍은 듯하다.

"힘들지요 조금씩 쉬어가며 다니세요."

"쉬면 등뼈가 굳어져서 안 됩니다."

동정을 받아야 살아가는 사람들도 많다. 하나님은 이웃을 사랑하라고 하였다. 그 사랑이 무엇일까? 불쌍히 여길 자를 불쌍히 여기는 것이 사랑이다.

이 세상에 장애자의 길을 선택한 사람은 아무도 없다. 원치 않게 장애자가 된 것 뿐이다. 건강하게 살아 간다는 것이 항상 감사할 뿐이다.

떠나버린 사람을 다시 생각하고

오후 3시, 교회 사무실에서 농협에서 융자 받은 대출 연기 신청에 대하여 협의를 했다. 전화 통화로 상담을 마치고 필요한 서류는 가까운 월곡 농협 지점에 가서 사무 처리를 하기로 했다.

대출 이자를 주고 있지만 실무자들이 그동안 세밀하게 점검하고 신뢰해 주는 것을 보면서 감사했다.

교회 건축 중에 Y장로와 H장로가 건축을 반대하면서 은행 대출금 회수 목적으로 대출 보증인 철회를 요청을 하였을 때 은행에서는 대출금을 회수를 심각하게 고려했다.

그 때 그들의 목적대로 은행이 대출금 회수 처리했다면 교회 건축은 중단되고 교회는 공중 분해 되었을 것이다. 결국 Y장로와 H장로는 교회를 떠났다. 그러나 교회 건축을 위하여 끝가지 무릎꿇고 기도한 장로와 남은 성도들이 고맙다.

진실을 말할 때가 있지

오후 5시, 정비공장으로 들어간 자동차를 인수하기 위하여 다시 수유리로 가야 했다. 지하철을 타기 위해서 미아사거리 신세계 백화점 앞을 지나가다가 교회 건축할 때 공사를 방해하고 거짓말 하던 사람을 만났다.

"목사님 개인적인 감정은 없습니다."

"그 때 잘못했습니다."

잠깐 악수를 하고 정거장으로 가면서 그 때 건축을 방해하던 악의적인 행동이 생각 났다. 다 지난 일이지만 마음속에 괘씸한 생각이 든다.

나를 보자 첫마디가 "개인적인 감정은 없었습니다." "미안합니다." 하는 것을 보면 자신이 행한 일을 알고 있는가 보다.

건축에 경험있는 마을 사람이 나에게 말했다.

"목사님 교회 건축 하려면요 지나가는 똥개까지 간섭 합니다."

말씀에 푹 빠진 그 여인

4호선 지하철은 퇴근 시간에 만원이다. 출입문을 조금 비켜선 자리에 40대 여성 한분이 열심히 성경을 읽고 있었다. 양손으로 성경을 바쳐 들고 사람 틈에서 말씀에 몰입되어 있다. 그 여성은 말씀에 푹 빠져 행복해 보였다. 말씀을 사모하면 믿음도 자라고 기도 응답도 잘 된다.

요즘 나는 성경을 보는 시간이 점점 줄어들고 있다.

나도 저 아주머니 같이 어디서나 성경을 들고 읽으면 좋겠는데?

이석우 목사 어떻게 알아

오후 5시 30분에, 카센터에 도착해 보니 아직 자동차가 오지 않았다. 가까이 있는 수문교회 백영무 목사의 서재로 들어갔다. 낮에 현수막 주문한 것의 시안 확인을 위하여 인터넷 접속을 아무리 해도 안 된

218

다.
　백영무 목사가 옆에 앉아 펼쳐진 내 수첩을 유심히 보다가 말했다.
　"이석우 목사를 어떻게 알아?"
　"고등학교 1년 선배입니다."
　"진근 교회 이석우 목사 맞지?"
　"평동 노회에서 나와 함께 있었고 아주 가깝게 지내는데"
　백영무 목사가 즉시 내 수첩에 적힌 번호로 이석우 목사에게 전화를
했다.
　세상은 참 좁은 것이다. 인간 관계의 연결 고리는 참 묘하기도 하다.
막보기로 사는 사람들이 얼마나 어리석은 것일까를 다시 한 번 생각했
다.

　만남은 귀한 것이요 그 만남에서 무엇인가 느낌을 주고 받는다.
　오늘 만난 사람들에게 나는 어떠한 느낌을 주었는가?
　휴대폰이 울렸다.
　"목사님 자동차 도착했습니다."
　카센터로 가보니 깔끔하게 수리되었다.
　카센터 주인은 팔만원 짜리 청구서를 내민다.
　전도지를 한 장을 드리면서 "아저씨 예수님 믿으세요."

　거짓 증인은 벌을 면치 못할 것이요
　거짓말을 내는 자도 피치 못하리라
　(잠언 19 : 5)

10. 산수유의 비밀

4년은 기다려야 하는데

어느 해 가을 저녁 큰 형님은 큼직한 자루 하나를 들고 왔다. 풀어 헤쳐보이며 산수유라며 한약 재료에 쓰이기도하고 고급 정원수에 속한다면서 묘목 씨앗으로 사용할 것이라 했다.

아버지의 허락으로 큰길 옆 넓은 밭에 묘목 밭을 조성하고 파종을 하였다. 그런데 봄이 지나고 가을이 되었지만 산수유는 싹이 나지 않았다. 넓은 밭은 무성한 잡초만 자라고 있었다.

오고 가는 사람들이 한 마디씩 한다.

"아까운 밭에 무엇인가 심지 왜 이렇게 잡초만 무성한가?"

"천국 댁이 요즘 게을러졌는가보다."

지나가는 사람마다 모두 한마디씩 던지고 지나갔다.

어느 날 아버지는 큰 형님에게 혹시 파종한 산수유 종자가 썩은 불량이 아니냐고 했다. 큰 형님 대답은 산수유 씨는 껍질이 매우 단단해서 3년 동안 땅속에서 썩어야 싹이 난다고 했다.

그리고 2년이 되었다. 길가 밭은 또 다시 무성한 잡초가 나게 되어 좋은 텃밭이 야생지가 되었다. 아버지는 참다못해 그 해 여름 밭을 갈아 엎어서 가을 김장 배추를 심었다.

4년째 되는 봄 이미 밭은 고추와 다른 작물들을 심었는데 그 때야 여기저기에서 산수유 잎사귀들이 돋아났다.

가을에 빨간 산수유 열매는 물렁하게 그냥 벗겨지지만 산수유 씨앗은 마치 대추씨같이 단단하다. 어금니로 깨물어도 깨뜨릴 수 없을 정도로 단단하다. 단단한 껍질속에 생명을 담고 땅속에 들어가서 3년쯤 껍질이 썩고 4년이 되어서야 싹이 나왔다.

믿음 생활도 어떠한 사람은 금방 은혜를 받고 믿음이 견고하게 성장하여 가지만 어떠한 사람은 산수유 씨앗같이 열심히 가르치고 부지런히 말씀을 들어도 오랜 후에 성장하는 성도들도 있다.

절대로 종자는 먹지 않는다
농부에게 중요한 것은 좋은 기상 기후를 하나님이 주셔야 한다. 농부는 계절을 따라서 적당한 때에 충실하고 좋은 씨앗을 파종하면 풍년이 된다.

하나님이 좋은 기상 조건을 주셨다 해도 파종 시기를 놓치고 나쁜 종자를 심으면 그해는 흉년이 된다. 그러므로 농부는 추수 때에 가장 알찬 곡식을 종자로 남겨 둔다. 흉년이 들어도 종자는 절대로 먹지 않는다.

봄에 파종하면 30배 60배 100배의 풍성한 결실을 가져다 주기 때문이다.

무엇을 원하는가
구약 이사야서 4장에 비유 말씀이 있다.

어느 농부가 황무지를 개간하여 포도원을 만들었다. 여우가 침입하지 못하도록 울타리를 만들고 도적의 침입을 막기 위하여 높은 망대도 세우고 극상품의 포도 나무를 심었다. 그리고 땀 흘려 가꾸었다. 몇 년이 지나서 꽃이 피고 포도가 맺히기 시작했다. 그러나 들포도가 맺혔다.

농부는 화가 났다. 포도원 망대를 헐어버리고 포도원 울타리도 걷어버렸다. 들 포도를 맺은 나무들은 잘라 버렸다. 결국 포도원은 황무지가 되었다.

하나님은 이스라엘 백성을 통하여 믿음의 열매를 얻기를 원하였다. 그러나 이스라엘 백성들은 하나님이 금지하는 것, 싫어하는 것만 골라서 행동했다. 결국 열매없는 이스라엘을 향하신 하나님의 기대는 무너졌다.

하나님은 이스라엘 주변에 강대국 앗수르와 바벨론을 통하여 이스라엘을 침공하게 하였다.

하나님이 세운 이스라엘을 하나님이 멸망시키고 예루살렘 성전은 파괴되고 이스라엘 민족은 사방 팔방으로 흩어졌다.

고난과 고통 중에 이스라엘은 하나님께 회개하고 부르짖으며 하나님을 찾고 가까이 하였으나 하나님은 지난날과 같은 온전한 이스라엘로 회복은 허락하지 않았다.

하나님이 포도 나무를 심은 것은 관상용이 아니라 열매를 원하셨다. 하나님은 열매를 통하여 좋은 포도 나무인지 나쁜 포도 나무인지를 구분하신다.

좋은 열매를 맺으면 즐거워하고 더욱 좋은 열매를 맺을 수 있도록 돌보신다. 그러나 나쁜 열매를 맺으면 오래 참으시다가 그 나무를 찍어서 불에 던져 사르게 된다.

하나님이 나를 구원하여 주신 것은 관상용으로 그냥 바라보시기 위한 것이 아니다. 믿음의 열매를 아름답게 맺기를 원하신다. 내가 예수님을 믿는다면 믿음의 열매가 반드시 있어야 한다.

내가 예수를 믿은 년수에 따라서 나의 믿음과 신앙은 성장하고 성숙되어야 한다. 그에 따라 아름다운 열매도 있어야 한다.

마지막 기회를 주시는 이유는

산수유와 같은 단단한 씨앗도 3년이 지나면 싹이 나오고 10년만 지나면 멋지고 아름다운 나무가 된다.

예수를 믿은 후 아무리 늦어도 3년이 지나면 믿음의 열매가 있어야 한다.

3년이 지나도 열매가 없다면 그것은 근본적으로 믿음이 잘못된 것이다. 그러므로 나는 어떠한 열매가 있는가를 생각해 봐야 한다.

하나님이 원하는 믿음의 열매를 드린다면 행복한 사람이다. 그러나 열매가 없다면 서글픈 그리스도인이다.

더욱 불행한 것은 열매 없는 신앙 생활을 하면서 하나님 앞에서 죄송한 생각도 없고 심각한 자아 인식도 못하는 자가 진정한 그리스도인일까?

하나님은 열매없는 나무에게 3년의 기회를 주셨다. 그래도 열매가 없으면 도끼로 찍어버리라고 했다. 그 도끼가 내 인생의 발등상에 있다.

마지막으로 주어진 기회에 풍성한 열매 맺으면 하나님은 도끼를 치워버리고 즐거운 축제를 열 것이다. 그러나 열매가 없다면 그 도끼를 들어 사정없이 나를 찍어 아궁이에 태워 버릴 것이다.

누구를 위하여 믿는가?

진정한 믿음 생활은 누구를 위하여 믿는 것이 아니다. 목사를 위하여 예수 믿는 것도 아니며 교회를 위하여 예수를 믿는 것도 아니다.

하나님을 위하고 교회를 위하고 이웃을 위하고 목사를 위한다. 하지만 엄밀히 말하면 그 모든 것은 나 자신을 위한 것이다. 그러므로 내가 맺는 열매는 내 것이다.

예수님은 달란트 비유에서 다섯 달란트 받은 자가 다섯 달란트를 남기자 그 충성된 종에게 열 달란트를 다 주었다. 주인은 그것을 진심으

로 기뻐하였다. 천국에 쌓은 상급은 하나님의 것이 아니라 내 것이 된
다. 천국의 면류관이 되며 천국의 상급이 된다. 주님을 위하여라는 말
은 엄밀히 말하면 나를 위한 것이다. 이것이 하나님의 은혜요 축복이
다. 한 달란트 받은 자는 이것을 깨닫지 못했다.

오늘도 쉼없이 열매를 위하여 땀 흘리는 믿음의 성도들에게는 영광
된 즐거운 날이 곧 온다. 우리 모두에게 그러한 날 함께 웃을 수 있는
즐거움이 있기를 원한다. 심는 대로 거두는 것은 자연의 법칙이면서도
영적 법칙이다.

내가 심어 거둔 것은 내 것이 되는 영적 비밀을 깨달으면 복되다.

스스로 속이지 말라 하나님은 만홀히 여김을 받지 아니하시나니
사람이 무엇으로 심든지 그대로 거두리라
자기의 육체를 위하여 심는 자는 육체로부터 썩어진 것을 거두고
성령을위하여 심는 자는 성령으로부터 영생을 거두리라
우리가 선을 행하되 낙심하지 말지니
피곤하지 아니하면 때가 이르매 거두리라
(갈라디아서 6 : 7-9)

11. 봄이 오면

정릉에 묻어진 이야기

몸이 약한 사람들은 겨울나기가 힘들다. 잦은 감기와 기침으로 12월로 접어 들면서 언제 봄이 올까 기다렸다. 우수(雨水)가 지나면서 내린 봄비는 동면하는 대지를 흡족하게 적신 후 다시 찬바람에 조금 얼었다.

지난 여름, 창밖에 보이는 정릉에 한번 가 본 후 지금껏 들어가 보지 못했다. 가을 단풍과 함박눈이 내린 오솔길을 걸어보고 싶었는데 아쉽기만 하다. 지루한 겨울이 봄기운에 녹아내리다 매서운 바람에 주춤주춤거린다.

한 달에 한번 하는 이발을 하는 날이 한 주가 지났다. 귀에 걸쳐진 머리카락이 거슬린다. 십년 넘도록 똑같은 헤어스타일에서 이제는 좀 중후한 모습으로 변모하고 싶어 지난 달에는 길게 머리를 잘랐다.

항상 이발을 하고 나면 친구들은 교도관 같다 한다. 내가 봐도 현역 군인 같다.

목회를 한지 25년이면 목사다운 온화한 인상을 주어야 하는데 항상 예리한 모습만 보여주니 이제는 새로운 변화로 이미지 갱신을 해야겠다.

　정릉으로 이사 후 남성 컷트 전문점에서 오천원에 이발을 한다. 명함 크기의 쿠폰 한장을 주고는 이발을 할 때마다 도장을 하나씩 찍어 준다. 그래서 도장이 10번째는 공짜다.

　이발할 때마다 흰머리가 조금 조금 늘어난다. 정릉으로 이사오기 전 길음동에서 10년 동안 다닌 이발소에서는 이발사가 가위로 흰머리를 정성을 다하여 잘라 주었다.

　사람들은 흰머리가 없느냐 염색을 했느냐고들 했지만, 지금은 커트만 하기 때문에 잔손질을 받을 수는 없다. 돋아나는 새치를 그냥 두기로 했다. 이제는 오십대의 중년으로 변모한 모습을 보며 나도 늙어 감을 새삼 인식한다.

　베란다 앞에 보이는 소나무와 벚나무 아카시아 나무는 흰 눈을 듬뿍 뒤집어 쓰고는 죽은 듯 있지만 봄비를 먹고 푸른 잎을 내고는 화사한 벚 꽃과 아카시아 꽃을 피울 것이다. 어김없이 계절에 따라 반응하는 만물들은 일 년을 주기로 새롭게 변모하는데 사람은 출생하면 죽음으로 내달아가는 걸음이 멈추지도 않고 뒤돌아서지 않는다.

　늙어가는 인간들의 소망이 있다면 회춘(回春)하는 것이 아닐까? 그때 그 시절이 온다면, 허상 같은 가설에 후회를 걸어두고 그림 같은 꿈을 펼쳐보지만 청춘은 지나가고 만추 같은 날들이 한 걸음 한 걸음 다가옴에 서러워한다.

인터넷에서 만난 고교 동창들

　군대 입대하면서 고향을 떠나있었기에 동창들을 한 번도 만나보지 못하였다. 인터넷에 동창 카페가 개설되었다기에 들어가 보니 올려진 사진들을 보면서 학창 시절의 여린 동안은 사라지고 불룩한 배와 주름진 얼굴은 분명 아저씨 아주머니들이다.

　우리들의 학창 시절은 검정 교복을 입고 통 기타에 나팔 바지를 입고 고고 춤을 추며 흑백 필름으로 사진을 찍다가 새로나오기 시작한 칼라 필름으로 사진 찍기를 즐겨했다.

226

흐르는 냇물은 땜을 막아 담수 할 수 있고 태산은 깎아 평지를 만들 수는 있지만 소리없이 지나가는 시간을 멈출 수 없고. 먹은 나이도 되돌릴 수 없다.

진시황(BC 246~BC 210)은 13세에 즉위하였다. 3년 후 BC 230~BC 221년까지 9년간에 한(韓)·위(魏)·초(楚)·연(燕)·조(趙)·제(齊) 나라를 차례로 멸망시키고 천하통일을 하여 진(秦)나라를 세우고는 스스로 시황제라 칭하였다.

흉노족의 침입에 대비해 10여 년 간 총연장은 약 2,700km의 만리장성을 축성케 하고 불로장생하고 싶어 불로초를 먹었지만 36세에 죽었다.

왜, 등나무는 봄부터 낙엽이 질까?

새 성전을 건축하기 전에 성진교회 마당에 오래된 등나무가 있었다. 마당 중앙에서 넓은 그늘은 무더운 여름에 좋은 쉼터가 되었다.

그런데 등나무는 봄부터 낙엽이 떨어진다. 봄부터 쉼 없이 낙엽은 지고 새로운 잎은 돋아난다.

인간도 한번 죽을 것이지만 언제 어디에서 죽을지 아무도 모른다. 어떠한 인생은 쉬 떨어져 아쉬움을 남기고, 어떠한 사람은 끈질기게 연명한다. 그러나 죽고 사는 것은 다 하나님의 뜻에 있다.

창밖에 아카시아 벗나무는 봄에 꽃을 피우지만 강원도 봉평의 메밀꽃은 가을에 피고 한 겨울 설원에서 피어나는 복수초도 있다. 중요한 것은 생명이 있다면 언젠가는 꽃이 피고 잎이 핀다는 것이다.

모든 인간은 장수하고 싶어 한다. 그러나 어떻게 살 것인가에 대하여서는 생각하기를 싫어한다.

생명이 없다면 봄도 없다

예수님은 짧은 33년의 생애를 마치고 죄인을 위하여 십자가에 못 박혀 죽으셨다. 그러나 므두셀라는 969년을 살았다. 중요한 것은 삶의 년수가 아니라 무엇을 위하여 살았느냐다.

　죽은 나무는 계절과는 관계가 없다. 봄이 온다하여 죽은 가지에 잎이 피고 꽃이 필까? 중요한 것은 계절이 아니라 생명 자체이다.

　동심으로 돌아가길 소원하지만 허송한 세월은 그 시간대로 의미 있는 삶이었으며 남아 있는 시간들도 의미있는 삶이 될 것이리라.

　존재 목적을 깨닫는다면 회귀하고자 하는 마음을 버릴 수 있을 것이다.

　몇 년 까지만 해도 허연 입김을 듬뿍 뿜어내던 겨울이 두렵기만 했다. 이제 겨울 바람이 상쾌하다. 다른 계절에 느낄 수 없는 깨끗한 기분을 느낀다.

　변화한다는 것은 슬픈 것도 나쁜 것도 아니다. 변화는 항상 새로운 기회와 도전이다. 도전은 때로 힘겹지만 인생 역전의 기회가 됨으로 긍정적으로 살아야 한다.

　변화를 두려워하지 말고 변화의 즐거움을 누리는 비결을 배워야겠다.

스스로 속이지 말라 하나님은 만홀히 여김을 받지 아니하시나니
사람이 무엇으로 힘든지 그대로 거두리라.
자기의 육체를 위하여 심는 자는 육체로부터 썩어진 것을 거두고
성령을 위하여 심는 자는 성령으로부터 영생을 거두리라
우리가 선을 행하되 낙심하지 말지니
피곤하지 아니하면 때가 이르매 거두리라
(갈라디아서 6 : 7-9)

12. 술은 보지도 말라

술술 넘어가는 술에 숨겨진 이야기 하나

아랍 사람들에게 전해 오는 이야기 하나가 있다.

마귀가 어느 사람에게 다가와서 말하기를 당신 앞에 큰 화가 미칠 것 인데 그 액운을 피하려면 내가 말하는 세 가지 가운데 한 가지를 실천해야 한다고 했다.

첫째는 당신의 종 가운데 가장 성실한 종을 죽이는 것 , 둘째는 당신의 아내를 개 패듯이 때리는 것, 셋째는 큰 술병을 가지고 와서 한 방울도 남김없이 다 마시는 것 세가지 중에 반드시 하나를 선택하라 했다.

가만히 생각해보니. 열심히 일하는 충성된 종을 죄도 없는데 죽일 수는 없고 살림 잘하는 사랑하는 부인을 때릴 수도 없고 해서 그는 큰 술 한 병을 먹기로 했다. 큰 술 한병을 가지고 와서 한방울도 남기지 않고 다 마셨다.

조금 지나자 온몸에 술기운이 돌았다. 취기가 오르자 새로운 힘이 생겼다. 가만히 있는 사람에게 트집을 잡고 시비를 걸고는 주정을 부리기 시작했다.

보다 못한 아내가 남편에게 점잖게 좀 있으라고 했다. 그러자 "이 쌍년이 남편을 무시해!" 하며 아내를 개 패듯이 두들겨 패기 시작했다. 죽는다고 아내가 소리치자 충실한 종이 달려왔다.

여주인이 두드려 맞는 것을 보고 참다못하여 "주인님 진정하십시오"하며 싸움을 말렸다. 그러자 주인은 "이 종놈이 건방지게 무엇인데 대들어?"하면서 종을 몽둥이로 때려서 죽였다.

가문에 숨겨진 알콜 중독자

고향 아버지 산소 옆에 종손 조카 묘가 있다.

어느 해 장마철에 주일 저녁 예배를 드리려고 모든 가족이 교회로 가고 여동생만 남아 집을 지키고 있었는데 술에 취한 조카가 집으로 와서 문짝이며 부엌이며 온 집안 살림을 부수었다.

놀란 여동생이 맨발로 도망쳐 교회로 왔다. 조카의 행동이 한 두 번도 아니었기에 우리 사형제가 분노하여 이번에는 버릇을 고쳐야겠다고 집에 도착했을 때는 조카는 이미 도망을 쳤다.

종손 조카는 다음 날 집으로 와서 잘못했다. 용서를 빌었는데 더 없이 순진한 모습이다. 목수를 불러 문짝을 고치고 파손한 것을 다 정리했다. 다시는 술먹지 않겠다고 울면서 맹세를 했다.

항상 술을 마시는 것 때문에 부부 싸움을 하다 아내가 죽었다. 술 때문에 아내가 죽었다며 후회를 하며 술을 끊었는데 하반신이 마비가 되어 거동을 하지 못했다. 그렇게 안방에 앉은뱅이가 되어 5년동안 살았다.

출입을 할 수 없으니 술을 먹을 수 없었다. 술 친구들도 멀어지고 고독한 날들을 보내었다. 조카의 친구 중에 동창이 술 때문에 불쌍하게 된것을 보고 유명한 한의사를 찾아가 한약을 지어주었는데 신기하게도 5년만에 거동을 하게 되었다. 거동을 하자 다시 술을 먹었다. 그리고 1년 후에 40대 초반에 세상을 떠났다. 정말 애석한 일이다.

누가 그렇게 마시느냐

우리나라 국민 한 사람이 연간 소비하는 술의 양은 소주 50병과 맥

주 100병 정도이고(세계 8위), 해마다 증가하는 추세를 보이고 있다. 국내에 약 100~200만 명의 술 중독자가 있다고 추산되며, 대부분이 30~40대의 남자들이다. 더불어 여성의 음주도 심각한 문제로 제기되고 있는데 44%의 여성이 술을 마신다. 그중에 20~30%가 알코올 중독으로 고통을 당한다.

현대 사회 생활에서 스트레스를 해소하는 방법으로 술을 선택하는 경우가 많다. 그리고 사회 생활에 있어서 교제하는데 술이 최고라고 생각한다. 술을 마시는 사람들은 여러 가지 이유를 가지고 술을 마신다. 기분이 나쁘니까 한잔하고 오늘은 너무 좋은 일이 있으니까 한잔하고 오늘은 우울하니까 한잔하고. 그래서 술은 한 잔이 두 잔이 되고, 한 병이 한 박스가 된다. 웃으면서 마시다가 싸움질하다 쓰러지고 결국은 건강도 쓰러지고 가정도 쓰러지고 재물도 쓰러지고 인생도 쓰러진다.

어느 술꾼에게 왜 매일 술을 마시느냐고 물었는데 그가 말하기를, 월요일은 원도 없이 마시고, 화요일은 화끈하게 마시고, 수요일은 수도 없이 마시고, 목요일은 목이 터지도록 마시고, 금요일은 겁나게 마시고, 토요일은 토하도록 마시고, 일요일은 일일이 찾아다니면서 마시다 보면, 일 년 내내 일평생 술을 마시며 산다고 했다.

왜 노아는 술을 먹었을까?

하나님이 세상을 창조한 후 이 땅에는 죄악이 너무 깊어짐으로 인하여 홍수 심판을 했다. 그러나 홍수 심판에서 살아난 노아는 포도 농사를 짓고 술을 만들어 먹고는 취하였다,

노아가 벌거벗은 모습으로 들어 누워있는 것을 세 아들이 보게 되었다. 그로 인하여 노아의 아들 가나안은 아버지의 권위를 실추시킴으로 형제들의 종이 되는 저주를 받았다. 홍수로 인하여 세상은 심판을 받았지만 노아와 그의 가족들의 마음속에 있는 죄악들은 여전히 존재하였다.

술 때문에 태어난 두 사람

소돔과 고모라 성에서 구사일생으로 살아 난 롯과 그의 두 딸은 소알 지역의 어느 산으로 은신하였다. 그들은 하나님의 은혜로 소돔과 고모라에서 살아난 것에 대한 감사하는 마음이 없었다.

소돔성을 탈출할 때에 가지고 나온 돈으로 술을 구하여서 마셨다. 롯은 첫날 밤에는 큰 딸과 관계를 하였다. 둘째 날도 술을 마시고 둘째 딸과 관계를 가져다.

얼마 후 큰 딸이 아들을 낳았는데 이름을 모압이라 하였다. 즉 모압이란 '아비의 소생' 이라는 뜻이다. 둘째 딸이 낳은 아들의 이름은 벤암미라 했다. 술을 먹고 아버지와 딸이 부적절한 관계로 낳은 자식들은 촌수가 묘하다. 모압과 베암미는 롯이 아버지가 되기도 하고 할아버지가 되기도 하고 딸들은 아버지가 되기도 하고 남편이 되기도 한다.

롯은 모압과 벤암미가 손자라고 해야 할지 아들이라고 해야 할지 정말 해괴망측한 웃지 못 할 일은 결국 술 때문에 일어난 것이다, 그러므로 술 먹고 성공한 사람들은 없다.

은혜 받으면 정리되는 것

예수님을 믿으면서 술과 담배를 정리하지 못하여 홀로 고민하는 자들이 있다. 교회 오면 회개를 하고 술자리가 생기면 거절할 수 없어 그냥 마신다.

성도들의 집 응접실 진열장에서 여러 가지 과일주나 인삼주를 두고 몰래 마시는 성도들이 있다.

어느 여름에 몇 대를 예수 믿는 집안이라고 자랑하는 장로님 집에 심방을 갔다. 예배를 드린 후에 무심코 주방으로 가서 냉장고 문을 열었는데 캔 맥주로 차 있었다. 못 볼 것을 본 것 같은 느낌을 가졌지만 하나님은 그 가정의 영적인 실상을 바라보게 하였다. 응접실 진열장에는 인삼주 매실주 등 약 술병이 가득했다. 그 장로는 성경에 술취하지 말라고는 했으나 술 먹지 말라는 말씀이 없다는 것이다. 여름에 맥주

한잔 마시는 것은 정말 좋다고 했다.

1년 쯤 지났을 때 술에 대하여 설교를 했다. 성경에는 술 마시지 말라는 말보다 더욱 강한 말씀이 있는데 술은 쳐다 보지도 말라고 했으니 집에 약술이라고 담아 응접실에 둔 술병을 버리라고 했다.

설교를 마치고 강단에서 내려오자 목사가 왜 그런것까지 간섭을 하느냐며 불평을 하였다. 결국 그 장로는 교회를 떠났다.

술 때문에 죽은 제사장

제사장 아론의 아들 나답과 아비후는 술에 만취한 상태에서 성전에 들어가 다른 불을 제단에 드리다가 성전에서 저주의 불이 나와서 현장에서 불 타 죽었다.

그 후 하나님이 아론에게 말씀하시기를 "너나 네 자손들이 회막에 들어갈 때에는 포도주나 독주를 마시지 말아서 너희 사망을 면하라 이는 너희 대대로 영영한 규례라" 했다.(레10:9)

술을 마시는 사람들은 에베소서 5장 18절의 "술 취하지 말라"는 말씀을 들어 "술은 취하지 않을 정도로 마시면 된다"며 자신을 합리화한다.

그러나 잠언 23장 31절의 말씀에서는 술에 대하여 더욱 단호하게 말하고 있다.

"포도주는 붉고 잔에서 번쩍이며 순하게 내려가나니 너는 그것을 보지도 말지어다" 했다. 술을 먹지 말라는 말보다 더욱 강력하게 "술은 보지도 말라"는 것이다.

응접실 진열장에 인삼주 매실주 구기자주 산수유주를 담아놓고 매일 매일 쳐다보는 신자들 대부분은 반주를 즐기고 잠 잘 때 술을 마시고 분위기가 되면 100% 술을 마신다. 그러한 신자가 믿음 생활 똑바로 하는 것을 보지 못했다.

포도주는 붉고 잔에서 번쩍이며 순하게 내려가나니
너는 그것을 보지도 말지어다
(잠언 23 : 31)

음주운전 때문에
사고 합의서 쓴 목사

1. 소낙비에 맞아 죽은 사람

여호수아를 부러워한 나폴레옹

1815년 6월 17일 나폴레옹은 워털루 전투를 하루 앞두고 전쟁 준비를 하고 있었다. 나폴레옹이 이끈 125,000명의 프랑스군과, 웰링턴이 지휘하는 영국군 95,000명과, 블뤼허가 지휘하는 프로세이센군 12만 명이 벨기에 남동쪽 워털루 근방에서 대 접전을 앞둔 날이었다.

어떻게 전쟁을 준비하느냐에 따라서 승패를 가름한다. 그러므로 전투 하루 전 날은 참으로 중요하다. 나폴레옹은 병사들을 둘러보고 군수 물자를 점검하다가 서산에 해가 기울어지는 것을 보고도 전쟁 준비를 다 끝낼 수 없었다. 어둠이 내려 깔리면 아무 것도 할 수 없다.

나폴레옹은 혼자 탄식하면서 이렇게 말했다.

"아, 나에게 아멜렉과 전쟁을 치룬 여호수아 장군의 기도 능력이 있어 저 태양을 2시간만 멈추게 할 수 있다면."

불가능은 있다

1815년 6월 18일 전쟁이 시작되기도 전에 갑자가 하늘이 흐려지면서 천둥과 번개가 쳤다. 엄청난 소나기가 내리기 시작했다. 전투 시작

부터 차질이 생겼다. 나폴레옹이 자랑하는 막강한 화력을 지닌 포병들
은 질퍽해진 지면 위에 전혀 힘을 쓸 수가 없었다. 포차가 진흙에 빠져
기동성이 없어졌다.

소나기 때문에 나폴레옹은 마지막 인생을 걸었던 워터루 전쟁에서
4만명의 전사자를 내고 패배했다.

1815년 6월 22일 나폴레옹은 세인트힐레나 섬에 유배되었다.

나의 사전에는 불가능이 없다던 나폴레옹이 소낙비 때문에 패전 장
군이 되어 인생에 불가능이 있다는 것을 깨닫게 되었다.

도전하는 것이 인생이다

꿈을 꾸는 자에게는 불가능이 없다. 사람들은 저마다 많은 계획을
하고 성공을 확신하고 살아간다. 그러나 계획하고 생각 한대로 인생이
열려 진다면 실패도 불행도 눈물도 없다. 그야말로 인생 성공으로 행
복할 것이다. 그런데 우리의 삶은 불가능의 장벽 앞에 선 초라한 모습
을 볼 수 있지 않는가?

창업을 할 때는 성공에 확신을 가진다. 그런데 실패 할 때가 있다.

모든 사람들은 건강하게 살기를 원한다. 그러나 원치 않는 질병으로
고난을 당하고 전 재산을 치료비로 사용하고 가족을 거리로 내몰고는
이 세상을 떠나는 사람이 많다.

믿고 신뢰한 사람이 배신 할 때 분노와 괴로움은 이루 말 할 수 없
다. 행복한 가정을 생각하며 결혼을 하였지만 어떤이는 이혼을 한다.

지금까지 살아 오면서 한 번도 절망해 보지 않은 사람이 있을까?

오늘까지 내 삶에 후회 할 일들이 많지 않는가?

현실을 깨달을 때 비로소 철이 들게 된다

어린 꼬마에게 앞으로 어떠한 사람이 되겠느냐 하고 물어보면 '대통
령', '장군' 등 거창한 것을 말한다. 그것은 미래에 대한 꿈이다. 꿈은
불가능이 없다.

명문 대학을 졸업하고 취업이 되지 않아서 자살을 하는 경우를 가끔

본다. 대통령, 장군, 국회의원의 어릴 때 꿈은 사라졌다. 좀 현실적으로 안정된 직장에 들어가서 사랑하는 사람과 소박한 가정을 이루어 소시민으로 살고 싶은 마음 뿐이다. 그러나 그것 마저도 뜻대로 안된다.

미래를 도전하는 꿈은 인생에 최고의 자산이다. 그래서 좀 더 큰 꿈과 희망을 가지고 내 삶에 불가능은 없다며 전투적인 삶을 살아 간다. 그래서 때로는 어떠한 꿈이 이루어지기도 하고 어떠한 때는 내 꿈이 사라지기도 한다.

세상에 불가능이 없다는 생각으로 인생을 살 때가 있다. 그런데 세상에 불가능이 있다는 것을 깨닫게 될 때가 있다.

그 때 비로소 인생에 철이 들게 된다. 세상만사 내 뜻대로 되는 사람은 한 사람도 없었다. 내 뜻대로 인생을 살아 보기 위해서 일생을 바치며 살아간 사람들이 얼마나 많았는가?

기회가 없는 것이 아니다 내가 기회를 잡을 능력이 부족한 것이다

1940년대 출생한 어린이 100명이 65살이 된 노년에 보니 이미 27명은 죽었다. 경제적으로 성공한 부자는 한 사람이었다. 4명은 그럭저럭 돈 걱정 없이 남은 여생을 살 수 있었는데 나머지 68명의 사람들은 어렵게 노후를 보내고 있었다.

인생 60세가 넘어가면 성공한 사람들보다는 실패하는 사람들이 많다. 젊은 날의 한번 성공이 영원한 성공이 아니며 한번의 실패가 영원한 실패가 아니다. 다시 한번의 기회를 가질 수 있다. 젊은 날은 수많은 기회들이 스쳐간다.

그렇지만 50대가 지나면 기회가 별로 없다. 한번 실패하면 인생이 그대로 끝장난다.

하나님의 마음에 합당한가?

함께 부지런하고 최선을 다해도 어떠한 사람은 성공하고 어떠한 사람은 실패를 한다. 내가 어떻게 노력하고 수고하느냐 보다 하나님의 도우심과 인도하심이 있느냐의 문제다.

나폴레옹의 워터루 전투에서 소낙비가 내린 것은 나폴레옹에게는 불행한 일이었지마 웰링턴에게는 하나님의 도우심의 손길이었다. 하루 내린 소낙비로 영원한 불가능을 경험한 나폴레옹은 다시는 재기하지 못했다.

인생의 성공 실패가 내 뜻과 의지로만 되는 것이 아님을 깨달을 때 하나님을 의지하게 된다.
인간은 한없이 연약한 존재다. 나의 인생에 하나님의 도움의 손길이 없다면 아무리 내가 노력하고 수고한다 해도 성공하지 못한다.
워터루 전쟁에서 나폴레옹의 전쟁 준비가 미비해서 패한 것도 아니며 웰링턴이 탁월해서 승리한것도 아니다. 그날 소낙비를 내리게 하신 분은 하나님이시다.
소나기는 나폴레옹에게는 재앙이었지만 웰링턴에게는 축복이었다.

때를 따라 도우시는 하나님의 은혜를 경험하는 자가 성공한다. 하나님은 자신의 마음에 합당한 자를 도우시며 미워하는 사람을 멸하신다. 인생 성공에 실패에 우선권은 하나님과 나와의 영적 관계이다. 내가 가진 재능과 기술과 폭 넓은 인간관계가 아니다.

여호와께서 집을 세우지 아니하시면 세우는 자의 수고가 헛되며
여호와께서 성을 지키지 아니하시면 파수꾼의 경성함이 허사로다
너희가 일찌기 일어나고 늦게 누우며 수고의 떡을 먹음이 헛되도다
그러므로 여호와께서 그 사랑하시는 자에게는 잠을 주시는도다
(시편 127 : 1-2)

2. 아름다운 입술에 입을 맞추면

헛총에 죽는 사람들

유대인의 지혜의 보고인 탈무드에 나오는 짧은 이야기다.

유대인 두 사람 중에 한 사람이 상대방에게 악담을 퍼붓기 시작했다.

"당신 누이는 매춘부가 아닌가?"

상대방 사나이는 입을 다문 채 대꾸를 하려고 하지 않았다. 보기에 딱했던지 옆에서 보고 있던 사람이 말했다.

"당신 누이의 악담을 하는데도 가만히 있을 것입니까?"

"천만에 말씀, 나에게는 누이가 없으니까요."

그러자 제 삼자의 사나이가 악담하는 첫 번째 사나이에게 말했다.

"여보시오 이 사람에겐 누이동생이 없다는데요?"

"그건 아무래도 상관이 없습니다."

"그런 것은 저 사람도 알고 있겠죠."

"물론 당신도 알고 있고 나도 그것을 알고 있지만 그걸 모르는 사람들이 듣고 있지 않습니까?"

"그 사람들은 믿어주지요."

말은 상호간의 당사자간의 문제만은 아니다. 그 말을 듣는 제 삼자의 입장에서 언제나 재 해석되어 전달된다. 삼자는 진실인지 거짓말인지 구별하려 않는다. 현재 내 귀에 들리는 말을 믿을 뿐이다. 그래서 총알 없는 헛총을 겨누어 방아쇠를 당겨도 사람이 죽는다.

제 삼자는 진실과 거짓말에 신경쓰지 않는다

사람과의 관계에서 진실만을 말해야 한다. 때로는 진실을 말해도 상황을 이해하지 못하는 삼자의 입장에서는 자기 느낌대로 해석하고 받아 들인다. 그런데 악의적인 거짓말을 할 때에는 그 말의 부정적인 영향력은 엄청난 파장을 일으키게 된다.

길음 동사무소에서 공문이 왔다. 신년 하례식을 옥돌집에서 한다고 했다. 저녁 시간 참석하고 보니 지역 유지들로 참석한 사람이 70명 정도 되었다. 교회 건축을 앞둔 상황에서 지역 유지들과 좋은 교제를 하게 되었다. 한달 후 교회 건축을 반대하는 사람이 목사가 재개발 업자를 밤중에 만나서 돈을 받아 먹었다고 소문을 내었다. 그러한 내용을 용지에 7장을 복사하여 주일 예배 후에 성도들과 길가는 불신자들에게도 나누어 주었다.

허무 맹랑한 소문을 내가 아무리 진실이라고 해도 일부 신자들은 믿어 주지 않고 목사가 나쁘다고 한다. 하는 수 없이 동장을 만나서 신년 하례식에 참석한 날짜와 목적을 명시한 사실 확인서를 받았다.

비방하고 거짓말하는 것은 매우 쉽게 할 수 있지만 그들이 말한 거짓말로 손상된 이미지 회복은 3년 정도 지나야 된다.

언어의 긍정성과 부정성이 있다. 긍정적인 언어를 사용하는 사람은 긍정적인 방향으로 인생이 세워진다. 그리고 아름다운 복으로 돌아온다. 그러나 부정적인 거짓말을 하고 부정적으로 절망적인 말을 하는 사람은 결국 공동체에서 버림을 받게 된다. 사람이 무슨 말을 하든지 최종적으로 선악간에 판단하시는 분은 하나님이시다.

욥의 승리 비결은 긍정적인 말이었다

구약 성경에 욥은 하루아침에 자녀 10명이 태풍에 집이 무너져 죽었다. 이웃 사람들이 강도로 돌변하여 모든 재산을 약탈하여 감으로 경제적인 파산을 당하였다. 그리고 자신의 몸이 병들어 회생 가망이 없었다.

절망적인 순간에 욥의 아내가 말하기를 "당신이 그래도 하나님을 믿는가 하나님을 저주하고 죽어라"했다. 욥의 아내의 참담한 상황에서 한 말을 백번 이해 할 수 있다. 그러나 똑 같은 상황에서 실패와 고통을 경험하는 욥의 입장은 좀 다른 것이다. 욥은 아내를 향하여 말했다.

"그대의 말이 어리석은 여자 중 하나의 말 같도다."

"우리가 하나님께 복을 받았은 즉 재앙도 받지 아니하겠느뇨."

이 말에서 욥의 인격과 성품을 알 수 있다. 왜 하나님이 욥을 동방의 의인이라고 인정했는지 알 수 있다.

욥이 이후에 갑절의 복을 받은 것은 그가 입술로 범죄치 않았기 때문이다.

부정적인 사람들은 자신의 감정과 상황에 따라서 쉽게 저주와 악담과 거짓말을 한다. 교회가 어떻게 되며 이웃이 어떻게 될까를 생각지 않는다. 오직 자신의 기분대로 느낀 때로 말한다. 그렇게 막말을 하고 거짓말을 하는 사람은 마치 쥐약을 먹은 개가 물을 마시고 죽기 직전에 발악하는 것과 같다. 그 이유는 그들의 부정적인 말에 교회가 상처를 입고 성도들이 상처를 입고 결국은 죽어 자신은 이웃으로부터 버림을 받기 때문이다.

참되고 진실된 말을 하는 사람의 입을 거룩한 입술이라고 한다. 그러나 거짓말하고 거침없이 악담을 하는 사람의 입은 주둥이라고 한다.

주둥이란 짐승이나 고기의 입을 뜻한다. 사람이 사람 입을 가져야지 주둥이를 가지면 그는 사람이 아니라 짐승이다.

험담은 제 삼자에게서 위력이 나타난다

대책없이 감정을 터뜨리는 사람들이 흔히 하는 말이 있다.

“나는 참고는 못살아요. 할 말을 해야 합니다.”
“내가 말은 그렇게 했지만 뒤끝은 없어요.”
함부로 말하는 사람들이 늘상하는 말이다. 그런데 자신은 뒤끝이 없을지라도 상대방은 엄청난 상처와 고통을 당하는 것에는 책임을 지지 않는다.

탈무드에는 험담에 대하여 이렇게 말한다.
“험담은 살인보다 더 위험하다”.
“살인은 한 사람에 한하지만 험담은 반드시 세 사람을 죽인다.”
“험담을 퍼뜨리는 사람 자신과, 그것을 반대하지 않고 듣고 있는 사람과, 그리고 험담의 화제가 되어있는 그 사람이다.”
총과 칼은 가까운 사람을 해할 수 있다. 그러나 험담은 아주 멀리 있는 사람에게도 상처를 입힌다. 총과 칼보다 험담은 무서운 것이며 심히 악한 것이다.

좋은 말을 쓰면 좋아진다

인간 관계에서 상대방을 파악하는데 가장 정확한 것은 그 사람이 사용하는 언어다. 각각 사람들이 말하는 언어는 그 사람의 이력서와 같다. 아름답고 부드럽고 좋은 말을 하며 살아가는 사람들은 반드시 복된 날 행복한 날이 온다.

믿음의 말을 하는 사람에게 믿음의 사람이 모여들고 믿음의 역사가 나타난다. 그러므로 내가 하는 말과 내가 듣는 말은 내 인생에 축복의 씨앗이 될 수도 있고 저주의 씨앗이 될 수도 있다. 내가 하는 말과 내가 듣는 말이 성령의 역사를 이룰 수도 있으며 사단의 도구가 될 수도 있다.

함부로 말하는 사람은 좋은 이웃이 아니다. 비방하며 부정적인 말을 하는 사람들과의 관계는 청산하는 것이 복되다. 나쁜 말을 들으면 생각과 영혼이 오염된다. 사상은 곧 언어로 표현된다. 사상의 의식화는 곧 그들의 언어를 사용함으로 목적을 달성한다.

언어는 영혼의 거울이다

동물은 같은 동물끼리만 생활한다. 이리가 양과 사귀는 일이 없고 아프리카에 있는 하이에나가 양과 사귀는 일이 없다. 그러므로 긍정적인 생각을 하고 진실만을 말하는 사람들은 부정적인 언어를 구사하고 중상모략 하기를 좋아하는 사람들과 함께 할 수 없다.

사랑하는 사람의 입술에 키스를 한다. 그러면 함께 행복해 진다. 진실을 말하는 사람과 진실을 말할 때 인간은 가장 평안하고 행복하다.

나의 앞날이 행복하고 복된 날이 되기를 원한다면 먼저 우리의 입술에서 나오는 언어가 아름답고 긍정적이어야 한다. 사람을 세우고 칭찬하고 격려하는 진실한 말을 해야 한다.

좋은 이웃이란 진실을 말하는 긍정적인 사람이다. 그 사람의 언어는 그 사람의 영혼의 거울이기 때문이다. 깨끗한 말은 깨끗한 심령에서 나온다.

악인은 입술의 허물로 인하여 그물에 걸려도
의인은 환난에서 벗어나느니라
(잠언 12 : 13)

3. 새로운 개혁의 별

개혁의 별이 된 존 후스

존 후스는 1369년에 출생하여 성직자가 되었다.

그는 체코의 프라하 종합대학교의 신학부장이 되었다. 로마 교회에서 면죄부를 판매하는 것을 당연한 것으로 생각하였다. 그러나 존 위클립의 저서와 번역한 성경을 읽으면서 로마 교회가 비 성경적인 것을 깨닫게 되었다.

그 후 존 후스는 설교를 통하여 로마 교회의 부패상에 대하여 성직자와 평신도들과 교회를 향하여 거침없이 회개할 것을 주장하였다.

성경에서 벗어난 수많은 교리와 인간 중심으로 변질된 교회의 개혁을 주장하였다. 논리적이며 설득력있는 존 후스의 교회 개혁에 대하여 많은 사람들이 동의하기 시작하였다.

신의를 저버린 자의 약속은 믿지를 마라

로마 교황청은 존 후스가 교회의 개혁을 주장하자 위기를 느꼈다.

존 후스를 죽이기 위하여 1414년 콘스탄틴에서 열리는 종교 회의에 존 후스가 참석 하여 줄 것을 요청하였다. 그리고 황제 지기스문트가 존 후스의 신변 보장을 약속하였다.

존 후스가 그 약속을 믿고 회의장에 도착하였을 때에 이미 이단자로 규정되어 체포 되었다. 당시의 교황 인노센트 3세는 존 후스에게 "하나님과 신의를 저버린 자에게는 약속을 지킬 필요가 없다"고 말하였다.

존 후스의 실수는 하나님과 신의를 저버린 자들의 신변 보호를 믿은 것이다. 존 후스는 성당 토굴 감옥에서 6개월 동안 감금되어 여러 가지 회유와 고문을 당하였다. 그러나 꺾이지 아니하고 더욱 영적이며 온전한 사람이 되었다.

1415년 1,000여명이 지키보는 가운데서 장작더미에 묶여 화형을 당하였다. 불길 속에 존 후스의 안색은 천사처럼 빛났다. 존 후스가 불길 속에서 마지막으로 한 말은 "100년 후에 나와 같은 말을 하는 한 젊은 이가 나타나서 오늘의 교회를 정죄할 것이다" 이었다.

개혁의 불이 된 루터

그 후 100년의 시간이 지난 1517년 10월 31일에 독일의 젊은 수도사 루터는 웨덴베르크 성당에 95개의 조문을 내어 걸고 로마 교회의 개혁을 주장하였다. 루터는 신학교에서 로마서를 가르쳤는데 그는 로마서를 공부하면서 로마 가톨릭의 허구성과 비 성경적인 것을 발견하게 되었다. 루터가 종교 개혁을 주장하자 독일에서부터 전 유럽으로 급속도로 종교 개혁이 진행되었다.

1417년 10월 31일 종교 개혁은 로마 가톨릭의 부패하고 비 성경적인 것을 회개하고 돌아설 것을 주장하였다.

종교 개혁을 한 후 490년이 지난 오늘의 교회는 어떠한가? 종교 개혁을 외칠 당시의 로마 교회의 모습을 오늘날 현대 교회의 모습에서 발견할 수 있다.

개혁 교회가 끝임 없이 개혁되어가지 않으면 개혁 교회도 변질된다.

세속의 죄악된 사상과 물결이 거센 파도와 같이 교회와 성도들을 향하여 밀려온다.

진리를 지키고 교회의 순수성을 지키기 위하여 힘쓰고 애쓰지 않는 이상 우리는 세상의 죄악된 물결에 침식되어 간다.

개혁 교회는 지속적으로 개혁해야 한다

오늘날 교회를 지키고 참된 믿음을 지킬 수 있는 진정한 방법은 무엇일까?

하나님은 교회가 스스로 개혁하기를 원한다. 성령의 음성을 듣고 비성경적인 것과 죄악된 것을 깨닫고 회개하기를 원한다. 회개 할 수 있는 기회를 놓치면 반드시 심판하신다. 회개하고 돌아서지 않는 사람을 버리고 새로운 믿음의 사람들을 세우고 하나님의 뜻을 이루어 가신다.

오늘 교회는 성경적일까? 부패하고 나태한 교회가 스스로 개혁되고 변화되는 자성과 개혁의 힘이 있을까?

하나님 없는 하나님의 교회

현대 교회는 편리성과 경제성을 추구한다. 그러면서 하나님의 말씀을 저버리는 경우가 너무 많다. 그리고 인간 중심의 교회로 급속도로 변절되어 간다.

오늘날 교회는 작은 조각배와 같이 그 물결을 따라 흘러간다. 조각배가 스쳐가는 타락한 산천은 아름답고 도시는 화려하다. 환락의 소돔과 고모라의 죄악을 즐거운 눈요기로 삼으며 타락한 세상에 머물고 있다.

존 후스가 지금 살아있다면 무슨 말을 할까?

이제 교회는 성경으로 돌아가고 복음에 충실해야 한다. 점진적인 개혁이 아니라 신속하고 완전한 개혁을 하여야 한다.

한국 교회의 개혁을 생각하는 것 보다는 나 자신이 바른 믿음과 신앙을 가지고 나 개인의 개혁에 관심을 가져야 한다. 내 교회부터 하나님의 말씀에 견고하게 세울 수 있어야 한다.

오늘은 누가 있는가?

존 후스와 루터와 칼빈은 이미 역사적인 인물이다.

지금 존 후스와 루터와 칼뱅의 개혁 사상을 가지고 살아가는 인물들이 필요하다.

나를 변화시키고 새롭게하는 것이 종교 개혁의 출발점이다.

내가 네 행위를 아노니

네가 차지도 아니하고 더웁지도 아니하도다

네가 차든지 더웁든지 하기를 원하노라

네가 이같이 미지근하여 더웁지도 아니하고 차지도 아니하니

내 입에서 너를 토하여 내치리리

네가 말하기를 나는 부자라 부요하여 부족한 것이 없다 하나

네 곤고한 것과 가련한 것과 가난한 것과

눈먼 것과 벌거벗은 것을 알지 못하는도다.

내가 너를 권하노니

내게서 불로 연단한 금을 사서 부요하게 하고

흰옷을 사서 입어 벌거벗은 수치를 보이지 않게 하고

안약을 사서 눈에 발라 보게 하라

(요한계시록 3 : 15-18)

4. 24년 만에 예수님 같이 된 사람

예수 그리스도처럼 보인 사람

선다 싱(Sundar Singh)은 1889년 인도의 편잡지방 부유한 시이크교도 가정에서 출생하였다. 그는 기독교에 대하여 심한 거부 반응을 보였으나 하나님의 특별한 은혜로 예수 그리스도의 환상을 보고 개종하였다.

1905년 영국 성공회에서 16세에 세례를 받고 그리스도인이 되었다. 그 후 선다 싱은 수많은 팝박과 시련 중에서도 오직 예수님 같이 살았다.

선다 싱이 영국 런던에서 기독교인 부인을 방문했을 때의 일이다. 선다 싱이 초인종을 누르자 집안 하인이 나왔다. 하인은 선다 싱을 보고 주인 마님에게 달려가서 말했다.

"문 앞에 어떤 신사가 왔습니다."

"그는 예수 그리스도 처럼 보였습니다."

선다 싱은 40세의 젊은 나이에 죽었다. 그러나 사람들은 선다 싱을 성자라고 칭하였다. 선다 싱이 16세에 예수님을 믿고 세례를 받은 후 40세에 소천 하였으니 그는 24년동안 그리스도인으로 살았다.

알맹이 없는 껍데기에 목을 매는 사람들

참된 믿음과 신앙은 예수 그리스도를 닮아가고 점점 성숙된 믿음을 가지면서 영적 깊은 세계에 들어간다. 그리고 그의 인품과 생활에 예수 그리스도의 흔적을 가지게 된다.

신앙은 머리로 깨닫는 지식의 세계에 있지 않다. 행동으로 실천되어지고 자신을 깎고 다듬는 영적 실행의 과정을 통하여 성장한다.

참된 믿음은 믿음의 경력이나 직분에 있지 않다. 많은 그리스도인들이 잘못된 착각에 빠져 있음을 발견한다. 자신이 예수를 믿은 년수나 직분에 대하여 큰 자부심을 가지고 있다. 그러나 영적인 모습이 없으며, 영적인 능력이 없다.

하나님은 영이시다. 그러므로 우리의 믿음과 신앙도 영적이어야 한다. 영적인 하나님을 영적으로 섬겨야 한다.

진정한 그리스도인은 영성이 있다. 그리고 영성의 깊이가 있다. 영적인 성도의 입술을 통하여 나오는 모든 말과 행동과 눈빛에는 영적인 의미와 흔적이 묻어 난다.

입술에서 흘러나오는 말 한 마디, 얼굴에 표정 하나, 몸짓 하나에도 예수 그리스도의 향기를 물신 풍겨 내는 신자들이 있다. 그들은 교회의 보배요 진정한 자산이며 참으로 좋은 이웃들이다.

심령이 살아있으면 자연적으로 영적인 사람이 된다. 그러나 심령이 죽으면 육적인 사람이 된다. 육신의 냄새를 풍기는 것이다.

참된 믿음은 강요해서 되는 것이 아니다. 참된 믿음의 사람이 되는 것은 스스로 자신을 말씀에 복종시키고 말씀대로 살아가는 삶이 있다.

나는 어떠한 사람인가?

영적인 사람은 겸손과 온유함으로 교회에서 사랑을 실천하고 예수님을 드러나게 한다.

그리스도 앞에서 진정한 나를 발견하면 진실한 사람이 된다. 하나님 앞에서 온전한 사람은 아무도 없다. 그러나 늘 하나님 앞에 서 있는 사람은 진실하고 영적인 사람이 된다.

하나님은 나를 어떠한 사람이라고 할까?

나는 어떠한 믿음을 가진 사람인가?

나는 어떠한 신앙적인 느낌을 주는 사람일까?

믿음으로 살려고 노력하는 모든 사람은 깊은 영적인 세계에 몰입 할 수 있다. 그리고 영적인 사람이 될 수 있다.

스데반이 돌에 맞아 죽는 순간 그 얼굴은 천사와 같이 빛났다고 했다. 고통스러운 그 순간에 웃으며 죽었다.

선다 싱은 예수님 믿은지 24년이 지났을 때 살아있는 예수님과 같았다. 그런데 똑같이 24년을 예수님을 믿어도 불신자의 모습을 벗지 못한 사람들이 얼마나 많은가?

교회 안에서 나는 어떠한 사람으로 보여지는지 한 번 생각해 보았는가? 믿음의 사람들 가운데서 나는 어떠한 느낌으로 다가서고 있는지 한번쯤 생각해 보아야 한다.

우리는 구원 얻는 자들에게나 망하는 자들에게나
하나님 앞에서 그리스도의 향기니
이 사람에게는 사망으로 좇아 사망에 이르는 냄새요
저 사람에게는 생명으로 좇아 생명에 이르는 냄새라
누가 이것을 감당하리요
(고린도후서 2 : 15–16)

5. 마지막 종소리

악성 바이러스 시대

예전에는 듣지 못한 조류 독감이 발병하여 수백만 마리의 닭과 오리 등 가축을 생 매몰 시키는 일들이 일어나고 있다. 특히 아시아권에서 발행한 조류 독감은 위협적이다. 조류 독감으로 죽은 닭고기를 먹은 태국의 소년이 사망했다.

지난해는 중국에서 발생한 사스라는 중증 급성 호흡기 증후군으로 774명이 죽었다.

몇 년 전 유럽에서 발생한 광우병이 이번에는 미국에서 발병하여 전 세계로 수출되는 쇠고기의 판로가 막혔다. 미국 농산부에서는 한국에 미국산 쇠고기를 수입하라고 압력을 행사한다. 그렇지만 미친 소고기를 먹고 국민을 미치게 할 수는 없는 것 아닌가?

화성 이민을 꿈꾼다

지구의 온난화로 겨울 답지 않은 날씨는 극점에 있는 빙하들이 녹아내리면서 해수면의 상승으로 지금의 평지가 습지가 되고 있다. 이러한

252

생태계의 변화로 얼마 지나지 않으면 대한민국에서 소나무를 보기 힘들 것이라 한다.

그 언젠가 남산 위에도 소나무가 없어지면 애국가를 바꾸어야 하지 않을까?

이란의 바르왓드에서 지진이 일어나서 2만 명이 거주하던 지역에서 5,000명이 매몰되어 죽었다. 터키에서도 지진으로 많은 사람이 죽었다. 일본 니가타에서 지진이 발생했다. 원자력 발전소 아래에서 일어난 지진으로 발전소 안전을 장담하지 못하게 되었다. 한국도 지진 안전 지대가 아니다.

봄 목련이 필 쯤에 영락없이 날아오는 황사는 중국의 고비 사막등 광대한 영토에서 바람을 타고 온다. 넓은 초원이 점점 황폐화 되어 바람이 불면 황사는 반 나절만에 한반도를 덮게 되고 멀리 캐나다와 미국까지 날아 간다. 중국의 넓은 초원이 점점 사막화되고 있다. 아프리카의 사하라 사막도 점점 푸른 초원을 잠식하여 넓어지고 있다.

한편 미국 항공 우주국 나사는 화성 탐사를 위해서 천문학적인 연구비를 투입하고 두개의 로봇이 화성에 착지하여 탐구에 열을 올리고 있다.

각 국마다 우주선 발사 경쟁을 하고, 유전자 변형으로 식량 혁명을, 생명공학으로 인간의 불로장수를 눈앞에 두고 있다 한다. 그러나 우리가 살고있는 이 시대는 말세다. 그 모두는 말세에 일어날 수많은 징조들이다. 지금 진행되는 모든 현상들이 예수님께서 말씀하신 말세의 징조들이다.

마지막 종 소리가 들리느냐?

우리는 매일 뉴스로 말세의 징조들을 무감각하게 접하고 있다. 지진과 기근과 전쟁과 질병들 그리고 교만의 바벨탑은 하늘 높이 치솟아 올라가고 있다.

　과학과 의학은 하나님 없이도 살 수 있다는 목표를 달성하기 위하여 하나님을 점령하려 한다. 그러나 이 땅에 피조물들은 말세의 징조로 하늘과 땅과 바다가 점점 죽어가면서 생존하는 인간들의 생명을 위협하고 있다.

　오늘 우리는 무엇을 보며, 무엇을 느끼며, 어떠한 것을 깨닫고 살아가고 있는가? 오늘 이 땅에 어떠한 희망이 보이는가? 그리고 참된 평안과 안식은 무엇인가?
　실업자들이 증가하고 이혼율이 세계에서 최고, 양주 소비도 최고, 담배를 가장 많이 피우는 나라도 대한민국이다.

　이 땅에 그리스도인들은 정신을 잃어버렸다. 주님 오실 말세의 징조들이 홍수를 이루며 다가와도 우리는 무감각하다. 분별력을 상실하고 진리를 상실하고 정의와 정직을 상실해 가고 있다.
　진정으로 주님을 사랑하고 천국을 사모하며 주님 오심을 기다리며 준비된 자들은 얼마나 될까? 곳곳에 교회가 있고 예수를 믿는다 하는 사람들이 얼마나 많은가. 그러나 정직과 진실로 살아가는 그리스도인들은 별로 보이지 않는다. 소돔과 고모라 성이 멸망 할 때에 아브라함이 소돔성에 의인 10명을 찾지 못하여 고민하던 그 날 그 때가 지금이 아닐까?

　이 시대의 정치인들, 경제인들, 과학자들에게 희망을 걸 것인가?
　누가 우리의 문제를 해결하여 줄 것인가?
　정치인들은 조직 폭력배나 강도들보다는 한 수 위다. 서민들의 지갑을 털어가는 좀 도둑들이 아니다. 그들은 기업의 금고에서 사과 상자에 돈을 강탈하는 시대를 넘어서 요즘은 자동차로 한 트럭씩 챙기는 시대가 되었다. 정치인들은 잡은 권력으로 기업을 죽일 수도 있고 살릴 수도 있다. 그러니 경제인들이 비자금을 만들고 뇌물을 주면서도 그것은 최고의 안전한 투자라 한다.

국립 최우수 영성 훈련장

검찰이 수사를 하면 자신은 깨끗하다고 억울하다고 나만 먹었는가 하면서 도무지 뉘우치고 회개할 줄 모르는 뻔뻔한 이 땅의 지도자들의 양심은 썩었다.

요즘 비리 혐의로 구속된 사람들 중에는 집사, 장로, 신부도 있었다.

서울 구치소와 교도소는 최고의 영성 훈련장이란다. 교회에서 은혜 받지 못한 사람들이 구치소와 교도소에 가면 회개하고 눈물 흘리며 기도하고 성경을 보고 은혜를 받는다고 한다.

차라리 목사들을 교도소와 구치소에 간수로 채용하여 좀 더 효과적으로 그들을 회개시키면 출소하면 재범을 막을 것인데, 혼자 기도하고 혼자 은혜 받고 출소하면 다시 범죄하고 들어간다.

어느 대통령의 아들이 교도소에서 잠언을 읽고 은혜 받은 후 고백하기를 "나는 벌레요"라고 했다. 그런데 출소한 후에도 자신을 벌레와 같다고 말할지 궁금하다.

세상 급류에 함께 휩쓸려 내려가는 교회

요즘 예수 믿는다고 하는 사람은 많지만 진짜 예수쟁이는 찾아보기 힘들다.

요즘 십자가 높이 세운 교회가 많지만 진짜 교회는 찾아 보기 힘들다.

요즘 신학교 졸업한 목사들은 많지만 진실된 목사는 찾아 보기 정말 힘들다.

요즘 교회에 장로들은 많지만 장롱보다 못한 장로들이 많다.

요즘 교회 권사들은 많지만 진짜 권사, 거룩한 입술을 가진 권사는 별로 없다.

요즘 교회 집사들은 많지만 잡사들이 수두룩하다.

깨끗하고 정직하고 바르게 살아가고 있는가?
진리를 따라 살며 세상에 빛이요 소금인가?

작금을 한탄만 하고 있을 때가 아니다. 정신없이 쉴틈없이 돌아간
다.
수많은 뉴스에서 느끼는 종말의 징조들을 놓치면 안된다.
어리석게 세상을 탓하지 말자 세상은 언제나 그러했다.
오늘도 안전하다 평안하다며 시대를 바로 보지 못하는 아둔한 장님
에서 눈을 떠야 한다.
어떻게 종말을 느끼고 있는가?

처처에 큰 지진과 기근과 온역이 있겠고
또 무서운 일과 하늘로서 큰 징조들이 있으리라
이 모든 일 전에 내 이름을 인하여
너희에게 손을 대어 핍박하며 회당과 옥에 넘겨 주며
임금들과 관장들 앞에 끌어가려니와
(누가복음 21 : 11-12)

6. 나무 아무 타령

멀리 북한산 삼각산을 보면 암벽들이 봉우리를 이루며 울창한 숲을 형성하여 언제나 생동감이 넘친다. 산에는 수많은 나무와 풀들이 모여 각각의 자리에서 뿌리를 내리고 푸른 산을 만들고 있다.

소나무

소나무 참나무는 하늘을 찌를 듯이 우람하게 자라는 모습을 본다. 참 보기 좋은 나무다. 그러나 큰 소나무 아래는 햇볕이 들어오지 않는다. 작은 나무들은 햇빛을 보지 못하고 죽는다. 썩은 가지에서 버섯이 자란다.

높은 산 암벽 틈 사이에 자라는 소나무는 어떻게 수분을 흡수할까? 참 신기하다. 그러나 바위틈에서 뿌리를 내리고 생존하는 것을 보면 감동적이다. 고난과 시련을 겪으면서 암벽에서 생존할 수 있는 나무는 흔하지 않다. 다른 잡목은 조금 자라다 죽는다. 그러나 소나무는 한번 뿌리를 내리면 끈질기게 생존한다. 작은 뿌리가 바위틈에서 자라서 시간이 가면 바위가 갈라진다.

사람들 중에도 한번 시작하면 끝을 볼 때까지 인내하는 사람들이 있다.

언제나 자신의 위치에서 벗어나지 않는 정절있는 소나무 같은 사람들이 있다.

넝쿨나무

나무 같지 않은 등나무, 다래나무, 칡나무는 큼직한 나무에 엉겨붙어 자란다. 봄에는 연약한 줄기로 자라지만 조금 지나면 줄기와 잎사귀는 큼직한 나무를 휘어 감아 하늘을 향하여 너울 거린다.

아무리 큰 나무라 할지라도 넝쿨이 올라오면 몇 년 지나면 말라 죽는다. 넝쿨이 자라면 아래에는 항상 습기가 있다. 그곳은 뱀이나 개구리들이 은신하기에 가장 좋은 곳이다.

사람도 칡나무 같이 살아가는 이들도 있다. 성공하고 잘 되는 사람 곁에 가서 단물만 빨아 먹는다. 남들이 힘들여 만들어 놓은 것을 적당한 찬스를 보고 가로채는 얌체들이다. 이웃에게 고통과 눈물을 주면서도 자신은 생존 경쟁에서 승리했다며 당당하게 말한다.

넝쿨들이 죽을 때가 있다. 자신이 휘어 감고 올라선 나무가 죽으면 함께 쓰러진다.

아카시아 나무

아카시아 나무는 척박한 땅에도 잘 자란다. 그 번식력이 뛰어나서 뿌리가 거의 수평으로 뻗어 순식간에 울창한 가시밭으로 변하다. 아카시아는 옥토를 가시밭으로 만드는 나무다. 아카시아 나무가 자라면 다른 나무나 식물은 죽게 된다. 아카시아 나무는 사람도 가까이 하기 힘들고 심지어 새들도 아카시아 나무숲으로는 잘 가지 않는다. 아카시아 나무에 새들이 둥지를 튼 것을 한번도 보지 못했다.

사람도 아카시아 같이 살아가는 형태가 있다. 이웃에게 평안과 즐거움을 주지 않는다. 자신의 이익만을 위해서 오직 살아 가고 할 수만 있다면 수단과 방법을 가리지 않고 이웃을 해치는 사람의 형태이다. 좋은 분위기를 엎질러 버리는 사람, 훼방꾼들. 그러한 사람들에게는 진정한 이웃이 없다. 가까이하면 할수록 괴로움과 고통을 당하는데 누가 이웃이 되겠는가.

유실수

열매를 얻는 유실수들이 있다. 밤나무, 감나무, 사과나무, 배나무, 자두나무, 복숭아나무, 유자나무, 석류나무, 귤나무. 이러한 유실수 나무들은 구불구불하게 자라지만 그 열매는 사람들에게 양식이 된다.

열매를 맺은 나무는 꽃은 아름답지만 나무 자체는 대부분 볼품이 없다. 사람들이 얼마나 가까이하며 돌봐 주느냐에 따라서 열매가 풍성해진다.

열매 맺은 과일 나무와 같은 사람이 있다. 좋은 열매를 맺으며 다른 사람에게 행복과 즐거움을 준다. 자신을 희생하며 이웃의 기쁨이 되는 사람들이 많다.

집을 짓는 목수는 소나무로 집을 짓는다. 그리고 사과 나무에서 사과를 따 먹고 포도 나무에서 포도를 먹는다.
포도나무가 대들보가 될 수 없다.
소나무가 맛있는 열매를 맺을 수 없다.

사람들은 다양한 형태로 생존한다

크게 쓰임받는 사람도 있고, 있으나 마나한 사람도 있고, 즐거움과 기쁨을 주는 사람도 있다. 평생 괴로움과 고통을 주는 사람이 있기도 하다.

푸른 하늘 아래 두발로 걸어다니는 사람들이 함께 살아간다. 그 중에 어떠한 사람은 유익하게 살고, 어떠한 사람은 평생 남에게 고통과 괴로움만 주고 살고, 어떠한 사람은 이름 없이 평범하게 살다가 죽는다. 죽은 이 후에 그 사람을 기억하는 사람도 죽는다.

참된 그리스도인은 이웃을 내 몸과 같이 사랑하라는 말씀을 생각해야 한다. 혼자 생존하려는 것은 하나님의 뜻에 벗어난다.
내가 살기 위해서는 먼저 이웃을 생각하고 이웃을 사랑해야 한다. 나는 이웃들에게 어떠한 나무일까?
좋은 사람이 되는 것이 좋은 이웃을 얻게 된다.
"의인은 종려나무같이 번성하며 레바논의 백향목같이 발육하리로다."(시편 92 : 12)

지족하는 마음이 있으면 경건이 큰 이익이 되느니라
우리가 세상에 아무것도 가지고 온 것이 없으매
또한 아무것도 가지고 가지 못하리니
우리가 먹을 것과 입을 것이 있은즉
족한 줄로 알 것이니라
부하려 하는 자들은 시험과 올무와
여러 가지 어리석고 해로운 정욕에 떨어지나니
곧 사람으로 침륜과 멸망에 빠지게 하는 것이라
돈을 사랑함이 일만 악의 뿌리가 되나니
이것을 사모하는 자들이 미혹을 받아
믿음에서 떠나 많은 근심으로써 자기를 찔렀도다
(디모데전서 6 : 6-10)

7. 큰 것은 작은 것에 진다

모기와 전쟁

백향서원 출입문 안쪽에 사무실에서 지킬 나의 근무 수칙을 A4 용지에 적어 붙여 두었다.

"시작한 일을 마치기 전에는 나가지 말라."

"오늘 시작한 일은 반드시 오늘 마쳐라."

"내일 할 일을 오늘에 하라."

"계획에 있는 일만 하라."

항상 목요일은 주일 낮 설교 준비를 마치는 날이다.

온 종일 설교 준비에 몰입하기 위해서 핸드폰도 끄고 전화 코드를 뽑아버린다. 아침 8시쯤에 설교 준비를 시작하면 원고가 다 완성되어야 점심을 먹는다. 금요일 점심은 저녁 같은 점심을 먹는다. 그런데 온 종일 설교 준비를 방해하는 것이 있었다. 그것은 모기 한 마리였다.

책을 펼쳐 두고 컴퓨터를 치면 눈앞으로 날아가다 손등과 얼굴을 맴

돈다. 처음에는 무시했다. 다리를 몇 번 물리고 난 후 은근히 화가 났다. 눈 앞으로 날아가는 모기를 잡기 위하여 두 손을 벌려 힘차게 손바닥을 마주쳤다. 모기 그놈 신속히 도망을 쳤다. 어디에 숨었는지 보이지 않는다.

한참 후에 다시 날아왔다. 아예 무시했지만 시간이 갈수록 은근히 신경이 쓰이고 짜증이 난다. 없는 듯 무시하고 설교 준비를 하는데 이번에는 가슴팍에 와서 허공에 멈추어 피 좀 빨아먹자 하며 나를 노려본다.

아주 신중하고 영악한 저 놈이 눈치 채지 못하게, 눈으로 노려보면서 기습적으로 두손을 합쳤다. 손바닥이 얼얼하다. 또 실패다.

한동안 잠잠하더니 또 다시 날아왔다. 짜증이 나서 벌떡 일어나서 허공으로 손을 휘젖자 출입문 쪽으로 휙 날아간다. 출입문 쪽 책장에 모기잡는 하이킬라 두 통이 눈에 보인다. "이놈 오늘 한번 죽어 봐라."

하이킬라를 오른 손에 꽉 잡고 모기가 날아 오기를 기다렸지만 영악한 모기는 어디 숨었는지 보이지 않는다. 다시 책상에 앉아서 책을 보고 묵상을 하는데 귓가에서 앵앵거린다.

설교 준비를 중단했다. 창문을 걸어 잠그고는 하이킬라 한통을 허공에다 다 뿜었다. 핸드폰을 들고 출입문을 잠그고 밖으로 나왔다.

"아 그놈 꼭 죽었으면 좋겠다."

동물의 왕 사자의 적수

아프리카 밀림에 사자는 동물의 왕이다. 사자가 나타나면 모든 동물들은 도망을 치거나 안전하게 은신한다. 사자의 적수는 네발 가진 짐승들 중에는 하나도 없다. 그러나 사자가 가장 무서워하는 것이 있다. 그것은 진드기다.

진드기는 사자가 잠 잘 때에 살며시 날아와 사자의 콧구멍에 유충을 낳는다. 진드기 유충은 사자의 콧구멍에서 기생하여 점점 자란다.

사자는 자신이 콧구멍속에 자리는 진드기를 떨쳐낼 방법이 없다. 가러운 코를 자신의 앞발로 피가 나도록 긁지만 콧구멍 속에 진드기는 떨어지지 않는다.

시간이 가면 콧구멍 속에 진드기 때문에 가려워서 미친 듯이 초원을 달린다. 그리고는 풀위에서나 흙위에서 뒹굴게 된다. 그러나 콧구멍에 기생하는 진드기를 죽일 수 없다.

결국 동물의 왕 사자는 콧구멍 속에 진드기 때문에 죽는다. 밀림의 왕 사자의 적수는 악어나 코끼리가 아니다. 눈에 보일락 말락하는 진드기다.

사람을 움직이는 것은 작은 감정이다

사단이 성도와 교회를 넘어지게 하는데 사용하는 방법은 지극히 작은 죄와 사소한 미움과 분노를 사용한다.

분노는 모든 인간이 가지는 감정 중에 하나이다. 모든 사람들은 가끔 분노한다. 그러나 그 분노가 나를 파멸시키고 큰 죄악을 범하게 될 것으로 생각지 않는다.

사람은 감정을 가진 존재며 그 감정이 그 사람의 행동을 지배한다. 모든 사람은 즐거울 때는 얼굴에 웃음을 감출 수 없다. 또한 상한 마음인 분노를 감출 수 없다. 분노하는 마음을 오래도록 유지하면 사단은 그 분노를 이용하여 목적을 성취한다.

일본 오사카 의과대학에서 개 한 마리를 묶어 두고 4시간동안 때리면서 잔뜩 분노하게 했다. 그리고 뇌수를 검사해보니 '시안'이라는 독소가 다량 검출되었는데 그 독소의 양은 개 80마리를 능히 죽일 수 있는 양이었다고 한다.

창세기 4장에서 가인은 하나님 앞에 번제를 드렸지만 하나님이 열납하지 않았다. 그래서 가인은 분노했다. 분노한 가인을 향하여 "여호와께서 가인에게 이르시되 네가 분하여 함은 어찜이며 안색이 변함은 어찜이뇨” 하셨다.

　하나님은 가인이 분노하는 것을 책망하였지만 가인은 분노를 오래도록 간직하다 어느 날 빈들에서 동생 아벨을 쳐죽였다.

작은 분노를 조심하라

　모든 분노는 사소한 것에서부터 출발한다. 그 분노는 자신을 파멸에 이르게 하는 무서운 사단의 도구요 통로이다.

　사단은 일상에서 일어나는 우리의 사소한 감정인 분노를 이용하여 2차적인 죄악을 행하게 한다.

　영적인 분별력과 감각을 가진 사람은 분노할지라도 그 분노가 사단의 도구로 사용되게 하지 않는다. 분노할 때는 분노해야 하다. 그러나 그 분노도 성령의 지배와 인도를 받으면 선한 열매를 맺는다.

　예루살렘 성전이 변절되었을 때 예수님은 분노하셨다. 선지자들이 믿음으로 살지 않는 백성들을 향하여 분노하여 하나님의 말씀을 외치기도 했다. 그러나 사단으로 틈을 타지 않게 하였다.

　모세는 은혜를 알지 못하는 백성들 앞에서 하나님께서 지팡이로 바위를 가르키라 말씀하신 것을 분노하여 지팡이로 바위를 치면서 “내가 너희에게 물을 주겠다” 하였다. 모세는 그 사건 때문에 가나안 땅에 들어가지 못하였다.

　아말렉과 전쟁에서는 승리했지만 모세는 분노을 다스리지 못했다.

　사무실 안에 날아 다니는 모기 한 마리가 설교 준비를 중단시키고 사무실 밖으로 나를 나가게 했다. 오늘은 모기에게 내가 졌다.

우리를 위하여 여우 곧 포도원을 허는 작은 여우를 잡으라
우리의 포도원에 꽃이 피었음이니라
(아가 2 : 15)

8. 음주 운전 때문에 사고 합의서 쓴 목사

술 때문에 교회나왔다 술 때문에 교회를 떠난 사람

금요일 이른 새벽에 전화가 왔다. 강원도 원주인데 아들이 음주 운전하다가 사고를 내었다는 것이다. 전화를 한 사람은 6개월 전 새가족으로 등록을 한 가정이다.

아들이 술을 너무 먹어서 함께 예수를 믿으면 술을 끊지 않을까 해서 교회로 나왔다. 아들은 40세가 되었지만 결혼도 하지 못했다. 아들이 주일 교회는 나오지만 술 냄새가 진동을 한다. 항상 예배 시간 중간에 의자에서 일어나서 교회 출입문에서 차렷 자세로 강단을 향하여 인사를 하고는 나간다. 항상 술이 취하여 정상적인 대화가 되지 않는다.

어머니에게 효도한다고 어머니를 태우고는 강원도 원주 친척 집에 갔다. 어머니는 친척 집에 두고 혼자 나와서 술을 마시고는 친척 집으로 돌아 가다가 건널목에 정지 신호등을 무시하고는 정차한 승용차 뒷부분을 정면으로 추돌했다.

사고를 당한 승용차는 결혼한지 5개월된 신혼 부부가 탑승하고 있었다. 남편은 태권도 사범이었고 아내는 임신 4개월이 되어 직장을 휴직하고 쉬고 있는 중이었다.

원주 경찰서에서 3일 안에 합의서를 제출하지 않으면 구속된다 했다. 그런데 목사님이 합의를 좀 봐 달란다. 그래서 원주에 몇 번을 갔다 왔다.

사고를 당한 신혼 부부는 원주에서 큰 교회를 다니고 있었다.

신혼에 임신 4개월된 상태에서 교통사고가 났으니 양가 부모들이 놀라고 출석하는 교회 신자들이 야단이 났다. 교회에서 교통사고 합의서를 작성해서 원주로 올라 갔다. 병원 입원실에서 합의 사항을 점검하고 서명 날인을 했다.

자동차는 고치면 되고 상처는 치료하면 되는데 첫 임신을 했는데 유산이 될까봐 걱정을 했다.

자동차 수리비, 병원 입원비, 추후 후유증에 대한 보장각서 전체적으로 사고를 수습하는데 비용 1,200만원은 사채였다. 사고를 낸 자동차는 폐차하고 운전면허는 취소 되었다.

'목사님 이제는 절대로 술먹지 않겠습니다' 맹세했지만 다시 술을 먹었다. 운전할 일이 없으니 마음 놓고 먹었다.

몇 달이 지나서 부모들도 교회를 나오지 않았다. 이유인즉 예수 믿으면 아들이 술먹지 않을 것으로 생각했는데 예수 믿고 난 후에 사고가 났기 때문에 예수 믿어도 별것 없다는 것이다.

목사님 술값 좀 주세요

새 성전을 건축한 후에 교회로 찾아 오는 손님들이 많아졌다.

어제는 계단을 힘차게 밟고 올라오는 소리가 들렸다. 건장한 남자의 발걸음임을 사무실에서도 느낄 수 있었다. 4층 겟세마네 기도실의 철문이 쿵하고 닫히는 소리가 들린다.

누구일까 하는 궁금한 생각으로 기도실로 가니 훤칠한 키에 체격도 좋은 40대 중반의 남성이 배낭을 메고 잠잘 자리를 만들고 있었다.

"어떻게 오셨습니까?"

"예, 저는 강원도 중앙교회에서 왔습니다."

백향서원으로 안내를 하여 시원한 캔 커피를 대접하였다.

대화를 나누는 중에 자신은 종로에 있는 파고다 공원에서 노인들을 상담하여 불쌍한 사람들은 강원도의 자신의 교회로 모시고 가서 공동 생활을 한다고 했다. 자신이 사역하는 선한 일에 대하여 소개하며 교회 차원에서 협조를 부탁했다. 그리고는 어제 지갑을 잊어버리고 교회로 돌아갈 차비가 없으니 교통비를 달란다.

그런데 그에게서 풍기는 담배와 술 냄새는 역겨울 정도다.

"담배를 너무 많이 피우고 술을 너무 많이 마시는구먼요?"

"?"

"예, 목사님 어제는 담배 두 갑을 피우고 술도 좀 마셨습니다. 오늘은 안마셨습니다."

"그렇게 하면서 무슨 하나님의 일을 한다고 자신을 소개를 합니까?"

순간 부랑자의 본색이 드러났다.

위협적으로 팔뚝을 걷어 부치며 상처 투성이인 몸을 보여 주면서 나는 이런 사람이라고 새로운 소개를 한다. 술값 주지 않으면 재미 없다는 소리다. 조용히 전화기를 들었다. 112를 눌렀다.

"여보세요 여기 순찰차 좀 보내 주세요."

그는 황급히 계단으로 도망쳤다.

미아 사거리에 울려 퍼지는 찬송

미아사거리 하월곡동에 미아리 텍사스 집창촌이 있다. 돈 주고 술 먹고 매춘을 하는 곳이 가까워 저녁 늦은 시간에 길바닥에 누워 술주정하는 사람들을 많이 본다.

그런데 술 주정꾼 중에서 특별한 사람들이 많다. 길 바닥에 널부러져 하늘을 쳐다보고는 찬송가와 복음 성가를 부르는 경우가 흔이 있다. 목사로서 듣기에 민망할 정도다.

어느날 술취한 사람이 왜, 찬송가나 복음 성가를 부를까를 생각했다.

차라리 "홍도야 울지마라" 같은 유행가를 부르지 않고 말이다.

찬송가나 복음 성가를 기억으로 부를 수 있다면 그는 교회에 좀 오래 다닌 사람일 것이다. 적어도 세례교인은 되었을 것이다.

술 한잔 먹고 기분이 좋아서 찬송가를 부르기보다는 자신의 신세가 탕자와 같이 측은 하기에 찬송가를 부르는 것이 아닐까 생각한다.

그래도 한 때는 예수님을 믿고 교회에 다니며 충성된 생활을 하였는데 믿음과 신앙을 지키지 못하여 육적인 사람이 되어 술 먹고 담배를 피우는 사람이 되었을 것이다.

교회 앞을 지나면 늘 자책하는 마음이 있고 술잔을 들 때마다, 늘 이것이 아닌데 하는 마음을 가지고도 술과 담배를 끊지 못하고 심적인 갈등을 겪고 있었을 터이다. 그래서 술이 들어가면 하나님 앞에 죄송해서 찬송가를 부르는 것이 아닐까?

언제, 술 취해 찬송 부르는 사람 만나면 한번 물어봐야겠다.

술 끊고 담배 끊은 89세 할머니

성진교회 담임목사로 부임한지 14년이 되었다. 교회 옆에 혼자 사는 할머니가 있다. 언제나 입에는 담배를 달고 다닌다. 술 먹는 자리에는 그 할머니가 언제나 있었다. 지난해 까지 그렇게 살았다. 술 잘 먹고 담배 많이 피우고 욕도 잘하는 할머니가 지난해부터 주일 낮 예배에 참석을 하신다.

첫날 교회로 오신 할머니, 반갑기는 한데 온 몸에 술 냄새 담배 냄새가 진동을 한다. 중간쯤 앉았는데 어느 집사가 "에이 담배 냄새야."하며 손사래를 치며 옆으로 피해 앉았다.

한달 쯤 지난 주일 아침에 할머니가 교회로 들어서면서 "목사님 나 이번 주에 술 끊었습니다." 그리고 한달쯤 지나서 "목사님 나 담배 끊었습니다." 했다.

할머니 올해 나이가 89세다. 평생 술 먹고 담배 피웠는데 하루 아침에 끊은 것이다. 지난 달에 할머니가 말했다. "목사님 술 먹지 않고 담배 피지 않으면 돈이 모일 것 같았는데 똑같습니다."

할머니는 요즘 교회 올 때마다 커피 사탕 한 봉지를 사들고 와서 나에게 선물을 주신다.

　예수님을 믿으면서 술과 담배 문제를 해결할 결단력과 용기가 없다면 그는 어떠한 하나님의 말씀도 순종 할 수 없다.
　예수님이 십자가를 지시고 희생의 재물이 된 것과 같이 나도 주님을 믿고 따라 가면서 내가 좋아하는 것을 버릴 수 없을까?
　내가 좋아해도 주님이 금지하고 싫어하는 것을 즐긴다는 것은 하나님 앞에 바로 선 자라고 할 수 없다.

　영적인 그리스도인들은 술과 담배를 가까이 할 수 없다. 오직 성령충만을 위하여 내가 즐기던그 모든 것을 버리고 새로운 영적인 세계에서 감동과 감격을 맛본다.

　술 담배 하나 정리하지 못하는 신앙으로 온전한 믿음 생활을 할 수 없다. 세상에서도 성공하지 못한다.

포도주는 붉고 잔에서 번쩍이며 순하게 내려가나니
너는 그것을 보지도 말지어다 이것이 마침내 뱀같이 물 것이요
독사같이 쏠 것이며 또 네 눈에는 괴이한 것이 보일 것이요
네 마음은 망령된 것을 발할 것이며
너는 바다 가운데 누운 자 같을 것이요
돛대 위에 누운 자 같을 것이며.
네가 스스로 말하기를 사람이 나를 때려도 나는 아프지 아니하고
나를 상하게 하여도 내게 감각이 없도다
내가 언제나 깰까 다시 술을 찾겠다 하리라
(잠언 23 : 31-35)

9. 평생 무료통화

성찬식에 울려 퍼진 밀양 아리랑

가을 정기노회로 모여 예배를 마치고 성찬식을 하게 되었다. 성찬식 집례 목사가 성찬식에 방해가 되니까 모두 휴대폰을 끄라고 했다. 성찬식 집례 목사님으로 세심한 부분까지 신경을 쓰며 은혜롭게 성찬식이 진행되었다. 잔을 나누고 있는 중에 갑자기 "날 좀 보소 날 좀 보소 날 좀 보소 동지 섯달 꽃 본듯이 날 좀 보소" 밀양아리랑이 방송을 타고 흘러 왔다.

은혜로운 성찬식에 무슨 밀양 아리랑이 나오는지 당황한 집례목사가 방송실을 향해서 어떻게 된 것이냐고 싸인을 보내었다.

방송실 집사님이 방송 사고가 아니라고 손짓을 한다.

밀양 아리랑은 성찬식 집례 목사님 안주머니에 넣어 둔 휴대폰에서 나오는 소리였다. 집례 목사님이 놀라서 핸드폰을 끄면서 사과를 했다. 경건한 성찬식 장에 웃음보가 터졌다. 모두들 포도주 잔을 들고서 나오는 웃음을 참느라 얼마나 고생을 했는지 모른다. 그날 성찬식은 아리랑 성찬식이었다.

요즘 길에서 쉽게 볼 수 있는 풍경 중 하나가 혼자서 소리치고 웃고 히죽거리는 사람들이다. 10년 전에 사람들이 본다면 모두가 정신 병원에 들어가야 할 사람 같아 보일 것이다.

시간과 장소를 가릴 것이 없이 휴대폰을 들고 "응. 난데"하며 통화를 하는 사람들을 '난데족'이라 한다.

난데족의 특징은 자신이 필요하면 언제나 통화를 하고 당당하게 통화를 한다.

현대인의 생활 필수품 중에 가장 중요한 것이 휴대폰이 되었다. 통화도 하고 은행 업무 처리도 한다. 사진도 찍고 보내기도 한다. 요즘 사람들은 휴대폰 없으면 못산다. 한달 통화료가 수십만원이 넘는 사람들이 많다. 좀 사용했다 하면 7만원 정도가 된다. 그 정도면 한달 통화 시간도 꽤 많다.

요즘 신자들이 한달 휴대폰 통화료는 연체되지 않고 내면서 십일조는 연체를 한다. 한달 휴대폰 통화한 시간 보다 기도 시간이 짧은 사람이 80%정도 될 것 같다.

휴대폰으로 친구와 길게 통화를 하면서 예배 시간에 대표기도를 하라면 꿀 먹은 벙어리가 되어 줄행랑을 치는 신자도 있다.

기도는 어려운 것이 아니다. 휴대폰을 사용하듯 "하나님 난데요"하면서 말하면 된다. 기도는 휴대폰을 사용하는 것보다 쉽고 경제적이다.

첫째, 하나님의 전화번호는 외울 필요가 없다

휴대폰으로 전화를 할 때에 요즘은 단축 번호를 사용하거나 전화번호를 입력한다. 또 전화번호가 변경되어 통화를 못 할 때가 있기도 한다. 그러나 하나님과 통화에서는 전화번호를 외울 필요가 없다.

전화번호가 변경될 염려도 없다. 하나님 전화번호를 잊어버려서 통화를 못하는 경우도 없다. 그냥 "하나님 아버지 난데요" 하면 하나님과 통화가 된다. 그러므로 휴대폰 보다 기도가 편리하고 쉽다.

둘째, 기도하기 위하여 값비싼 전화기를 구입할 필요없다

우리 나라에서 1년에 1,300만개의 휴대폰이 폐기 처분된다. 그 이유는 새로운 휴대폰을 구입하고 1년쯤 지나면 신형 휴대폰을 구입하기 때문이다.

요즘 휴대폰 값이 만만치 않다. 신제품들은 여러 가지 기능을 가지고 있어 70만원 선은 주어야 구입한다. 그러나 하나님께 기도하는데는 전화기를 구입할 필요가 없다. 아무리 세월이 지나도 "하나님 난데요?" 하면 통화는 언제나 가능하다.

셋째, 완벽한 이동 통신이므로 언제 어디서나 통화 가능하다

휴대폰으로 통화를 하려면 먼저 상대방이 통화가 가능한지 물어 본다. "지금 통화가 가능합니까?" 상대편에 양해를 구한다. 바쁘다면 통화 할 수 없다. 가끔 통화를 하는 중에 터널을 지나거나 깊은 산골에 가면 통화가 끊어 진다.

그러나 하나님과의 기도에서는 막히는 것이 없다. 언제 어디서나 하나님께 기도하면 대화가 된다. 내가 환난 중에도 하나님께 부르짖을 수 있으며 기쁨과 즐거움 속에서도 하나님께 기도할 수 있다. 요나는 깊은 바다속 물고기 배속에서 "하나님 난데요?"하며 기도하니까 하나님이 구해 주셨다.

넷째, 항상 접속이 가능하다

휴대폰으로 전화를 하면 "지금 통화중이므로 잠시 후 걸어 주세요." " 지금 휴대폰이 꺼져 있습니다"라고 멘트가 나올때가 많다. 휴대폰은 여러 사람과 동시 통화가 불가능하다. 통화 중에 배터리가 나가서 통화가 안된다. 그러나 하나님 앞에 기도하면 하나님은 우리의 기도를 들으시고 즉시 응답하신다. 기도하는 사람들이 너무 많아서 하나님과 접속에 실패한 사람이 없다. 언제나 어디에서나 하나님을 부르면 하나님은 응답하시며 인도하신다. 또한 하나님과 기도 중에 배터리가 나가서 기도가 중단되는 경우도 없다.

하나님께 기도할 때에 다른 사람 기도 듣는 중이니 다음에 기도하라고 한 적이 없다. 언제나 "하나님 난데요?"하면 들으신다.

다섯째, 하나님이 부재중이라서 안 받는 경우가 절대로 없다

휴대폰으로 전화를 하면 "지금은 부재중이므로 전화를 받을 수 없습니다"라는 응답 메시지가 나올 때가 있다. 그러나 하나님은 언제나 우리가 기도할 때에 즉시 들으시고 응답하신다. 하나님이 부재중이라 기도해도 응답이 되지 않으니 몇 일이나 몇 년을 기다린 후에 기도하라고 하지 않는다. 하나님은 언제나 우리가 기도하는 것을 즐겁게 경청하신다.

여섯째, 아무리 오래 통화해도 통화료는 완전 공짜다

휴대폰은 사용하면 사용하는 만큼 통화 요금이 상승한다. 마음 놓고 통화를 할 수 없다. 어떠한 사람은 휴대폰으로 오는 전화만 받는다.

그러나 하나님 앞에 아무리 오랫동안 기도해도 통화료가 청구되지 않는다. 하나님께 기도하면 완전 공짜다. 오히려 하나님께 기도를 많이 할 수록 보너스를 듬뿍 준다.

통화료 걱정하지 말고 하나님 앞에 "하나님 난데요?"하며 내 심중에 하고 싶은 말 다해도 다 들어 주신다. 하나님이 기도 너무 많이 한다고 짜증내지 않는다.

휴대폰으로 어디서나 "응 난데"하면서 왜 하나님 앞에서는 항상 기도하지 못하는지 모르겠다.

한달 동안 휴대폰 사용 시간 만큼만 기도해도 인생이 바뀔 것이다.

쉬지말고 기도하라
(데살로니가전서 5 : 17)

10. 목사 때문에 가난한 교인

유대인의 상술

　유대인들이 세계적인 경제권을 지배하게 된 것은 우연이 아니다. 지금까지 상거래에 있어 가장 중요한 것은 신용이다.

　유대인의 상술에 여섯 가지 원칙이 있다.
　첫째, 물건을 매입 할 때는 가장 낮은 가격으로 매입을 하여 가장 높은 가격으로 판매 할 것.
　둘째, 모든 계약서는 자신에게 가장 유리한 조건으로 할 것.
　셋째, 여성을 고객으로 하는 업종을 선택할 것.
　넷째, 손해가 나도 신용을 생명처럼 지킬 것.
　다섯째, 적정한 투자 한계선을 설정하고 최선을 다할 것.
　여섯째. 반드시 십일조를 드릴 것이다.
　유대인 상술의 여섯가지 핵심은 하나님 앞에서의 신용과 사람 앞에서의 신용을 철저하게 지킨다는 것이다.

그리스도인의 신용은 참 중요하다. 특히 하나님 앞에서 물질적 신용의 축적은 경제적 성공과 실패를 가름하는 시금석이다.

온전한 십일조는 하늘의 축복 문의 열쇠다. 하나님은 말라기에서 온전한 십일조와 헌물을 하지 않는 자들을 향하여 하나님의 것을 도적질한다 했다. 그리고 온전한 십일조와 헌물을 드리는 자에게 하늘의 문을 열고 넘치도록 복을 주신다 약속 하셨다.
온전한 십일조는 물질 신용을 결정하는 중요한 잣대다. 모든 것이 하나님의 것이라는 청지기의 기본적인 인식이 있어야 온전한 십일조를 드릴 수 있다.

십일조는 물질의 신앙고백이다

예배를 드릴 때에 우리의 믿음을 사도신경으로 신앙고백을 한다. 청지기로서 우리의 물질고백은 십일조로 한다. 그러므로 하나님은 예배를 통하여 믿음 고백과 물질 고백을 받으신다.
성도들이 가장 좋아하는 설교 주제는 축복, 행복이다. 물질의 축복을 받아 부자가 되라는 설교를 싫어하는 사람이 없다. 모두 아멘으로 은혜를 받는다. 그러나 십일조에 대한 설교를 하면 마음의 문을 닫고 경직된 자세로 말씀을 듣는다. 물론 아멘도 별로 하지 않는다. 그래서 많은 목회자들은 십일조 설교를 피한다.

어느 날 기도하는 중에 왜 성도들이 가난할까를 생각하는 중에 십일조에 대하여 설교하고 가르치지 않았기 때문이라는 성령의 음성을 들었다. 우리 목사님 십일조 설교 그만했으면 좋겠다고 하는 그러한 교회가 성도들은 다 복을 받는다.
목사로서 성도들에게 십일조 설교를 하지 않은 것을 회개했다. 하나님의 사역자는 하나님의 분명한 뜻을 전달해야 할 책임이 있는데 교인들 눈치보고 사정보고 분명하게 가르치지 못하면 그것이 삯꾼이라는 것을 생각했다.

교인들이 듣기 거북하다 해서 십일조에 대하여 설교하지 않고 가르치지 않은 것이 목사가 교인들을 경제적으로 가난하게 만드는 죄악이다.

목사 책임인가 교인 책임인가?

한국 갤럽 조사에서 한국교회 성도들은 약 35%가 십일조를 드리고 65%의 성도는 십일조를 하지 않는다고 한다.

이러한 현상은 첫째 목회자가 온전한 십일조를 가르치지 않는 것과 둘째 성도들이 십일조에 대하여 오해를 하여 순종하지 않기 때문이다.

하나님은 십일조와 헌물을 통하여 물질축복에 대한 언약을 세우셨다. 목사를 통하여 가르치며 설교하게 하셨다. 성도가 그 말씀을 믿고 순종하면 하나님은 복을 더하여 주신다.

참된 목회자는 온전한 십일조와 헌물을 성경대로 가르친다. 성도들이 실족한다고 설교하지 않고 가르치지 않는 것은 죄악이다. 성도는 가르침 받은 데로 온전한 십일조와 헌물을 하나님께 드린다.

십일조를 가르치지 않는 목사는 성도가 하나님의 것을 도둑질을 하도록 가르치는 목사다. 또 성도는 한달에 한번씩 도둑질을 하는데 모르는 척 하고 있으니 도둑질이 습관이 되어 죄가 되는 것도 모른다.

세무서에는 세금을 체납하면 강제 징수나 재산에 압류를 한다. 경찰과 검찰에서는 도적질 한 사람들을 신속하게 구속하여 형벌을 내린다. 영적 세계나 물질 세계나 그 원리가 다를 바 없다. 하나님은 십일조 하지 않는 도적들에게는 굶어 죽지 않을 만큼 양식만 준다.

소금물을 먹은 것 같이 돈에 눈 독을 들이고 밤 낮으로 죽을 고생을 하지만 돈 때문에 돌지경까지 간다. 신자들이 돈에 미쳐 돌아 다니는 데는 온전한 십일조에 대하여 가르치지 않는 목사 책임이 더 크다.

살자고 먹지만 결국은 죽는다

온전한 십일조를 드리지 않으면 힘써 노력하지만 뜻을 이루지 못한

다, 열심히 수고해도 열매가 없다. 구두쇠와 같이 과도히 아껴도 늘 궁
핍하고 항상 부족하다.

생각지 않은 어려운 일들이 발생하여 십일조의 수십배가 되는 돈이
지출되고, 열심히 기도하고 계획하며 노력해도 뭉칫돈이 펑펑 사라진
다. 절약하여 모든 것이 내 것이라 생각 할 쯤에 뜬 구름과 같이 전 재
산이 허공에서 흩어지는 것을 수없이 보았다.

구약에서는 남의 것을 도적질하면 200%의 변상금을 지불해야 했
다. 신약에서 삭개오는 남의 것을 토색한 것은 400% 변상을 하겠다고
했다.

국세와 지방세를 체납하면 연체료가 가산되고 결국은 재산이 압류
처분된다. 하물며 하나님의 것을 도적질한 것이 그냥 넘어 갈 수는 없
다. 성도에게 복을 주시기 위하여 하나님 것은 반드시 찾으시며 깨닫
게 하신다.

십일조를 하지 않는 성도들의 생활도 마찬가지이다. 한 달에 몇 십
만원 하는 십일조가 아까워서 하나님께 드리지 못하나 항상 궁핍하다.
더욱 절약하지만 생활은 더욱 가난하여 항상 어려운 살림을 산다.

경제적 일반원리는 절약하고 지출을 줄이면 반드시 이익이 증가해
야 한다. 그러나 온전한 십일조를 하지 않고 내가 가지면 더욱 가난하
게 된다.

십일조를 드리지 않으므로 하나님 앞에 신용을 상실한 성도는 복을
받지 못한다. 은혜를 져버린 성도들에게 깨닫게 하기 위하여 그들의
생활에서 십일조의 몇배가 되는 물질을 거두어 가신다. 이것은 하나님
의 분노가 아닌 깊은 애정을 가진 사랑이다.

100% 십일조 하는 교회

어떠한 목사님은 자신의 교회 성도들은 100% 십일조 생활을 한다고
했다. 보기 드문 교회라 비결을 요청했는데 그 목사님 말하기를 "우리
교회 성도 35%가 자발적으로 십일조를 드립니다. 그러나 65%의 성도

들은 하나님으로부터 십일조를 강제 징수 당하고 있습니다.”

이것이 한국교회의 모습이다. 문제는 하나님의 말씀대로 순종하여 온전한 십일조를 드림으로 복을 받을 것인가? 아니면 하나님 앞에 십일조를 강제 징수당하여 가난하여 질 것인가의 선택권이 우리에게 주어져 있다.

온전한 십일조를 드림으로 복받은 사람들을 수없이 보았다. 한결 같이 그들의 간증은 큰 은혜가 된다. 그러나 십일조하지 않고 부자 되고 성공했다는 사람은 한 사람도 없다. 오히려 십일조하지 않는 성도가 실패하고 사고를 당하고 큰 손해를 보았다는 소식을 듣고 수없이 목격한다.

도적질을 할 수 밖에 없는 절도자의 절박한 고백이 죄를 덮을 수는 없다. 십일조를 드릴 수 없는 형편과 이유를 나열하는 성도를 하나님은 인정하지 않는다.

농부는 흉년이 들어도 종자 씨앗은 먹지 않는다. 종자 씨앗을 자신의 생명같이 구별하며 아낀다. 종자 씨가 없으면 농부가 아니다. 봄이 돌아오고 비옥한 땅이 있어도 종자 씨가 없으면 파종하지 못한다. 그래서 농부는 굶어 죽어도 종자 씨는 먹지 않는다.

십일조는 물질의 축복의 종자 씨앗이다

온전한 십일조를 드리지 않는 이유들이 얼마나 많은가? 지출은 점점 많고 경제 흉년이 같이 왔을 때에 온전한 십일조 생활을 중단하려는 유혹을 받는다.

하나님의 은혜로 형통하여 수입이 늘어 날 때에 십일조가 많아지면 아까운 생각이 든다. 그래도 하나님 앞에 온전한 십일조를 드려야 평생 복을 받는다.

경제적인 궁핍 때문에 십일조를 드리지 않는다면 영원히 궁핍과 가난에서 벗어날 수 없다. 십일조를 아까워하며 재산이 쌓여 가는 것을 만족하게 생각 하지만 생각지 않은 사건 사고등이 스쳐가면 힘겨운 부

278

채만 짊어지고 상실감에 헤매는 사람이 부지기수다.

그러나 궁핍과 가난에도 온전한 십일조를 하면 하나님께 복을 받아 시냇가에 심은 나무가 잎이 피고 꽃이 피어 열매를 맺어 광주리에 가득 담고는 환한 웃음으로 많은 사람들에게 감동을 준다.

십일조는 하나님이 가난하기 때문에 하는 것이 아니다. 곧 나를 위하여 하는 것이다.

신자가 십일조 생활 못하는 이유 중에 목사가 정확히 가르치지 않는 경우가 많다. 그러한 교회는 목사 때문에 가난하다.

심는 자에게 씨와 먹을 양식을 주시는 이가 너희 심을 것을 주사
풍성하게 하시고 너희 의의 열매를 더하게 하시리니
(고린도후서 9 : 10)

11. 명함(名銜)이 명암(明暗)으로 남을 때

첫 번째 인상이 무엇인가?

고대에는 단검이 개인 무기였다. 항상 칼을 소지하면서 자신의 신변을 지켰다. 그러니 상대는 항상 경계를 할 수 밖에 없다. 상대가 단검을 가지고 언제 공격할지 모른다.

특별히 처음 만난 사람이라면 항상 방어적인 자세로 사람들을 대해야 했다. 그래서 친한 사람들이 만나면 악수를 했다.

악수의 의미는 내 손에는 칼이 없습니다 라는 뜻을 상대방에게 알려주는 것이다. 그려면 상대방도 빈 손을 잡게 된다. 악수의 유례는 이렇게 해서 시작되었다.

현대는 칼 들고 권총차고 다니는 시대가 아니다. 자신의 존재를 알리는 명함을 주고 받는다. 그런데 명함에는 상대방의 핵심적인 정보가 있다. 명함은 자신을 소개하기 위하여 명함을 만든다. 그런데 명함을 받는 자들의 마음에는 또 다른 명암을 느끼며 간직한다. 중요한 것은 손으로 전달하는 명함이 아니라 얼굴과 마음으로 전달하는 인간적인 느낌이 더욱 중요 하다.

첫 번째 인상, 첫 번째 느낌이 중요하다. 그래서 상대방에게 좋은 느낌을 주기 위하여 외모에 신경을 많이 쓴다.

아침마다 넥타이를 맬 때는 늘 고민을 한다. 어떠한 것이 잘 어울릴까? 상대방들에게 어떻게 하면 좋게 보일까 하는 생각을 한다. 여성들은 더욱 많은 시간을 들여서 화장을 한다. 위험을 감수 하면서까지 성형 수술도 한다.

모든 사람은 나를 어떻게 볼까에 대하여 자신의 외모에 관심을 가진다. 큰 자동차에 큰 집에 살면서 자신의 능력을 과시한다. 허영심으로 자신을 철저하게 숨기고 명품으로 자신을 치장해도 숨길 수 없는것이 있다. 그 사람의 성품과 인격 언어와 태도는 그동안 살아온 모든 것을 말한다.

모든 것은 느낌으로 남는 것이다

믿음의 세계에도 어떠한 사람은 신령하고 거룩한 느낌을 주기도 하고 어떠한 사람은 육신의 냄새가 아직도 남아있는 것을 느낄 수 있다. 특별히 신앙적인 느낌은 속일 수 없는 자기 소개이다.

어떠한 사람은 만나면 용기를 얻고 대화를 통하여 믿음을 얻는다. 그의 언행과 삶이 주님과 더욱 가까워 져야 하겠다는 생각을 한다.

어떠한 사람은 만나면 가슴이 아프고 대화를 하면 비방과 미움의 씨앗을 뿌린다. 사람은 자신이 가지고 있는 것만 다른 사람에게 줄 수 있기 때문이다.

다윗왕의 아들 압살롬은 형 암논을 살해하고 망명했다가 복권이 되었다. 그리고 압살롬은 이스라엘 백성들의 민심을 자신의 것으로 만들기 위하여 성문위에서 왕에게 송사하러 가는 사람들을 붙들고 뇌물을 받고서 백성들의 민심을 도둑질 했다. 불의한 백성들에게 압살롬의 인기는 대단했다.

좋은 감정은 나쁜 결과를 용서한다

미국의 어느 교회에서 목사님이 큰 실수를 하였다. 그리하여 전체

성도들이 회의를 했다. 새로운 목사님을 모시기로 의견 일치를 보았다. 그러나 한 성도가 일어나서 이렇게 말했다. "목사님이 비록 큰 실수를 하셨지만 나는 목사님께서 나의 아버지가 돌아가셨을 때 장례식 때 눈물을 흘리시던 그 진실한 사랑을 잊을 수가 없습니다. 그러므로 목사님을 보낼수는 없습니다."

이번는 한 여자 성도가 일어나서 말했다. "내가 병들어 병상에 누워 있을 때 목사님이 병원 심방을 왔습니다. 그 때 목사님은 나의 손을 잡고 위로하시며 뜨거운 기도를 해주셨습니다."

많은 성도들이 돌아가면서 담임목사님과의 개인적 신앙관계에서 맺어진 사랑의 느낌과 진실한 인상을 말했다. 그리하여 목사님을 보낼 수 없다는 새로운 결정을 내렸다.

직함에 상응하는 인격이 따라야

신학 대학원을 다닐 때 일어난 웃지 못할 사건이 있었다. 어느 교수님이 출석을 부를때에 십여명의 학생들이 자신의 이름이 호명되지 않았다. 그리하여 교단에 서 있는 교수님 주변으로 모여들어 출석부를 확인하는 과정에서 교단에 몇몇 학생들이 올라서게 되었다. 그 때 학생이 교단에 선 것은 자신의 권위에 도전하는 행위라고 말하면서 흥분했다. 급기야는 수업을 하지 않고 퇴실했다.

교수의 권위가 나무로 만든 교단에서 나오는 것일까? 그의 가르침으로부터 나오는 것일까? 기분이 상했다면 웃으면서 넘길수는 없었을까? 문제는 그 후부터 그 교수를 교수로는 인정하지만 존경하지는 않았다. 그러나 존경하는 교수의 강의는 좌석이 없을 정도로 차고 넘친다.

권위는 자신의 어떠한 영역을 지키는 것도 아니다. 어떠한 사람으로부터 직위가 주어졌다고 권위가 생기는 것도 아니다. 그리고 자신이 어떻게 창조해내는 것도 아니다.

대통령과 국회원들 판사, 검사들의 직위는 인정한다. 그러나 그들의 권위를 인정하는 것은 각자에게 따른 것이다. 존경하고 권위를 부여하며 인정을 받는 사람들도 있고 어떠한 사람들은 인정하지 않는다. 문제는 직위와 외적인 어떠한 의식이 아니다. 그들의 삶과 인격과 행위이다.

권위가 상실된 시대라고 말한다. 자신들의 권위를 인정하지 않는다고 한탄한다. 누군가 자신의 권위를 무시한다고 원망한다.

문제는 왜 권위가 상실되었는가? 그 이유를 먼저 생각해야 한다. 권위가 상실된 결과를 보고 원망하고 한탄할 것이 아니다. 권위 상실의 근본적인 문제를 발견해야 한다.

많은 사람들은 자신의 권위가 이력이나 경력이나 자신이 현재 가진 직함을 통하여 얻고자 한다. 그러나 참된 권위는 진실과 능력이 그의 삶을 통하여 나타날 때 이웃들이 인정하는 것이다.

내가 생각하는 나는 이웃들이 생각하는 나와 일치하지 않는다는 것을 깨달아야 한다. 많은 사람들은 자신이 생각하는 것 같이 상대방도 그렇게 생각하고 자신을 인정해 줄 것으로 생각한다. 문제의 출발점은 그 곳에 있다.

그러나 내게는 우리 주 예수 그리스도의 십자가 외에 결코 자랑할 것이 없으니
그리스도로 말미암아 세상이 나를 대하여 십자가에 못 박히고
내가 또한 세상을 대하여 그러하니라
(갈라디아서 6 : 14)

12. 야생지에서 옥토로 가는 길

생명은 반응이다

교회 앞 울타리에 줄 장미가 피기 시작했다. 산들에는 아카시아 꽃이 만개하여 그 진한 향기에 취할 것 같다. 생명 있는 나무와 풀들은 봄이 오면 저마다 잎을 내며 꽃을 피운다. 산새, 들새 모여들고 나비와 벌들은 봄 하늘을 마음껏 날며 부지런히 꿀을 나른다.

밭에 심기운 씨앗은 푸른 싹을 내며 큼직하게 자라고 있다. 생명은 끊임없이 계절에 따라 변화하고 시간 속에서 적응한다.

생명은 계절을 놓치지 않는다. 생명은 때를 따라 자신이 무엇을 어떻게 해야 할지 알고 행동한다. 봄에는 잎을 낼 때, 꽃을 피울 때, 열매를 성장시킬 때는 무더운 여름의 햇볕을 온몸으로 받아들인다. 가을에는 열매를 아낌없이 내어주는 너그러움이 있다. 눈 내리는 혹한이 오면 죽은 듯이 그 자리에 침묵을 지키면서 멀잖아 올 봄을 기다리며 소망을 키워간다.

자연의 흐름에 느낄 수 있는 것은 심는 데로 거둔다는 정확한 진리를 배운다. 눈을 들어 바라보는 만상의 형태와 변화에서 무엇을 느끼며 살고 있는가? 귓전에 들려지는 수많은 소리들에 어떠한 반응을 보이며 살아가는가?

세상은 아름다운 것이 분명하다. 그러나 보고 싶지 않은 것들도 가끔 있다. 그렇다 하여 세상이 더러운 것이라 생각하는 사람은 불행할 수밖에 없다. 세상은 느끼는 것과 생각하는 방향에 따라서 미래가 결정하게 된다. 그래서 심고 뿌리며 돌보는 땀과 괴로움을 인내하면서 내일의 즐거움을 기대한다. 자연의 법칙은 반드시 심고 거두는 것이다. 그러나 사람들은 타인이 심은 것을 거두고 누리고자 하는 행동을 스스럼없이 한다.

이유 없는 결과는 없다

열매는 그냥 주어지지 않는다. 잡초 우거진 땅을 땀을 흘려 개간하여 옥토로 만들어 가는 힘겨운 과정을 반드시 거쳐야 된다.

옥토는 그냥 되는 것이 아니다. 옥토를 만드는 고된 작업이 필요하다. 무엇을 심을 것인가, 언제 심을 것인가를 말하기 전에 먼저 잡초 무성한 야생지를 개간하고 거름을 주는 옥토 작업을 해야 한다. 이것이 영적인 세계나 육신적인 세계나 자연의 세계나 반드시 선행되어야 할 일이다.

씨도 중요하고 토질도 좋아야 한다

자기와 힘겹게 싸우며 투쟁하는 과정에서 옥토는 자연스럽게 나타난다. 심령이 옥토가 되면 한 알의 밀 알이 떨어져 최소 30배 보통은 60배 많게는 100배의 결실로 돌아온다.

잘 가꾸어진 밭에는 호박을 심어도 고구마를 심어도 충실하게 성장하고 원하는 만큼의 결실을 안겨준다. 그러므로 무엇을 심을까 문제보다 어떠한 토질을 가진 밭을 만들고 계속 옥토로 유지하는가의 문제이다.

예수님을 믿는 것은 마음 깊은 곳에서 울려 나오는 믿음의 고백이 입으로 표현되는 것이다. 많은 사람들이 말에 신용이 없고 결심하고 고백하는 그 말이 성취되지 않는 것은 그 말이 심령에서 나온 진실이 아니기 때문이다.

"믿습니다."

"사랑합니다."

"용서합니다."

밤을 새워 되뇌며 고백한다 해서 그 말대로 되는 것은 아니다.

농부는 가장 현실적인 사람이면서도 가장 미래적인 소망을 가진 사람이다. 그래서 토지를 지속적으로 돌보면서 옥토 유지 운동을 한다. 야생지를 개간하여 옥토로 만드는 것도 힘겨운 일이지만 옥토를 지속적으로 유지하는 것도 땀 흘리는 수고가 있어야 한다.

삼손의 마음에 들릴라가 뿌리를 내리다

삼손은 분명히 택함을 받은 나실인이었다.

블레셋 사람들에게 하나님의 능력을 유감없이 나타내 보였다. 블레셋 사람들에게 삼손은 공포의 대상이요 하나님이 살아 계시다는 것을 눈으로 볼 수 있는 실물이었다. 그러나 삼손이 들릴라의 무릎을 베고 잠을 잘 때 그의 머리카락은 삭발 당했다. 삼손은 자신의 심령이 천박한 땅으로 변질되어 가는 과정을 느끼지 못했다.

들릴라가 잠자는 삼손을 흔들어 깨우면서 하는 말이 "삼손이여 당신을 체포하기 위하여 블레셋 사람들이 왔소"라는 간사하고 다급한 음성을 듣고 일어설 때까지, 삼손은 하나님이 함께하는 나실인으로 생각했다. 그러나 자신의 마음에 들릴라가 뿌리를 내릴 때 하나님은 떠났다.

외침으로 되지 않는 믿음의 세계

"전도를 합시다."

"기도를 합시다."
"교회를 부흥시킵시다."
"구제를 합시다."

이러한 말을 수없이 듣고 되뇌지만 실현되지 않는 이유가 무엇일까? 믿음은 생각과 구호로 되는 것이 아니다.

옥토에서 천박한 땅으로 변질된 자들이 많다. 천박한 야생지로 변한 심령을 다시 성령을 불일듯하여 옥토로 가꾸어 하나님이 주신 축복과 은혜를 누리며 성공적인 인생을 살아간 사람들이 많다.

믿음의 사람들은 자신을 옥토로 만들기 위하여 희생 할 줄 알고 그 옥토를 유지하기 위하여 수고를 아끼지 않는다. 자신의 모습을 주님의 눈으로 명확히 바라보며 점검해야 한다.

봄에 꽃이 피고 잎이 무성하여지는 원리가 무엇인지 생각해 보면 알 것이다. 게으른 자는 개미에게 지혜를 배우라고 했다. 영적인 성장과 능력을 가지기 위해서는 계절의 변화와 산천초목들의 반응에서 지혜를 얻어야 할 것이다. 그것이 하나님의 자연계시의 음성이 아닐까?

하나님은 우리의 가장 영적이며 중요한 진리들을 가장 가까운 곳에서 느끼며 볼 수 있도록 하셨다.

지금 무엇을 느끼고 있는가?

그 포도나무를 큰 물가 옥토에 심은 것은 가지를 내고
열매를 맺어서 아름다운 포도나무를 이루게 하려 하였음이니라
(에스겔 17 : 8)

까칠한 말 따뜻한 사랑

초판 1쇄 ■ 2007년 12월 25일

지 은 이 ■ 정두모
펴 낸 이 ■ 채주희
펴 낸 곳 ■ 해피&북스

등록번호 ■ 제13-1562호 (1985. 10. 29)
주　　소 ■ 서울시 마포구 합정동 433-62
전　　화 ■ (02) 323-4060, 322-4477
팩　　스 ■ (02) 323-6416
이 메 일 ■ elman1985@hanmail.net

I S B N ■ 978-89-5515-272-2　　03230

값 10,000원